KB042399

State Bureaucracy in East Asia

동아시아 국가 관료제

-전통과 변화-

박종민 편

박영사

이 저서는 2015년 대한민국 교육부와 한국연구재단의 지원을 받아 수행된 연구임(NRF − 2015S1A3A2046562)

머리말

지난 20세기에 일어난 국가 환경의 주요한 변화는 국가마다 그 순서가 다를 수 있지만 근대화, 민주화 및 글로벌화라고 할 수 있다. 이들 국가 환경의 변화는 그에 상응하는 국가개혁 패러다임의 변화를 가져왔고 그에 따라 국가 관료제의 개혁 방향과 우선순위가 달랐다. 동아시아 지역도 예외는 아니다. 대부분의 동아시아 국가들은 20세기 전반 식민통치를 경험한 후 제2차 세계대전 종전과 함께 독립하였으며 중반 이후 개발도상국으로 미소 냉전구조 속에서 근대화를 추구하였고 종반부터 탈냉전과 더불어 민주화 및 글로벌화의 물결에 휩쓸려 있었다. 이러한 거시적 변화가 순차적 혹은 병렬적으로 국가 환경을 변화시키면서 거버넌스의 핵심 제도인 관료제는 지속적으로 개혁의 대상이 되어 왔던 것이다. 이러한 맥락에서 국가 관료제가 직면한 환경 변화와 그에 대한 대응을 기술하고 이를 비교론적 시각에서 설명하는 작업은 현재의 관료적 구조와 성과를 이해하는데 있어 중요하다고 할 수 있다. 본서는 이러한 문제 인식의 성과이다. 본서를 위한 연구는 한국연구재단의 사회과학연구지원(SSK)사업에 의해 이루어졌다. 소형단계 후반부터 실시한 현지조사를 통해 동아시아 국가 관료제가 직면한 도전과 거버넌스 개혁에 대한 자료를 추적하기 시작하였다. 탐사 성격의 초기 단계에는 이론적 분석틀이 구축되어 있지 않아 자료 추적과 수집이 다소 산만하게 이루어져 그에만 기초하여 제대로 된 연구서를 출간하는 작업이 용이하지 않았다. 중형단계 진입 후 주제를 재규정하고 분석틀을 조정하는 동시에 연구대상을 좁히고 문헌조사와 이차자료조사를 추가하였고 이제야 연구서로 출간하게 된 것이다. 사례분석이 만족스럽게 이루어진 것은 아니지만 개념과 범주 및 이론 개발을 위한 탐사 단계의 작업으로 간주하고 개별사례들을 비교론적 시각에서 묶으려 했다. 현지조사를 실시하였던 일본, 대만, 인도네시아, 태국, 홍콩 사례가 포함되지 못한 것이 아쉽지만 후속 비교연구를 다짐하면서 여기서는 한국, 중국, 몽골, 필리핀, 싱가포르, 말레이시아, 베트남 사례만 포함하였다. 소형단계에서 현지조사에 참여하였던 고려대학교의 최상옥 교수 그리고 중형단계부터 참여하여 본서에 포함된 논문의 학회 발표 때 논평을 주었던 아주대학교 김서용 교수와 세종대학교 이창길 교수께 감사한다. 끝으로 본서의 편집 과정에서 도움을 준 고려대학교 박사과정의 김소희, 김영은, 김현정, 정기훈, 정민경 연구원 및 박영사 편집부의 김효선 씨에게 고마움을 표한다.

박종민

차 례

제2편 비유교적 전통의 국가

제1장

거버넌스와 관료제

박종민

I. 머리말

　전 세계적으로 정부제도가 신뢰의 위기에 직면해 있다(Norris, 1999; Pharr & Putnam, 2000; Dalton, 2004; Torcal & Montero, 2006). 선진국이든 혹은 후진국이든 민주주의든 혹은 권위주의 체제든 정부지도자들의 무능과 부패로 신뢰가 무너지면서 체제에 대한 시민의 자발적 순응이 철회되고 정부제도에 대한 대중의 지지가 흔들리고 있다. 이는 다시 정부활동의 효과성과 정당성을 약화시키면서 국정운영을 표류시키고 나아가 정치적 및 사회적 불안정을 증폭시키는 악순환을 형성하고 있다. 정부제도에 대한 일반대중의 신뢰 약화는 이제 특정 국가 혹은 특정 지역만의 문제가 아닌 여러 지역 여러 국가의 문제로 글로벌 현상이 되었다고 할 수 있다(Economist Intelligence Unit, 2013).

　정부제도에 대한 대중의 신뢰 상실에 대응하여 신자유주의적 관점의 옹호자들은 그 원인으로 정부실패를 지적하고 시장신호의 중요성을 지적하면서 시장역할의 확대와 더불어 공공부문에 시장기제의 적용을 확대하는 것을 그 대안으로 제시하고 있다. 그러나 21세기 첫 십년을 보내면서 경험한 범세계적 금융위기는 시장독주의 폐해와 정부규제의 실패를 보여주면서 정부불신을 정부개입의 위기로 간주해 정부역할의 축소와 시장역할의 확대를 처방하는 것이

만병통치약이 아님을 증명하고 있다. '미디어 혁명'으로 인한 '참여민주주의'
의 급속한 확산과 단일 국가의 해결능력을 넘어서는 경제·사회문제의 복잡성
은 정부역할의 변화를 요구하고 있지만 그것은 정부역량에 부합하는 정부역할
의 재조정 혹은 정부역할에 부합하는 정부역량의 개선을 강조하는 것이지 반
드시 정부역할의 축소와 시장역할의 확대를 의미하는 것은 아니라는 점을 상
기시키고 있다(World Bank, 1997). 근대국가의 정부는 여전히 시장실패를 시정
하고 사회적 불평등을 개선해야 하는 기본적인 역할을 수행할 것으로 기대되
고 있다(박종민 외 2016). 정부가 대중의 신뢰를 상실하게 된 상당 부분은 이러한
정부역할을 효과적으로 수행하지 못하는데서 온 것이며 따라서 정부실패의 대
안은 오히려 정부역할의 축소가 아니라 오히려 그러한 역할을 효과적으로 수
행하는데 요구되는 정책설계와 집행역량을 개선하는데서 실마리를 찾아야 한
다는 주장이 주목되는 것이다. 이런 시각에서 보면 글로벌한 현상인 정부신뢰
의 결핍은 정부개입 그 자체보다는 정부의 질에 대한 불만을 반영할 수 있다.
즉, 정부불신의 증후군은 정부역할에 대한 거부가 아니라 무능하고 부패한 "나
쁜 정부"에 대한 좌절과 효과적이고 준법적인 "좋은 정부"에 대한 열망을 나타
내는 것이라 볼 수 있다는 것이다. 이러한 점에서 번영, 복지 및 안전에 기여
할 정부제도와 거버넌스의 특성을 탐색하는 것이 정책결정자와 학술연구자의
주요한 화두가 되는 것은 자연스러운 귀결이다.

　　기존의 연구는 '정부신뢰 상실'의 상당 부분이 정부성과가 정부에 대한 시
민기대에 미치지 못하기 때문이며 이는 근본적으로 정부의 무능과 부패에서
기인하는 것으로 보고 있다(Pharr & Putnam, 2000; Nye et al., 1997). 그리고 정부
의 무능과 부패가 지속되는 이유는 그런 정부를 효과적으로 문책할 수 있는
제도적 기제가 제대로 작동하지 않기 때문이며 이는 보다 근원적으로 통치체
제의 유형이나 사회자본 등 시민사회의 수준과 관련되는 것으로 본다. 정부가
바른 정책을 형성할 능력이 있고 법을 강제할 능력이 있으며 법과 정책을 불
편부당하게 집행하고 사익을 위해 공직과 권한을 남용하지 않고 투명하며 결
정과 행위에 대해 문책될 수 있을 때 시민기대에 부합하는 정부성과를 기대할
수 있고 이는 궁극적으로 정부제도에 대한 국민의 신뢰를 제고할 수 있다는

것이다.

　이러한 이론적 논의를 바탕으로 본 연구에서 연구자들은 정부제도의 질에 주목하고 "좋은 정부"의 특성 및 이들 간의 역동적 관계에 관심을 둔다. 본 연구는 "좋은 정부"의 주요 특성으로 효과성, 준법성 및 문책성을 강조한다. "좋은 정부"는 문제해결 능력과 자원추출·배분 능력을 갖춘 효과적인 정부이어야 하고, 부패하지 않고 투명하며 법과 규정에 따라 예측가능하게 운영되는 법치정부이어야 하고, 궁극적으로 결정과 행위에 대해 수평적 및 수직적으로 문책될 수 있는 책임정부이어야 한다는 것이다. 이외에도 다른 주요한 특성이 있을 수 있지만 본 연구는 크게 효과성과 관련된 전문적 관료제, 준법성과 관련된 법치주의 및 문책성과 관련된 민주주의의 차원에서 동아시아 국가의 정부제도의 질에 초점을 둔다.

II. 정부와 거버넌스

　정부제도의 질의 주요 구성요소인 효과성, 준법성 및 문책성은 각각 관료제의 질, 법치주의의 질(법치국가의 수준), 그리고 민주주의의 질과 밀접히 관련된다. 이는 발전을 담보할 수 있는 국가는 효과적이면서 법에 구속되고 문책될 수 있어야 한다는 주장과 유사하다(Fukuyama, 2014). 따라서 정부제도의 질을 평가하는 주요 차원은 국가의 핵심을 구성하는 전문적 관료기구의 효과성, 권력의 자의적 행사를 제한하는 법의 지배 및 선거를 통해 정부를 민의에 부합하도록 만드는 민주적 문책성이라고 할 수 있다. 최근 광범하게 사용되는 거버넌스의 개념은 정부제도의 질 개념을 이해하는데 유용하며 이러한 점에서 거버넌스의 개념을 소개하고자 한다.

　가장 일반적인 차원에서 Bevir(2011)는 거버넌스를 "사회조정 및 모든 형태의 지배의 본질에 관한 이론과 쟁점"으로 이해하고 있다. 그는 거버넌스의 특징으로 행정체제, 시장기제 및 비영리조직이 결합된 혼합성, 상이한 정부수준에 걸쳐있는 다중관할성(multijurisdictional), 이해당사자들의 다원성(plurality of stakeholders) 그리고 이들 혼합성, 다중관할성, 다원성이 결합된 방식으로서의 네트워크에 주목하였다. 그러나 거버넌스 개념에 대한 이해는 학문적 전통에 따라 매우 다양하다. 예를 들면 Hirst(2000)는 거버넌스에 대한 다섯 가지 견해를 요약하고 있다. 첫째, 경제발전 분야에서는 효과적인 경제근대화의 핵심요소로 거버넌스를 지적하고 이를 국가역량과 결부시키고 있다. 둘째, 국제기관 혹은 레짐 분야에서는 단일 국가수준에서 해결할 수 없는 문제들을 다루는 방식으로서 거버넌스 개념을 사용하고 있다. 셋째, 기업거버넌스에서는 거버넌스가 기업의 기본구조의 변화 없이 관리의 책임성과 투명성을 개선하는 방식으로 이해되기도 한다. 넷째, 거버넌스는 종종 민영화나 민간기업의 관행과 관리스타일의 도입 등 신공공관리 전략의 등장과 결부되어 사용되기도 한다. 끝으로 네트워크, 파트너십, 심의포럼을 통한 조정활동의 새로운 관행과 결부되어 거버넌스 개념이 사용되기도 한다. Rhodes(2000)도 거버넌스에 대한 일곱 가지 정의를 구별하고 있다. 첫째, '기업거버넌스'로서의 거버넌스는 기업이 관리되고 통제되는 방식에 대한 것이다. 둘째 '신공공관리'로서의 거버넌스는 기업관리와 시장화의 의미를 갖는데, 전자는 민간부문의 관리방식(성과측정, 결과관리, 가격부합가치, 고객근접성 등)을 공공부문에 도입하는 것을, 후자는 외부계약, 준시장, 고객선택을 사용해 공공서비스공급에 유인체계를 도입하는 것을 말한다. 셋째, '굿거버넌스'로서의 거버넌스는 국제기구에서 개발지원을 하면서 강조하는 조건으로 주로 신공공관리와 자유민주주의가 결합된 의미로 사용된다. 넷째, 국제상호의존성으로서의 거버넌스는 생산과 금융거래의 국제화, 국제기구, 국제법 및 패권국가(군) 등으로 국가의 자율성이 제약되는 국가공동화 현상 및 초국가적 혹은 국가하위단위가 관련된 정책네트워크의 성장으로 인한 다층적 거버넌스 현상과 관련되어 사용된다. 다섯째, '사회-인공두뇌체계'로서의 거버넌스는 중심행위자에 의한 통치의 한계와 각 정책영역마다 존재하는 다수의 행위자들에 주목하고 사회-정치-행정 행위자들 간의 상호의존성을 강조하기 위해 사용된다. 여섯째, 신정치경제 접근으로서 거버넌스는 시민사회, 국가 및 시장경제 간의 상호의존성에 주목하고 시장의 통치 분석과 관련해 사용된다. 끝으로, 네트워크로서의 거버넌스는 정부와 민간부문의 다양한 조합을 통해 공공서비스가 전달되고 다양한 선호와 자원을 가진 행위자들이 상호작용을 통해 정책이 결정되는 등 공공부문과 민간부문 조직들의 복잡한 집합을 다루기 위해 사용된다.

전술한 것처럼 거버넌스는 종종 시장과 네트워크가 공공부문으로 확대되는 현상을 가리키는 것으로 사용된다. 이러한 시각에서 거버넌스는 시장과 네트워크로 인식되고 이들은 관료적이고 계층적인 제도와 비교된다. 반면 발전이론가들은 경제성장에서 제도의 중요성을 강조하는 방편으로 거버넌스 개념을 사용한다. 제도가 경제성장에 중요하다는 점을 강조해 신자유주의 개혁의 실패를 설명하는 신제도주의경제학도 이와 관련된다. 여기서 제도는 시장을 제외한 네트워크와 전통적인 국가형태를 포함한다. 이러한 시각에서 거버넌스는 네트워크를 포함한 정치제도로 인식되고 이는 시장 자체와 비교된다. 그리고 정치제도의 주요 특성인 법치주의, 정부역량, 분권화, 문책성 등을 거버넌스의 주요 차원으로 포함한다. 본 연구에서는 주로 발전이론의 시각에서 거버넌스의 개념을 이해하고자 한다(Pomerantz, 2011). 그리고 거버넌스의 핵심을 구성하는 국가제도, 특히 관료적 행정기구에 초점을 둔다.

발전이론의 관점을 반영하는 거버넌스 개념에 대한 정의는 세계은행(World Bank)이 제시한 굿거버넌스의 개념과 유사하다. 세계은행의 보고서(World Bank, 1992)에 따르면, 거버넌스는 "발전을 위해 한 나라의 경제적 및 사회적 자원을 관리하는데 있어 권력이 행사되는 방식"으로 규정하면서 거버넌스의 주요 네 차원으로 공공부문 관리에 있어서의 역량과 능률성, 문책성, 예측성과 발전의 법적 틀 및 정보를 꼽았다. 동일한 맥락에서 범세계적 거버넌스 지표(Worldwide Governance Indicators, WGI)를 발표하는 세계은행 연구팀(Kaufman et al., 2009)은 거버넌스를 '한 나라에서 공적 권한이 행사되어지는 전통과 제도'로 정의하였다. 여기에는 정부가 선택되고 감시되고 교체되는 과정, 효과적으로 정책을 만들고 집행하는 능력, 경제·사회관계를 규율하는 제도에 대한 시민과 국가의 지지가 포함된다.

이러한 개념 규정 하에 이들은 거버넌스의 질을 분석할 수 있는 여섯 개 클러스터를 구분하였다. 처음 두 개의 클러스터는 정부가 선택되고 교체되는 과정을 반영한다. 이들 가운데 첫째 클러스터는 참여와 문책성(Voice and Accountability)으로 여기에는 정치과정, 시민자유, 정치적 권리의 다양한 측면을 측정하는 지표들이 포함되어 있다. 이들 지표는 시민들이 정부를 선택하는데 참여할 수 있는 정도를 측정하며 권력자들을 감시하고 문책하는데 중요한 역할을 하는 미디어의 독립성도 포함되어 있다. 둘째 클러스터는 정치안정과 폭력부재(Political Stability and Absence of Violence)로 여기에는 비헌법적이고 폭력적인 방법에 의해 정부가 불안정해지고 전복될 가능성을 반영하는 지표들이 포함되어 있다. 이는 비정상적인 방식으로 정부를 흔들면 정책의 연속성만이 아니라 평화적으로 정권교체를 할 수 있는 시민의 능력이 훼손되기 때문에 거버넌스의 질이 위태롭게 된다는 점을 반영하려는 것이다. 이 두 개의 클러스터는 정부를 궁극적으로 선거를 통해 민의에 따르게 만드는 과정과 기제를 강조하며 이는 문책될 수 있는 정부를 구축하는데 필수적인 요소라고 할 수 있다.

그 다음 두 개의 클러스터는 바른 정책을 만들고 집행하는 정부의 능력을 요약한 것이다. 먼저 정부의 효과성(Government Effectiveness)은 공공서비스 공급의 질, 관료제의 질, 공무원의 능력, 정치적 압력으로부터의 행정의 독립성, 정부의 정책의지에 대한 신뢰성 등을 결합한 지표이다. 이 지표의 핵심은 정부가 좋은 정책을 만들고 집행하며 공공재를 전달하는데 요구되는 투입에 관한 것이라 할 수 있다. 또 다른 클러스터는 규제의 질(Regulatory Quality)로 정책 자체에 초점을 둔다. 이 지표는 가격통제나 부실한 은행감독 등과 같이 시장 친화적이지 않은 정책의 빈도와 무역 혹은 사업개발 영역에서 과도한 규제가 주는 부담 등을 반영하려 한 것이다. 이 두 클러스터 가운데서 특히 정책이 아니라 제도에 초점을 둔 정부의 효과성에 포함된 관료제의 질, 공무원의 능력 및 정치적 압력으로부터의 행정의 자율성은 효과적인 정부를 구축하는데 필수적인 요소라고 할 수 있다.

마지막 두 개의 클러스터는 시민들과 국가가 자신들의 상호작용을 규율해 주는 제도를 지지하고 존중하는지의 여부를 반영한다. 먼저 법의 지배(Rule of Law)는 국가기관이 사회의 규칙을 존중하고 이를 준수하는 정도를 반영한다. 범죄 수준, 사법부의 효과성과 법적 예측성, 계약의 강제가능성 등을 포함한다. 이들 지표들은 공정하고 예측이 가능한 규칙이 경제적 및 사회적 상호작용의 기초를 형성하는 환경을 전체 사회가 발전시키고 있는지 그리고 보다 중요하게 사유재산권이 얼마나 보호되고 있는지를 반영한다. 마지막 클러스터는 부패 통제(Control of Corruption)로 사적 이익을 위해 공적 권한을 사용하는 것으로 규정된 부패에 대한 인식을 측정한다. 부패는 뇌물을 주는 시민들과 뇌물을 받는 공직자들 모두 자신들의 상호작용을 규율하는 규칙을 존중하지 않은 결과로 거버넌스의 실패를 반영한다고 볼 수 있다는 것이다. 이 두 클러스터는 특히 정부의 권력이 자의적으로 혹은 사익을 위해 행사되는 것을 통제하는 과정과 기제를 강조하며 이는 준법적인 정부를 구축하는데 필수적인 요소라고 할 수 있다.

　이와 유사한 맥락에서 Hertie School of Governance(HSG)의 거버넌스 보고서는 거버넌스를 공적 문제를 다루는 과정에 관여된 제도와 행위자들의 집합체로 보고 이러한 집합체가 효과적이고 능률적이며 신뢰할 만하면 굿거버넌스라 하였다(Anheier, 2013). 그리고 이러한 개념 위에 거버넌스의 성과를 설명하는 모형을 제시하고 있다. 그 모형에 따르면 성과는 정당성, 유효성(efficacy) 및 효과성(effectiveness)과 관련된다. 먼저 거버넌스의 정당성은 제도의 규칙과 규제에 대한 수용과 지지를 가리킨다. 유효성은 권한을 가진 행위자들 및 거버넌스 제도들의 해결방안 제시 역량을 가리킨다. 효과성은 전략, 정책, 조치를 집행하는 책임을 가진 행위자들의 역량을 가리킨다. 성과는 굿거버넌스의 종속변수로 거버넌스 체제가 목표를 설정하고 적어도 이해관계자들이 만족할만한 성과수준을 달성하는 역량을 가리킨다. 요약하면 정당성은 제도신뢰, 유효성은 지식역량, 효과성은 집행역량 그리고 성과는 목표달성과 각각 관련된다. 이러한 구분 하에 제시된 국가수준 지표를 보면 정당성 지표는 중앙정부 및 그 주요 기관들이 정당하다고 간주되는 정도, 법과 규정의 위반, 체제 내·외 반대세력의 역할, 엘리트포획 및 특수이익의 역할 등을 포함한다. 유효성 지표는 문제정의와 프레이밍, 해결방안, 지식기반 정책결정능력, 자원동원 등을 포함한다. 효과성의 지표는 행정역량, 규제역량 및 제재, 집행역량, 자원관리 등을 포함한다. 끝으로 성과의 지표는 전체성과, 정책분야별 목표달성, 기타 업적, 전체 안정성 및 정책분야별 규제체제 내 안정성 등을 포함한다(Anheier et al., 2013). 지표를 통해 보면 HSG의 3개의 거버넌스 차원 가운데서 유효성과 효과성은 WGI의 정부의 효과성 차원과 주로 관련되고 정당성은 WGI의 참여와 문책성, 정치안정과 폭력부재 및 법의 지배와 관련되는 것으로 보인다. 이는 HSG의 거버넌스 모형이 국가의 효과적인 정책설계와 집행능력을 강조한 것으로 볼 수 있다.

세계은행의 WGI보다 협의의 거버넌스 개념을 제시한 Fukuyama(2013)는 거버넌스를 "규정을 만들고 이를 강제하며 서비스를 전달하는 정부의 능력"으로 한정하였다. 여기서 정부는 반드시 민주정부일 필요는 없다고 하여 거버넌스 정의에서 민주주의의 요소를 배제하였다. 그는 거버넌스를 민주주의와 개념적으로 구분함으로써 둘 간의 관계를 이론화하는 실익을 얻을 수 있다고 주장하였다. 또한, 거버넌스와 민주주의가 상호 지원한다고 주장하는 입장에 대해 이는 경험적 사실에 근거한 것이라기보다 이론적 가설에 가깝다고 하면서 거버넌스가 민주주의를 내포하는 것으로 정의하면 둘 간의 관계를 경험적으로 검증할 수 없기 때문에 이 둘을 구분하는 것이 이론적으로 더 생산적이라고 지적하고 있다. 이러한 개념 규정에 따르면 민주주의가 아니어도 거버넌스의 질이 높을 수 있는 반면 민주주의라 해도 거버넌스의 질이 낮을 가능성이 있다. 그는 거버넌스를 정치나 정책과 구분되는 집행에 국한시키면서 민주주의든 아니든 모두에 적용될 수 있는 거버넌스의 질 측정과 관련해 네 가지 접근법을 구분해 제시하였다. 이들은 첫째 절차의 측면에서 거버넌스의 질을 측정하는 접근법, 둘째 투입의 측면에서 거버넌스의 질을 측정하는 접근법, 셋째 산출 혹은 결과의 측면에서 거버넌스의 질을 측정하는 접근법 그리고 넷째 관료제의 자율성 측면에서 거버넌스의 질을 측정하는 접근법이다. 이들 가운데서 그는 산출을 강조하는 접근의 경우 산출이 결국은 정부활동의 결과물이라는 점, 산출 측정이 방법론적으로 문제가 있다는 점, 결과 측정이 절차나 규범 측정과 쉽게 분리되기 어렵다는 점 등을 지적하면서 산출을 역량의 측정으로 간주하기 보다는 국가역량에 의해 설명되어야 하는 종속변수로 다루는 것이 더 낫다고 판단해 이를 배제하였다.

　　먼저 절차의 측면에서 거버넌스의 질을 평가하는 접근법의 경우 근대관료제의 구조적 특징을 강조한다. Fukuyama는 베버 관료제의 주요 특징을 거버넌스의 질을 구성하는 요소로 보았다. 가산관료제와 대비되는 근대관료제의 특징은 다음과 같다. 첫째, 관리들은 규정된 영역에서만 권위에 복종한다. 둘째, 관리들은 명료하게 규정된 관직체계에 의해 조직화되어 있다. 셋째, 관직에는 규정된 권한 영역이 있다. 넷째, 관직은 자유로운 계약관계를 통해 채워진다. 다섯째, 후보자들은 기술적 자격조건에 기초해 선발된다. 여섯째, 관리들은 고정 급료로 보상된다. 일곱째, 관직은 그 점유자의 유일한 직업으로 간주된다. 여덟째, 관직은 경력을 구성한다. 아홉째, 소유와 관리는 분리되어 있다. 열째, 관리들은 엄격한 징계와 통제를 받는다. 그는 이들 조건들 가운데서 처음 다섯 번째까지의 요소들과 아홉 번째 요소가 근대관료제의 핵심적 특징들이며 이들은 관료제를 전통적인 가산제와 구분시킨다고 하였다. 이들 다양한 근대관료제의 특징들 가운데서 거버넌스의 질을 측정하는 지표의 핵심으로 그는 관리들이 실적에 근거해 충원되고 승진되는지 여부, 관리들이 어느 정도의 기술적 전문성을 갖출 것으로 요구되는지 그리고 관료제의 절차에 있어 형식화의 수준이 어떠한지가 포함되어야 한다고 하였다.

　　둘째, 역량의 측면에서 거버넌스의 질을 평가하는 접근법은 어떻게 절차가 규정되든 그것은 정부로부터 기대되는 긍정적 결과와는 별로 상관관계가 없다는 관찰에서 출발한다. 즉, 베버의 관료제가 자의적이고 가산적인 관료제보다 더 나은 공공서비스를 제공할 것으로 흔히 가정하지만 반드시 그렇지 않고 어떤 상황에서는 규칙과 절차가 없는 것이 신속한 서비스, 맞춤형 서비스에는 더 나을 수 있기 때문에 획일적으로 절차만 강조하기는 어렵다는 것이다. 비사인적이고 실적에 기반을 둔 관료제라 하더라도 집행능력이 부족할 수 있으며 설사 실적에 기반을 두고 선발되었다 해도 실적기준이 시대에 뒤떨어진 구식이라면 그것은 "훈련된 무능력"일 뿐이라는 것이다. 상황이 변하고 기술이 바뀌면 관리들의 일처리 방식도 바뀌어야 하는데 그렇지 못하면 절차가 있고 이를 꼼꼼히 준수한다 하여도 역량은 오히려 떨어진다는 것이다. 이러한 점에서 단순히 근대관료제의 비사인성이나 실적기반만을 갖고 거버넌스의 질을 평가하는 것에는 한계가 있으며 오히려 역량에 직접 초점을 두는 것이 필요하다고 본다. 역량 지표는 국가가 수행하는 다양한 핵심 기능에 공통적으로 필요한 능력을 반영해야 하는데 흔히 강조되는 것은 징세와 징집 등 자원추출능력이다. 한편 역량의 대용지표로 제시되는 것은 관리들의 교육 및 전문직업화의 수준이다. 정치적 정실주의에 의해 임명된 무능한 관리들이나 교양이 강조된 비전문적 관리들이 고등교육을 받은 엔지니어, 경제전문가, 농업전공자들로 대체된다면 이는 역량이 개선된 것으로 볼 수 있기 때문이다. 이러한 측면에서 관료제의 전문직업화의 수준은 주요한 대용지표로 사용될 수 있다고 주장하였다.

　끝으로 자율성의 측면에서 거버넌스의 질을 평가하는 접근법은 정치개입이나 사회단체로부터 관료제가 갖는 자율성에 초점을 둔다. 관료제가 정치로부터 완전히 자율적이면 관료적 독재로 전락할 수 있고 완전히 종속적이면 정치도구로 전락할 수 있다. 완전한 자율성도 완전한 종속성도 굿거버넌스를 위해 바람직하지 않다는 것이다. 정치제도가 설정한 규칙이 많다는 것은 그만큼 행정기관의 자율성이 축소된다고 볼 수 있다. 위임 사항이 일반적일수록 관료제는 더 자율성을 갖는다고 할 수 있다. 완전히 자율적인 관료제는 정치적 위임자로부터 독립해서 자신의 목표를 설정한다. 반대로 자율적이지 못한 예속적인 관료제는 정치적 위임자에 의해 미시적으로 관리된다. 때문에 적절한 수준의 관료적 자율성이 정부의 질을 담보하는데 필요하다고 보았다. 관료적 자율성은 관료제가 사회로부터 고립되어야 하거나 시민요구에 부합하지 않는 의사결정을 해야 한다는 의미는 아니다. 완전히 예속된 관료제는 재량이나 독자적인 판단의 여지가 없고 정치적 위임자들이 설정한 상세한 규칙에 묶이게 된다. 반면 완전히 자율적인 관료제는 모든 정치적 통제로부터 벗어나 내부절차만이 아니라 목적도 설정한다. 관료제는 사회적 행위자의 영향으로부터 보호되어야 하지만 보다 큰 목표와 관련해서는 사회에 예속되어야 한다고 하였다. 그는 관료적 자율성을 통해 거버넌스의 질을 측정하는 것이 중요하지만 그것이 쉽지 않음을 지적하고 있다.

　거버넌스 개념은 종종 민주주의 개념과 분리하여 다루어지고 있다. 이는 발전이론과 실제의 맥락에서 거버넌스의 개념을 다룰 때 더욱 그러하다. 이러한 시각에서는 민주주의와 거버넌스 양자가 모두 바람직하고 중요한 별개의 목표로 간주되고 있다. 발전과 관련해 선(先)민주주의 옹호자들은 자유민주주의의 원칙과 절차의 공고화를 먼저 강조한다. 반면 발전과 관련해 선(先)국가형성 옹호자들은 정부와 국가기관의 집행 및 행정기능의 구축과 개선을 강조한다. 민주주의와 거버넌스 양자를 먼저 구분한 다음 다시 이 둘을 결합시켜 분석틀을 제안한 Norris(2012)는 민주제도가 문책성의 기제가 작동하는 것을 보장하기는 하지만 그렇다고 민주제도만으로는 발전목표를 달성하기에 충분하지 않다고 보았다. Norris는 민주제도와 더불어 필요한 것이 국가역량인데 이는 발전목표를 달성하는데 핵심적 역할을 한다고 하였다, 그렇기 때문에 민주주의(민주적 문책성)와 거버넌스(관료적 역량)는 발전과 관련해 개별적으로 다루어질 현상이 아니며 이 둘은 함께 고려되어야 한다고 주장하면서 민주적 거버넌스(democratic governance) 이론을 발전시키고 있다. 여기서 민주주의는 시민들이 자신들의 요구를 표출하는 능력 및 선출직 공직자들을 문책할 수 있는 능력을 갖는 정도를 가리키며 거버넌스는 국가기관들이 법을 강제하고 정책을 집행하는 능력을 갖는 정도를 가리킨다. 그리고 이 두 차원을 결합시켜 네 가지 체제유형을 구분한다. ① 관료적 권위주의(bureaucratic autocracies), ② 관료적 민주주의(bureaucratic democracies), ③ 정실 권위주의(patronage autocracies), ④ 정실 민주주의(patronage democracies). 관료적 권위주의는 법·정책 집행역량이 확대되어 있지만 참여와 문책성은 제한적이다. 관료적 민주주의는 법·정책 집행역량이 확대되어 있고 참여와 문책성도 광범하다. 정실 권위주의는 법·정책 집행역량이 제한되어 있고 참여와 문책성도 제한적이다. 끝으로 정실 민주주의는 법·정책 집행역량이 제한되어 있지만 참여와 문책성은 광범하다. 이들 가운데서 가장 효과성이 높은 체제유형은 관료적 민주주의이며 가장 효과성이 낮은 체제유형은 정실 권위주의이고 관료적 권위주의나 정실 민주주의는 중간 정도라고 하였다. 즉, 실적기반 근대관료제의 요소들과 참여 및 문책성이 보장된 민주주의의 요소들이 결합된 체제가 가장 효과적인 성과를 나타낼 수 있다는 것이다. 국가의 효과성을 담보할 수 있는 관료적 역량과 그런 국가를 민의로 문책할 수 있는 정치제도가 결합될 때 발전에 도움이 된다는 것이다.

요약하면 Fukuyama는 거버넌스를 주로 정부의 집행 및 행정기능에 국한하였으며 그에 따라 거버넌스의 질 평가를 위해 관료제의 실적임용, 전문직업주의 및 자율성에 초점을 둘 것을 강조하였다. Norris도 거버넌스를 민주주의 개념과 구분하여 국가역량(관료제의 법·정책 집행역량)에 국한시켰고 지표로 WGI의 법의 지배, 부패통제, 정부의 효과성, 규제의 질 및 정치안정과 International Country Risk Guide의 관료제의 질(관료제의 질, 반부패, 법과 질서 포함)을 혼합하여 사용하였다.

전술한 논의를 고려해 본 연구에서도 정부제도의 질 혹은 거버넌스의 질을 다룰 때 국가 관료제의 특징과 역량에 초점을 둔다. 그러나 거버넌스의 질을 담보하기 위해 정부권력에 대한 통제의 중요성을 유념해 법의 지배 및 문책성의 민주제도에 주목하고 이를 관료제의 제도적 맥락으로 다룬다.

Ⅲ. 행정과 관료제

본 연구에서는 거버넌스를 공공의 목표를 달성하기 위해 공적 자원을 동원하고 권한을 행사하는 과정과 제도라고 광의로 규정한다. 국가기능을 정치적 측면과 행정적 측면으로 나눈다면 공공의 목표를 설정하는 것이 주로 전자와 관련된다면 공적 자원의 동원과 권한의 행사는 주로 후자와 관련된다. 이러한 점에서 Fukuyama와 Norris가 사용한 거버넌스의 개념과 유사하다. 그러나 공적 자원의 동원과 권한의 행사에 대해 법적으로 통제하고 민의에 따르도록 문책할 수 있는 기제의 작동이 중요하다는 점에서 관료제의 제도적 맥락 요소로서 법과 정치제도를 간과하는 것은 굿거버넌스를 담보하는데 한계가 있다. WGI의 참여와 문책성 및 법의 지배는 바로 이러한 점을 반영하는 것이라 볼 수 있으며, Norris가 구분한 민주적 문책성의 차원도 이를 고려한 것이라 볼 수 있다. 또한 Fukuyama가 강조한 관료적 자율성의 개념도 완전한 정치예속이나 완전한 관료독재 모두 낮은 정부의 질과 관련시킨다는 점을 고려하면 문책성의 차원을 완전히 배제하는 것은 한계가 있다. 이러한 점에서 거버넌스의 질을 종합적으로 이해하려면 행정 혹은 집행에 초점을 두면서도 이에 대한 법적 및 정치적 통제를 모두 고려하는 것이 필요하다고 할 수 있다. 정부행동의 통제 측면에서 문책성과 준법성이 주요한 평가기준이 된다면 정부행동의 역량 측면에서 효과성이 주요한 평가기준이 될 수 있을 것이다. 전자는 민주주의와 법치주의의 요소라 할 수 있고 후자는 실적기반 관료제와 전문주의의 요소라 할 수 있다. 이들은 국가기능의 정치적—법적 및 행정적 차원과 관련된다. 정치적—법적 차원이 문책성과 준법성을 통해 정부가 국민의 요구에 부응하고 법에 구속되어 자의적이고 부패한 행동을 억제시키는 것이라면, 행정적 차원은 실적임용과 전문화 및 외부압력으로부터의 자율성을 통해 바른 정책이 설계되고 법과 정책이 공정하게 집행되며 서비스가 능률적으로 전달되도록 만드는 것이라 할 수 있다.

　　이러한 논의와 유사하게 Evans(2005)는 국가제도의 효과성은 행정을 통제하는 세 개의 상이한 기제가 통합되고 균형을 이룰 때 가능하다는 혼합모형을 제시하고 있다. 혼합모형의 축은 관료적 역량, 시장 신호, 민주적 통제로 구성된다. 첫째, 관료적 역량은 실적에 기초한 충원, 전문직업적 규범, 예측 가능한 경력, 분업 및 보편적 절차, 조정된 조직구조 등에 기초하는데 이들은 국가가 목표를 달성하도록 돕는다. 둘째, 시장 신호는 비용과 편익에 관한 정보를 알려주고 자원의 효율적 배분을 촉진하며 재정규율을 제공함으로써 가용 자원의 사용을 국가가 추구하는 목표에 부합하도록 돕는다. 마지막으로 민주적 통제는 시민참여를 통해 국가가 추구하는 목표가 시민들의 요구와 선호를 반영하도록 돕는다. 전체적으로 보면 관료제에 의한 통제, 시장에 의한 통제, 시민참여에 의한 통제가 어느 한쪽으로 쏠리지 않고 균형을 이룰 때 국가의 효과성이 담보된다고 본 것이다. 이는 과잉 관료주의, 과잉 시장주의, 과잉 민주주의를 모두 경계하는 것이라 볼 수 있다. 이들 세 축 가운데서 Evans는 특히 관료적 역량을 강조하였다. 여기서 관료적 역량은 국가행정이 근대관료제의 핵심요소와 더불어 전문직업화(professionalization)를 구현하고 있는가와 관련된다. 베버가 강조한 근대관료제의 주요 특징들 가운데서 Evans & Rauch(1999)는 실적충원과 경력단계에 주목하고 이 두 가지 특징이 유능하고 합목적적이며 응집적인 관료기구를 발전시키는데 기여한다고 주장하였다.

　Hyden et al.(2004)은 거버넌스를 "국가와 경제 및 사회 행위자들의 상호작용을 통해 결정이 이루어지는 공적 영역을 규제하는 공식 및 비공식 규칙의 형성과 관리"로 광범위하게 정의하고 있다. 그들은 거버넌스의 기능적 차원을 사회화 기능, 수렴 기능, 집행 기능, 관리 기능. 규제 기능 및 재결 기능으로 구분하고 각 기능과 연결된 제도적 영역을 시민사회, 정치사회, 정부, 관료제, 경제사회 및 사법체계로 각각 구별하였다. 시민사회가 수행하는 사회화 기능은 시민들이 공적 쟁점을 인지하고 제기하는 방식에 영향을 준다. 정치사회는 정치제도에 의해 쟁점들이 정책화되는 방식에 영향을 준다. 정부는 정책이 정부기관들에 의해 만들어지는 방법에 영향을 준다. 관료제는 공무원들에 의해 정책이 집행되는 방식에 영향을 준다. 경제사회는 국가와 시장의 발전을 촉진하기 위해 상호작용하는 방식에 영향을 준다. 끝으로 사법체계는 분쟁과 갈등의 해소를 위한 환경을 형성한다. 본 연구에서 초점을 두는 관료제와 관련해 그들은 관료제의 성과를 결정하는 요인들을 중심으로 일단의 측정지표를 제시하였다, 첫째는 영향력 지표로 이를 통해 고위직 공무원들이 얼마나 정책결정과정에 관여하는지를 파악하려고 하였다. 여기서는 고위직 공무원들이 정책에 영향을 준다는 점, 관료제 내 고위직의 정치화가 불가피하다는 점, 관료제가 정책형성보다 정책집행에서 더 영향력이 있다는 점에 주목하였다. 둘째는 실적주의 지표로 실적에 기반을 둔 공무원 충원이 얼마나 이루어지는지를 파악하려고 하였다. 충원규칙이 정책집행, 규제 및 서비스의 공급에 영향을 준다고 보고 시험제도의 유무, 공무원임용에서 정치적 개입의 정도에 관심을 두었다. 셋째는 문책성 지표로 공무원들이 얼마나 자신들의 행동에 책임을 지는지를 파악하려고 하였다. 공무원들에게 재량을 부여하는 것이 불가피하지만 문책성의 기제는 부패를 줄이고 공직남용을 막는다는 점에 주목하였다. 넷째는 투명성 지표로 의사결정과정이 얼마나 분명한지를 파악하려고 하였다. 명료한 규칙과 개방성이 공직의 남용가능성을 줄인다는 점에 관심을 두었다. 끝으로 접근성 지표는 공직서비스에 대한 접근성이 얼마나 균등한지를 파악하려고 하였다. 이들 지표는 다양하지만 본 연구의 분석틀이 강조하는 효과성, 준법성 및 문책성과 유사하다고 할 수 있다.

앞서도 언급하였지만 세계은행의 1997년 보고서는 범세계적으로 정부 자체가 주목과 관심의 대상이 되고 있음을 지적하였다. 즉, 정부의 역할이 무엇이어야 하며, 정부가 무엇을 할 수 있고 무엇을 할 수 없는지 그리고 어떻게 일을 가장 잘 해 낼 수 있는지가 주요한 관심이 되었다고 한 것이다. 세계은행의 보고서는 기본적으로 정부의 효과성에 관한 것으로 효과적인 정부의 존재야말로 재화와 서비스 공급에 있어 결정적인 요소라고 본 것이다. 정부가 경제 및 사회발전에 있어 중심적이지만 그렇다고 경제성장을 직접 공급하는 역할보다는 동반자 혹은 촉진자의 역할을 보다 강조하였다. 이러한 배경에서 정부역할의 축소가 아니라 정부역할을 재규정하여 다시 활성화시키는 화두를 제기한 것이다. 다만 정부역량이 취약한 상태이기에 정부개혁의 대안으로 정부역량을 강화시키는 쪽으로 방향을 잡은 것이다.

동아시아 경제발전에 관한 또 다른 보고서(World Bank 1993)는 경제발전의 주요한 제도적 요인으로 관료제의 역할에 주목하였다. 관료제를 관리하는 것은 복잡한 과제이지만 효과적인 공공부문을 위한 제도 구축이 선행되어야 한다는 점을 강조하였다. 세계은행이 제시한 유인기제는 굿거버넌스의 특징이 효과적인 규칙과 제약, 경쟁압력의 증대 및 시민참여와 파트너십의 증가를 포함하였다. 문책성을 구축하기 위해서는 국가제도에 부착된 공식적인 제약기제를 만드는 것이다. 수평적 문책성의 제도는 이를 반영한다. 여기에는 입법부, 사법부 및 행정부 간의 균형과 견제의 제도를 강화시키거나 중앙과 광역 및 지방 간 권력을 분산시키는 것이 포함된다. 분권화가 논의되는 이유도 바로 문책성과 관련된다. 권력분산이 보다 광범하게 이루어질수록 자의적인 국가작용을 견제할 수 있는 거부권을 행사할 수 있는 지점들이 많아지기 때문이다. 공공부문을 활성화시키는 전략의 주요 핵심은 재량적 권한을 축소시켜 부패의 기회를 축소시키는 것이다. 또한 공식적인 견제와 균형 역시 정부부패를 축소시키는데 도움이 된다. 행정을 개혁하고 정치적 정실주의를 제약하며 보수를 개선하는 것은 공직자들에게 규칙을 준수하게 하는 유인을 제공하여 부패를 줄인다고 하였다. 부패를 줄이는 또 다른 방법은 공직자들의 활동을 모니터하고 불법행위에 대해서는 법원을 통해 처벌하는 것이다. 정부가 역량과 효과성을 증대시키는 방법 중 하나는 다양한 영역에서 경쟁을 강화시키는 것이다. 여기에는 임용과 승진, 정책결정 및 서비스전달을 포함한다. 먼저 직업공무원제 내에서 경쟁을 증가시키는 것이 주요한 과제이다. 정부의 효과성의 핵심은 유능하고 동기부여가 된 공무원들이 있는가에 달려 있는데 이를 위한 다양한 기제에는 실적에 토대를 둔 충원제도, 실적에 토대를 둔 내부승진제도 및 적절한 보상체계가 포함된다. 충원과 승진이 실적에 기반을 두고 경쟁적이며 보수와 명예 등 보상이 민간부문에 뒤지지 않고 정상에 오른 공무원들에게 보상이 충분이 주어지는 제도가 중요하다고 본다. 이러한 시각에서 세계은행 보고서는 실적 기반 충원과 승진, 유인 기반 보상 및 명료한 승진보직경로를 경제성장을 가져온 관료제의 주요 특징이라고 하였다.

　　전술한 논의들은 관료제(행정기구)가 정책을 집행하고 규제를 실시하며 서비스를 전달하는 중추적인 국가기관이기 때문에 정부의 질을 연구하는데 주요한 대상으로 포함되어야 함을 강조한다. 선(先)국가형성 옹호자들은 무엇보다도 정실체제를 실적주의에 기초한 근대관료제로 대체하는 것 자체가 국가발전의 필수조건이라고 간주한다. 동아시아의 증거는 근대관료제의 요소가 경제발전에 있어 중요한 요인이라는 견해를 지지하며 관료제가 취약한 아프리카의 저발전과 비교되고 있다. 이에 따라 관료제의 질이 정부성과 및 발전결과와 어떻게 연결되는지를 이해하는데 긴요하다는 견해가 주목받는 것이다. 이는 관료제의 내부적 및 외부적 특성들이 정부성과를 결정할 뿐만 아니라 사회경제적 발전에 영향을 준다는 것이다. 이러한 배경에서 세계은행은 정치제도만이 아니라 관료제를 발전과 연결시키고 집행기관의 질을 개선하는 방안을 제시하고 있는 것이다.

　　정부제도의 질을 판단하기 위해 본 연구에서 강조된 효과성, 준법성 및 문책성은 행정기구의 특징과 질을 평가하는데도 적용될 수 있다. 여기서 제기되는 주요 쟁점은 충원과 승진에서 실적이 사용되고 있는지, 보상은 적절하고 충분한지, 규칙은 제대로 준수되고 있는지 그리고 결정과 행위에 대해 문책할 수 있는지 등이다.

성공적인 관료제의 내부적 및 외부적 특징을 구체적으로 살펴보면 첫째는 효과성과 역량이다. 이와 관련되는 요소들은 공무원이 되기 위해 요구되는 조건이 객관적인가 그리고 임용 및 승진을 결정하는 기구가 정치적으로 독립적인가 여부이다. 여기서는 능력이 사적인 연고나 뇌물을 통해서는 확인될 수 없고 실적에 기초한 경쟁을 통해서만 판단되어야 함을 강조한다. 행정의 질을 높이려면 유능한 공무원들이 임용되어야 하고 이를 위해서는 정실이나 개인적 충성 등의 기준이 아니라 실적에 근거한 충원과 승진이 있어야 한다는 것이다. 정부가 정치적 호의로 친지나 지지자들에게 공직을 배분하는 관행은 낮은 관료제의 질로 귀결된다는 것이다. 관료제의 역량을 확보하는 또 다른 조건은 보상의 적정성이다. 보상이 적정해야 유능한 인재들을 공직으로 유치할 수 있고 유능한 공무원들이 오래도록 공직에 남아 있도록 유인할 수 있기 때문이다. 물론 부패수준이 보수수준과 무관하다는 증거도 있지만 적정한 보수는 성과를 높이고 부패를 줄이는데 도움이 된다.

둘째는 준법성 혹은 법구속성이다. 공무원들이 규칙을 따르고 준수하는지 여부가 중요하다. 결정과 업무수행에 대한 명료한 규칙은 관료제의 성과 제고에 도움이 된다. 이는 행정의 예측성을 높이고 신뢰를 증진시키기도 한다. 물론 명료한 규칙이 지나친 규제와 연결될 수도 있지만 규칙이 명료하지 않으면 공직이 남용되거나 결정이 부실해 질 수 있기 때문이다. 정책집행이 규정에 따라 이루어지고 권한행사가 규정에 따라 불편부당하게 이루어진다면 이는 행정에 대한 신뢰로 이어질 수 있고 궁극적으로 순응성과 능률성을 제고할 수 있다.

셋째는 문책성이다. 관리들을 대상으로 결정과 행위에 대해 책임을 물을 수 있는 기제가 작동하고 있느냐는 것이다. 통제기제의 작동과 외부감시단체의 활동이 중요하며 이에는 입법부와 사법부만이 아니라 회계감사, 옴부즈맨 기구, 반부패위원회 등이 포함된다.

넷째는 전문성이다. 이는 효과성 혹은 역량과 관련되는데 정책형성과 결정 및 집행과정에서의 전문적인 영향력의 강화가 성공한 관료제의 주요한 특징임을 고려하면 행정의 전문직업화는 주요한 평가 기준이라 할 수 있다.

　　다섯째는 자율성이다. 관료제는 공익을 보호하고 사회의 이익균형을 추구해야 한다는 점에서 정치와 사회의 이익세력으로부터 적절한 자율성을 유지해야 한다. 정치통제와 시민참여가 중요하지만 관료제의 자율성은 행정의 정치 및 사회 예속을 막아 특수이익이나 부문이익을 초월한 전체이익 혹은 공익을 위한 공정하고 능률적인 정책결정과 집행을 돕는다. 전체적으로 보면 관료제의 자율성과 더불어 효과적인 정책을 만드는 능력과 이들 정책을 불편부당하게 집행하는 충실성이 중요하다고 할 수 있다.

Ⅳ. 분석틀 및 사례

　　본서는 관료제를 거버넌스의 핵심적인 구성요소로 간주하고 역사적 전통과 정치적 및 사회적 맥락 속에서 동아시아 국가 관료제의 특징을 기술하고자 한다. 관료제 혹은 공무원체제의 비교연구의 틀은 다양하다(Peters, 2001; Pierre, 1995). 여기서는 전술한 논의에 기초해 효과성, 준법성 및 문책성과 관련된 관료제의 내·외부적 특징들을 포함하는 분석틀을 제시한다. 본 연구의 주요 대상인 관료제는 기술적으로 특화되고 전문성에 기반하며 충원과 승진이 실적에 따라 이루어지고 권한이 규정에 따라 행사되는 합리적 조직형태이다(Weber, 1946). 실적주의는 효과성을 증진시키면서 단체응집성을 촉진시킨다. 효과적이고 유능한 관료제는 국가 목표에 대한 헌신을 공유한다. 단체정신은 관료제 내 공통의 이해를 조성하며 이러한 이해에 기초해 집단의 명예를 지키는데 헌신하도록 유도한다. 단체정신은 구성원들에게 목표의식과 소속감을 주고 집단의 목표를 달성하도록 구성원들을 인도하는 자기규율을 부여한다. 자율성은 관료제가 조직의 정체성을 발전시키도록 하며 이는 관료제를 사회세력으로부터 격리시켜준다. 자율성은 관리들을 훈련시키고 고용하고 승진시키고 징계하는 능력을 유지하고 정치적 개입으로부터 행정을 보호시켜준다. 경제·사회발전을 위해 이러한 근대적 관료제의 특징을 가진 행정기구를 구축하고 작동시키는 것이 무엇보다도 긴요하다. 본서에서는 이러한 맥락에서 국가행정의 근대화에 초점을 두고 동아시아 국가의 행정기구의 서술적 특징을 살펴볼 것이다. 아울러 정치적·법적 통제를 통해 행정기구의 문책성과 준법성을 담보한다는 차원에서 관료제의 제도적 맥락을 다룰 것이다.

　분석틀은 각국의 관료제와 그 제도적 맥락을 특징적으로 기술하기 위한 요소를 포함한다. 첫째, 근대관료제의 변천과 관련한 역사적 맥락과 정치적 및 사회적 환경을 다룬다. 둘째, 효과성의 차원에서 관료제의 역량(효과성과 능률성)을 다루는데 여기서는 충원, 승진, 교육훈련 등 인사제도를 포함하며 실적(능력)주의, 직업주의, 합리주의 등의 요소가 얼마나 제도화되어 있는지에 초점을 둔다. 셋째, 관료제를 통제하는 공식적인 제도와 실질적인 관행을 기술하면서 관료제의 책임성이 어떻게 담보되고 있는지를 다룬다. 넷째, 관료제와 정치제도 및 시민사회 간의 관계를 기술하고 관료제의 탈정치화 및 자율성의 정도를 살펴본다. 각 장에서는 분석틀에 포함된 요소와 질문을 지침으로 삼아 국가 관료제의 특징을 기술하고 제도적 맥락의 변화에 따른 압력과 도전 및 대응을 다룰 것이다.

　본서에서 다루는 사례는 동아시아 7개국이다. Painter & Peters(2010)의 분류 기준을 고려하면 이들은 크게 2개 국가군으로 구분할 수 있다. 하나는 유교적 전통의 국가군으로 한국, 싱가포르, 중국 및 베트남이 여기에 속한다. 다른 하나는 비유교적 전통의 국가군으로 필리핀, 말레이시아 및 몽골이 여기에 속한다. 현재의 정치체제의 유형을 고려하면 유교적 전통의 국가군 가운데서 한국은 복수정당의 민주주의, 싱가포르는 일당독주의 유사민주주의, 중국과 베트남은 일당독재의 권위주의 체제를 유지하고 있다고 할 수 있다. 비유교적 전통의 국가군의 경우 필리핀과 몽골은 복수정당 민주주의, 말레이시아는 일당독주의 유사민주주의를 유지하고 있다고 할 수 있다. 근대화 과정에서 외부로부터 이식된 행정모형을 고려하면 유교적 전통의 국가군 가운데서 한국은 일본 식민지배를 통해 유럽대륙, 특히 프러시아의 행정모형을, 싱가포르는 영국 식민지배를 통해 영국의 행정모형을, 그리고 베트남은 프랑스의 식민지배를 받았지만 중국과 함께 소비에트 행정모형을 각각 이식받았다고 할 수 있다. 비유교적 전통의 국가군의 경우 필리핀은 스페인과 미국의 식민지배를 받았지만 주로 미국의 행정모형을, 말레이시아는 영국의 식민지배를 받아 영국의 행정모형을, 몽골은 소련의 위성국가로 소비에트 행정모형을 각각 이식받았다고 할 수 있다. 사례국가의 역사와 문화, 근대화와 민주화, 정당체제, 사회경제적 발전의 차이는 거버넌스의 패턴과 행정기구의 특징을 이해하는데 중요한 단서를 제공하고 있다.

참고문헌

박종민 · 김지성 · 왕재선 (2016). 정부역할에 대한 시민의 기대. 행정논총, 54(2): 61-92.

Anheier, H. K. (2013). Governance: What are the issues? In Hertie School of Governance (ed.), The governance report 2013. Oxford: Oxford University Press.

Anheier, H. K., Piero Stanig, P. & Kayser, M. (2013). Introducing a new generation of governance indicators. In Hertie School of Governance (ed.), The governance report 2013. Oxford: Oxford University Press.

Bevir, M. (2011). "Governance as theory, practice, and dilemma." In M. Bevir (ed.), The SAGE handbook of governance. London: SAGE.

Dalton, R. J. (2004). Democratic challenges, democratic choices: The erosion of political support in advanced industrial democracies. Oxford: Oxford University Press.

Economist Intelligence Unit (2013). Rebels without a cause: What the upsurge in protest movements means for global politics.

Evans, P. B. (2005). Harnessing the State: Rebalancing strategies for monitoring and motivation. In M. Lange & D. Rueschemeyer (eds.) States and development. New York: Palgrave.

Evans, P. B. & Rauch, J. E. (1999). Bureaucracy and growth: A cross–national analysis of the effects of "Weberian" state structures on economic growth. American Sociological Review, 64(5): 748-65.

Fukuyama, F. (2014). Political order and political decay. New York: Farrar, Straus and Giroux.

Fukuyama, F. (2013). What Is governance? Governance, 26(3): 347-68.

Hirst, P. (2000). Democracy and governance. In J. Pierre (ed.), Debating governance: Authority, steering and democracy. Oxford: Oxford University Press.

Hyden, G., Court, H. & Mease, K. (2004). Making sense of governance: Empirical evidence from 16 developing countries. Boulder: Lynne Rienner.

Kaufman, D., Kraay, A. & Mastruzzi, M. (2009). Governance matters VIII: Aggregate and individual governance indicators 1996~2006. World Bank Policy Research Working Paper No. 4978, Washington, DC.

Norris, P. (1999). Critical citizens. Oxford: Oxford University Press.

Norris, P. (2012). Making democratic governance work: How regimes shape prosperity, welfare and peace. New York: Oxford University Press.

Nye, J. S., Zelikow, P. D. & David C. King, D. C. (1997). Why people don't trust government. Cambridge: Harvard University Press.

Painter, M. & Peters, B. G. (2010). The analysis of administrative traditions." in M. Painter and B. G. Peters (eds.), Tradition and public administration. Basingstoke: Palgrave.

Peters, B. G. (2001). The Politics of Bureaucracy (5th ed.), London: Routledge.

Pierre, J. (1995). Conclusion: A framework of comparative public administration. In J. Pierre (ed.), Bureaucracy in the modern state: An introduction to comparative public administration. Aldershot: Edward Elgar.

Pharr, S. J. & Putnam, R. D. (2000). Disaffected democracies: What's troubling the trilateral countries? Princeton: Princeton University Press.

Pomerantz, P. R. (2011). Development theory. In M. Bevir (ed.), The SAGE handbook of governance. London: SAGE.

Rhodes, R. A. W. (2000). Governance and public administration. In J. Pierre, (ed.) Debating governance: Authority, steering and democracy. Oxford: Oxford University Press.

Torcal, M. & Montero, J. R. (eds.) (2006). Political disaffection in contemporary democracies: Social Capital, institutions and politics. New York: Routledge.

Weber. M. (1946). From Max Weber: Essays in sociology. New York: Oxford University Press.

World Bank. (1992). Governance and development. Washington DC: World Bank.

World Bank. (1993). The East Asian miracle. Oxford University Press: New York.

World Bank. (1997). World development report 1997: The State in a changing world. Washington DC: World Bank.

제1부

유교적
전통의 국가

동/아/시/아/국/가/관/료/제

제2장

한국 관료제
: 실적제의 전통과 도전[1]

윤견수 · 박종민

Ⅰ. 서 론

국가의 개념이 존재하는 곳에 국가 관료제가 있고, 국가 간 우위를 따질 때마다 늘 거론되는 것이 국가 관료제의 질이다. 국가 관료제의 질은 막스 베버의 이념형적 관료제를 중심으로 높고 낮음을 비교할 수도 있고(윤견수, 2011), 관료제의 범위를 정부로 확장한 후 정부의 질을 구성하는 속성들인 가치, 구조, 행태의 각 차원들의 충족 여부를 놓고 논의할 수도 있다(최진욱 외, 2012).

관료제의 질이나 정부의 질을 논하는 이유는 그것이 국가발전에 영향을 미치기 때문이다. 동아시아 경제발전의 원인에 대해 궁금해 했던 Evans & Rauch(1999)는 동아시아 경제발전의 뒤에는 베버식의 관료제 모형이 강하게 작용하고 있었다고 분석하였다. 그들은 업적제에 토대를 둔 충원방식과 계층제의 원리에 토대를 둔 경력관리라는 원칙들이 관료제를 강하게 만들고, 이를 통해 급속한 경제성장이 가능했다고 했다.

업적제가 뿌리를 내리기 위해서는 업적을 평가하는 정확한 기준이 존재해

---

1) 이 글은 박종민 · 윤견수(2014), 박종민 · 윤견수(2015), Yoon & Park(2016)을 모태로 작성되었다.

야 한다. 학부나 대학원의 학위, 전문분야의 경험 등 업적을 평가하는 기준은 각 나라가 처한 전통이나 맥락에 따라 다양하다. 한국은 거의 천여 년을 공개 경쟁시험을 통해 업적을 평가해왔던 유례없는 국가에 속한다. 한국은 경쟁이 치열한 선발시험을 거친다는 독특한 공채문화를 갖고 있으며 그 문화의 정점에 공무원 채용시험이 존재한다.

   공무원 채용시험은 혈연이나 친분 등의 연고주의 대신 누구나 동의할 수 있는 객관적 기준을 선발의 조건으로 하기 때문에 관료제를 권력집단들의 영향력으로부터 벗어나게 할 수 있다. 즉, 관료제를 정치적 이해관계나 사회적 세력의 영향력으로부터 어느 정도 독립시켜 관료집단의 자율성을 높일 수 있다. 시험에 선발된 사람들 간의 연대의식과 자긍심은 조직의 목표를 추구해 나가는 원동력이 되기도 한다.

   하지만 관료제의 지나친 동류의식은 관료조직을 폐쇄적으로 만들면서 변화에 대한 저항을 불러일으키기 때문에 늘 비난의 대상이 되곤 하였다. 한국의 국가 관료제도 예외는 아니다. 경제발전의 주축이었던 직업관료제는 선망의 대상이기도 하지만 동시에 개혁의 대상이기도 하였다. 한국의 경우 국가 관료제의 자율성에 영향을 미치고 있는 사회적 변화는 크게 정치민주화와 시장주의의 도입이다. 이 글에서는 우리나라의 전통적인 관료제는 어떤 모습을 하고 있으며, 정치 및 시장의 변화가 그것을 어떻게 변화시키고 있는가를 살펴본다. 동시에 새로운 변화의 흐름들이 전통적 국가 관료제와 어떻게 충돌하고 있는지 그리고 그러한 충돌과 긴장이 어떻게 조율되어 가고 있는지 살펴본다.

   논의를 전개하는 과정에서 이 글은 주로 "실적주의에 입각한 관리의 선발과 임용 기준 및 방식"에 초점을 맞출 것이다. 베버가 관료제의 이념형에서 말한 다른 요소들, 예를 들어 법규, 관할권의 위임 등은 실적주의 제도의 변화 및 개선과 관련이 있을 때만 부분적으로 논의한다. 전반적인 글의 순서는 2절에서 한국 관료제의 실적주의 전통을 시대적으로 소개하고, 3절에서는 1980년대 이후 불어 닥친 변화의 물결들인 정치와 시장의 영향력을 소개한다. 4절에서는 이러한 변화들이 기존의 전통적인 관료제와 충돌하는 내용들을 언급하고, 마지막 5절에서는 한국 관료제의 미래에 대한 간단한 스케치를 보여줄 것이다.

Ⅱ. 전통과 유산

한국은 거의 천여 년 간 공개경쟁시험을 통해 인재를 선발하는 '공채문화'를 유지시켜 왔으며 그 문화의 제도적 정점에 실적주의 관료제가 놓여있다. 중국에서 시작된 실적제는 과거라는 시험을 통해 그 사회의 가장 유능한 인재를 선발하는 제도였고, 이 제도는 서기 958년 개혁군주인 광종에 의해 고려왕조에 들어왔다. 1392년 건립된 조선왕조는 유교윤리를 강조하고 신왕조의 안정을 위해 과거제를 보완하고 발전시켜 나갔다.

과거제는 이후 오백 년간 조선의 중앙집권체제를 유지하는 원동력이 되었다. 임금 앞에서 실시하는 문과시험의 급제는 과거응시자들의 최종 목표였기 때문에 관직에 종사하는 사람들도 문과에 좋은 성적으로 급제할 때까지 공부를 계속 하였다. 과거제가 안정적으로 실시되었던 조선 전기에는 과거시험 성적이 좋았던 사람들이 나중에 당상관 이상의 높은 관직에 더 많이 올라갔다(Hejtmanek, 2013). 조선시대의 실적제는 Evans & Rauch(1999)가 말한 것처럼 근대화된 관료제의 가장 큰 특징인 실적에 의한 임용, 즉 관료의 능력을 객관적으로 검증하는 장치로서의 기능을 충분히 보여주고 있었다.

과거에 급제한다고 해서 관직이 주어지는 것은 아니다. 또한 오로지 관직을 위해서만 과거에 응시하는 것은 아니다. 학자들은 지방의 향시, 광역단위의 복시, 임금 앞에서 치르는 전시의 과정을 모두 거치면서 학자로서의 기본 자질을 인정받는다. 유교사회의 기본 덕목들을 습득하면서 지역과 문중에서 리더십을 행사할 수 있는지의 여부에 대한 검증도 받는다. 이와 동시에 끊임없이 배우고 익히는 것을 즐기는 학인으로서의 성실성을 확인받는다. "학인의 삶은 관인의 삶을 통해 꽃을 피우며, 관인의 삶은 학인으로서의 삶에 충실할 때 비로소 완성된다. 과거는 양자를 묶어주는 연결고리였던 것이다(박종민·윤견수, 2014; 5)."

　　과거제가 유학과 관료제를 연결시키는 고리였다는 좋은 예는 시험을 통해 어느 정도의 중앙집권이 가능했다는 사실에서 찾아볼 수 있다. 국가에서 실시하는 시험을 대행하는 권한이 있었고 지방의 모든 선비들은 과거에 응시하는 상황이었기 때문에 자연스럽게 중앙에서 파견된 관리는 각종 시험을 관리하면서 자신의 영향력을 행사할 수 있었다(채휘균, 2009). 하지만 시험의 내용이 유교의 경전이었기 때문에 유교의 경전에 대한 해석을 좌우하는 학자들이 관료제의 운영 전반에 영향을 미쳤다. 과거에 합격해도 유교에 대한 해석을 주도하는 특정 집단(학맥)에 속해 있어야 관직을 얻기 쉬웠다. 특정 학맥이 헤게모니를 쥐고 관료제의 운영 전반을 지배할 경우 그 학맥에 속하지 않은 관리는 정체성의 혼란을 겪기도 하였다(이선아, 2010). 조선 후기를 지나면서부터는 관료들의 자리가 점차 학맥에 의해 좌우되었고 실적제의 정신은 많이 훼손되었다. 하지만 시험을 통해 유능한 공직자를 선발하는 제도가 엄연히 존재하고 있었기 때문에 기득권층 내 세력들 간의 실적주의 경쟁은 유지되었다.

　　실적제의 전통은 1910년부터 시작된 일본의 식민지배 시대에도 지속되었다. 메이지유신 이전의 막부시대는 공직 임용의 기준이 주로 세습이었다. 하지만 구미열강의 개항 요구와 함께 시작된 일본 정부의 개혁 노력은 메이지유신을 통해 국가 관료제를 구축하는 것으로 가시화 되었다. 메이지유신을 통해 서구 열강, 특히 프러시아의 관료제를 모방한 일본은 1884~1889년 실적제의 원칙에 입각한 관료의 채용, 승진, 재직, 퇴직 등의 원칙을 수립했다(Fulcher, 1988). 이를 통해 일본은 비로소 근대국가의 모습을 갖게 된 것이다.

　　일본의 근대국가가 프러시아모형을 받아들였기 때문에 일본의 관료제는 공법체계를 강조했다. 관료제의 구성과 운영도 엄격한 계층주의와 법률주의에 기초하고 있었다. 일본의 식민지배 과정은 이러한 원칙들을 적용하고 수정하는 과정이었다. 일본은 한국을 강제로 합병하면서 '식민지 칙령'이라는 법을 가져왔고, 1905년의 을사늑약과 함께 시작된 식민통치는 일본의 법률과 칙령에 의지하는 총독부의 관료제에 의해 가속화되었다. 조선총독부의 유능한 관리가 되기 위해서는 법률과 칙령에 능통해야 했다.

　　식민지배 과정에서 향리가 세습하던 지방관 제도가 폐지되고 고등관 시험,

판임관 시험 등의 채용시험 제도가 도입되었다. 관리들의 직위는 군이나 면에 소속하도록 하고 서기, 기사, 주사, 사무관, 서기관 등의 위계적 질서가 만들어졌다. 급료는 위계적 질서에 맞추어 차등으로 지급되었다. 행정의 최말단이라고 할 수 있는 면(面)까지 문서와 기록이 가능해질 만큼 중앙집권체제가 정비되면서 면장에게도 급료가 지불되었다(윤해동, 2006). 형식적으로만 보면 일제 강점기에 양반계급이 철폐되면서 모든 사람들에게 공직 진입의 기회가 생겼다고 볼 수 있다. 그러나 한국인과 일본인 간의 자리 배치가 평등하게 이루어진 것은 아니고 대부분의 고위관리는 일본인이 담당하였다(한승연, 2013). 조선인들은 대부분 권력의 핵심에서 벗어난 곳에 근무하면서 일본인들이 정한 정책이나 방침을 따라가는 기계적인 업무만 수행했다(박은경, 1995; 김종식, 2009).

실력 중심의 채용시험제도는 적어도 과거제라는 조선의 오랜 전통과 일치하였다. 과거처럼 경쟁이 치열한 어려운 시험이지만 합격 후의 후광과 혜택이 크기 때문에 많은 사람들이 시험 준비를 했다. 합격이 곧바로 채용을 보장하는 것은 아니었지만 학력과 연령의 제한이 없었기 때문에 시험 합격이 자신의 꿈을 실현하는 좋은 수단이라는 점도 사람들에게 동기를 부여하는 요인이었다(장신, 2002). 식민지 체제에서 고등시험의 합격은 일제에 충성해야 한다는 마음의 부담은 있었지만 여전히 출세의 지름길이었고 가문의 영광이었다(정태헌, 2012).

1945년 일본이 패망하면서 한반도는 미국의 지원을 받는 남한과 소련의 지원을 받는 북한으로 나뉘어졌다. 1948년 정부수립 이전 미군정의 통치를 받은 남한(이하 한국)은 미국의 행정과 관행을 받아들이기 시작했다. 그러나 유럽 대륙에 뿌리를 둔 일본식 행정에 익숙한 한국인들이 미국의 행정을 받아들이는 것은 쉽지 않았다. 특히 미국식 인사행정은 직위분류제와 실적제를 근간으로 하는데 이것은 계급제와 연공서열을 기초로 승진과 임용이 결정되는 일본의 식민지전통에 익숙한 관리들에게 부담이 되었다. 미군정 당시의 관리임용은 공개경쟁채용이 아니라 대개 추천이나 유임이었고 이런 방식을 통해 식민지 관료제에서 일했던 관리들이 독립 이후 여전히 관료제의 주축을 형성하고 있었다. 따라서 미국식의 제도는 계급제적 사고에 익숙한 당시의 관료제와 충돌할 수밖에 없었다(박동서, 1961; 정용덕, 2004).

이승만 정부는 정권의 유지를 위해 관료제라는 거대한 시스템을 운영해본 경험이 있는 식민지 시대의 관리들을 받아들였다. 이들은 법률지식을 토대로 중앙과 지방의 고위직으로 진출할 수 있었고, 법에 의지하며 국가를 관리해나 갔던 식민지 시대의 경험을 부활시켰다. 고위직들은 정권에 충성을 바쳤고 정치인들은 그 대가로 고위직의 자리를 보전해 주었다. 관료와 정치인들 간의 정실주의가 만연했던 시기였다.

1960년의 5·16 군사정변을 통해 등장한 박정희 정부는 정실주의에서 오는 부패를 방지하고 행정의 능률성을 확보하려고 하였다. 그 당시 직업군인은 한국 사회의 엘리트 집단으로 빠르게 부상하고 있었다. 1950년대 이미 약 6,000명의 장교들이 미국의 여러 군사학교에서 리더십교육을 받았다(이한빈, 1969). 그리고 군사정변과 함께 전 공무원 가운데 10퍼센트에 해당될 정도의 많은 군인이 행정부로 파견되었는데 이것은 공무원의 세대교체를 가져올 만큼의 규모였다. 이들은 행정부에 들어와 군대에서 통용되던 방식으로 조직을 운영하려고 하였다. 그 방식이란 두 가지였는데 하나는 관리의 효율성을 강조한 것이고 다른 하나는 기획능력을 키우는 것이었다.

관리의 효율성은 행정의 핵심을 조직, 인사, 재무에 대한 관리로 보고 1961년 7월에 행정관리국을 설치한 데서 찾아볼 수 있다. 행정관리국의 설치 목표는 행정사무의 간소화와 능률화, 전문직 직업공무원제의 확립, 행정관리의 기술적 전문화와 기능적 분업, 과학적 행정통계의 파악과 표준의 설정, 각 기관의 업무계획 조정 등이었다(경향신문, 1963.4.13). 1963년의 국가공무원법은 공무원은 효율적 관리를 수행해야 하기 때문에 실적제의 원칙에 의해 등용되어야 하고, 인사관리와 급여체계가 합리화되어야 하며, 정치적 중립과 신분보장이 지켜져야 한다고 규정하고 있다. 기획능력은 엔지니어링 접근을 취하는 사람들에게 가장 필요한 능력이다. 시스템 공학으로 요약되는 엔지니어링 접근은 복잡하게 얽힌 사회문제들을 체계의 관점에서 해결하기 위한 접근 방법이다. 박정희 정부 시절 경제수석을 했던 오원철(2010: 603)은 계획이 완성되었을 때의 청사진, 구체적인 비전, 연도별 시행계획 등을 포함하는 방법론을 엔지니어링 접근이라고 하였고, 이러한 능력을 발휘할 수 있는 관료를 기술관료 (technocrat)라고 하였다. 1960년대부터 시작한 경제개발계획은 관료들의 발전 기획 능력에 의해 뒷받침되었다.

관리능력과 기획능력을 발휘할 수 있는 유능한 공직자를 위한 선발제도는 박정희 정부 이후에 정비되기 시작했다. 이승만 정권 때 유명무실하게 운영되어 지탄을 받던 공무원 선발 과정을 실적제의 원칙들로 다시 정리하였다. 그것의 핵심은 공개경쟁시험 제도였다. 시험 과목들만 조선시대의 과거제, 일제강점기의 관리 선발 제도와 달랐을 뿐 그 취지와 방법은 크게 다르지 않았다. 앞에서 말한 것처럼 조선시대는 실적을 확인하기 위한 기준이 유교의 경전이었다. 경전을 암기하고 경전에 바탕을 둔 문제해결능력을 과거라는 시험제도를 통해 검증하였다. 일제강점기에는 공법과 칙령을 강조했었기 때문에 각종 법률에 대한 지식과 법 해석 능력이 실적의 기준이었다. 유교의 경전이 법률과목으로 대체되었다는 것만 달라졌을 뿐 경쟁이 치열하고 어려운 시험을 통과하면 관료가 되어 엘리트계층이 된다는 사실은 동일했다. 1960년 이후에는 실적을 판단하는 기준이 법률과목에서 행정학, 방법론, 경제학 등의 사회과학 과목들로 바뀌었다. 경제발전을 위해서는 발전기획적 사고와 계수파악 능력이 필요하기 때문에 그런 분야의 능력을 검증할 필요가 있었던 것이다.

공직자를 선발하는 시험 못지않게 중요한 것은 교육제도다. 조선시대에는 유학경전에 대한 지식을 교육하는 공사립 교육기관이 충분히 존재하고 있었다. 수도인 한양에 있는 성균관과 학당 그리고 지방의 향교는 국가에서 운영하는 교육기관이었다. 각 지방에는 이것보다 더 많은 사립교육기관들이 유명한 선비들이 있는 지역을 중심으로 운영되고 있었다. 이들 교육기관은 경쟁적으로 과거시험 합격에 필요한 교육과 유교사회의 질서에 필요한 교육을 담당하고 있었다. 일제강점기에는 법률지식을 가르치는 법과대학이 주로 이런 역할을 하였다. 제국대학이나 사립대학의 법과대학 입학은 관리가 되기 위한 출세의 교두보가 되었다. 개발연대 이후에는 사회과학 지식을 전수하는 대학들, 특히 행정학 관련 대학들이 주로 공직자 배출의 통로가 되었다. 물론 이러한 교육기관들을 꼭 나와야 하는 것은 아니었다. 출신이나 교육적 배경과는 무관하게 모든 사람에게 동등한 기회가 주어지는 것이 실적제의 근본 취지다. 하지만 그러한 교육을 받지 않고 시험을 통과하는 것은 거의 불가능했기 때문에 공직자가 되려는 사람들은 대부분 교육기관에서 사전 교육을 받았다. 시험에 필요한 텍스트들을 가르쳤기 때문이다. 실적제는 엄격히 말하면 교육을 받은 인재들 간의 경쟁이다.

〈그림 2-1〉은 지금까지의 논의를 요약한 것이다. 고려시대부터 시작해 거의 천여 년을 이어온 한국의 공무원 선발제도는 공무원의 능력을 검증하기 위해 공개경쟁시험을 거쳤다는 특징을 갖는다. 조선시대에 꽃을 피운 과거제는 유학의 경전에 대한 지식을 확인하였고, 일제강점기에는 주로 법률지식을 검증하였으며, 개발연대 이후에는 주로 사회과학 지식을 확인했다. 능력 검증의 기준은 실무경력이나 경험이 아니라 지식이 담긴 텍스트였다. 박종민·윤견수(2014)는 텍스트의 성격을 중심으로 각 시기의 관료들을 각각 학인관료, 의법관료, 기술관료라고 하였다. 학인관료는 공부하는 학자로서의 소양과 관료로서의 능력을 모두 갖고 있는 관료의 모습이다. 의법관료는 신분과 계급의 영향력으로부터 벗어나 있으며 법 해석과 법 집행을 강조하는 관료의 모습이다. 기술관료는 정치적 영향으로부터 벗어나 해당 분야의 문제해결 능력을 가진 전문성이 강조된 관료의 이미지다.

그림 2-1 한국 실적주의 관료제의 3가지 전통

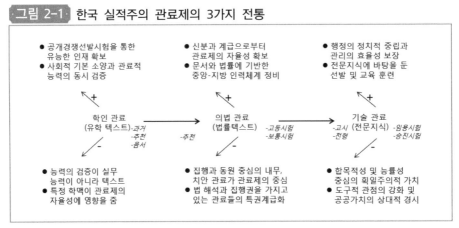

출처: 박종민·윤견수(2014:17)

한국의 실적제가 오랜 전통 속에서 근대화된 관료제의 모습을 견지해 왔
지만 실적을 검증하는 기준이 실무경력이나 추천이 아니라 텍스트였기 때문에
한계가 없는 것은 아니다. 예컨대 조선시대에는 텍스트에 대한 해석을 둘러싸
고 학맥들 간에 논쟁이 발생했고 이것이 학맥들 간의 주도권 싸움으로 확대되
어 싸움에서 이긴 학맥이 관료제를 장악하려고 하였다. 일제강점기에는 식민
지배를 위해 만든 법령을 해석하고 집행하는 관료의 역할이 강조되었기 때문
에 내무와 치안관료들의 권력이 비대하게 커졌고 이 과정에서 관료들이 스스
로 특권계급이 되었다. 개발연대 이후의 기술관료들은 주어진 문제를 효율적
으로 해결하는데 관심을 갖고 스스로 도구화되어 가면서 개발 이외의 공공가
치에 대해서는 상대적으로 무관심하였다. 이와 같은 변이에도 불구하고 실적
을 중심으로 유능한 관료를 선발하는 에토스는 한국 국가 관료제의 핵심적인
특징으로 이어져오고 있었다.

III. 도 전

1960년대 이후 한국의 경제발전을 가져온 제도적 요인 가운데 하나가 국
가 관료제였다는 것을 부인하는 학자는 거의 없다. 거의 천여 년을 이어온 실
적제의 전통이 개발연대를 거치면서 국가 관료제의 토대를 형성하고 있었다.
실적기반 충원의 관료제적 요소를 이미 발전시키고 있었다. 개발연대에 들어
오면서부터는 상대적으로 사회에 비해 국가의 비중이 더 비대해졌고 특히 행
정부의 권한이 더 커지고 있었다. 군에 기반을 둔 정권의 권위주의적 성격으로
인해 이러한 현상은 더 가속화되고 있었다. 대통령은 행정부의 수장이자 동시
에 입법부의 다수를 차지하는 여당의 총수로서 제왕적 권한을 행사했다. 형식
적으로는 삼권분립이었지만 실질적으로는 효과적 견제가 이루어지지 않았다.
권위주의 통치 하의 행정부 중심의 국가 구축은 관료제의 권한과 자율성
의 확대로 이어졌다. 관료들은 지역이나 부문의 협소한 이해관계로부터 벗어
나 전체 이익을 위해 자율적인 힘을 행사할 수 있었지만 그 과정에서 사회를

통제하고 규제하는 권위적인 태도와 문화를 강화시켜나갔다. 관료제에 대한 기대도 컸지만 그에 비례하여 관료제의 막강한 권한에 대한 우려도 커졌고 이와 함께 관료에 대한 통제의 필요성도 확대되었다.

1. 민주화와 지방자치

권위주의 통치가 국가 관료제의 권한을 확대시켜 나갔던 것처럼 국가 관료제에 대한 통제는 권위주의 통치의 약화와 함께 시작되었다. 정치의 민주화가 국가 관료제의 성격을 근본적으로 바꾸기 시작했다. 공무원 수의 변화가 정리된 〈표 2-1〉의 통계는 어떻게 그 성격이 변화했는지를 보여주고 있다. 표를 보면 1980~1990년 공무원 수가 급증했는데 특히 입법부 공무원의 숫자가 급증했다는 것을 알 수 있다. 행정부는 36퍼센트, 사법부는 63퍼센트, 입법부는 무려 157퍼센트 증가했다. 정치적 역할에 대한 사회적 기대가 확대된 것을 알 수 있다. 흥미로운 것은 1995~2005년 사법부 공무원 수가 31퍼센트 증가한 반면 행정부는 단지 2퍼센트, 입법부는 4퍼센트만 증가했다는 점이다. 민주화와 함께 기본권의 보호를 확대하려는 과정에서 이해관계 및 권리를 둘러싼 갈등이 생겼고 이것을 사법적 권위를 통해 해결하려는 기대가 반영된 결과라고 본다. 전반적으로 1980~2015년 행정부 공무원의 증가폭은 69퍼센트에 이른다. 그런데 입법부 공무원의 숫자는 241퍼센트, 사법부 공무원의 숫자는 223퍼센트나 증가했다. 행정부의 기능에 비해 상대적으로 억눌려있던 입법부와 사법부의 기능이 회복된 것으로 해석할 수도 있고 정치의 민주화와 더불어 확대된 권리에 대한 욕구를 국회와 법원을 통해 보장받으려는 기대가 제도의 운영에 반영된 결과일 수도 있다. 제도의 변화가 가장 컸던 영역은 입법, 행정, 사법의 3부를 제외한 기타 헌법기관인 헌법재판소와 선거관리위원회의 급속한 팽창인데 1980~2015년에는 무려 405퍼센트나 증가했다. 한국 사회의 민주화가 헌법적 권리의 보장 및 공정한 선거제도의 정착과 함께 진행되어 왔다는 것을 확인할 수 있다.

표 2-1   공무원 수의 변화   (단위: 명)

연도	총계	행정부*			입법부	사법부	기타헌법기관 (헌법재판소, 선거관리위원회)
		합	국가	지방			
1980	596,431	589,020	438,454	150,566	1,176	5,621	614
1990	818,121	804,244	539,869	264,375	3,023	9,157	1,697
1995	905,390	889,762	558,489	331,273	3,040	10,475	2,113
2000	869,676	851,684	545,690	305,994	3,211	12,721	2,060
2005	930,759	910,186	571,982	338,204	3,176	14,852	2,545
2010	979,583	955,890	612,672	343,218	3,848	16,933	2,912
2015	1,021,347	996,080	625,835	370,245	4,006	18,160	3,101

* 교육자치와 지방자치를 포함하고 일반직과 특정직(외무 검찰 소방 검사 교육) 및 정무직 공무원의 숫자를 모두 합한 것

출처: 행정자치부(2016a) 재정리

민주화로 인해 가장 큰 변화를 가져온 부분은 중앙과 지방의 관계다. 특히 1995년부터 시작된 지방자치는 공정한 선거와 헌법적 권리라는 정치민주화의 두 가지 흐름을 지방 수준에서 활성화하는 역할을 하였다. 〈표 2-2〉에서 보듯 1995년부터 그동안 중앙에 의해 임명되었던 광역단체장 16명, 기초단체장 230명이 주민의 직접투표에 의해 선출되기 시작하였다. 이와 동시에 지방의회 의원 5,511명도 주민에 의해 선출되었다. 중앙의 지침에 의해 통제되던 지방행정이 지역의 자율성과 지방정치에 의해 통제되기 시작한 것이다. 지방에 근무하지만 소속은 중앙에 있었던 공무원들의 소속도 대부분 지방으로 바뀌었다. 민주화로 대표성에 대한 요구가 증대되면서 예컨대 여성의원의 비율도 1995년 2퍼센트였지만 2015년 23퍼센트로 증가했다.

그동안 억눌렸던 정치의 영역들이 민주화를 통해 깨어나면서 행정에 대한 외부통제가 가능해졌다. 공정한 선거제도가 확산되고 헌법적 권리의 훼손을 방지하는 장치들이 제도화하면서 관료제의 독주와 파행에 대한 외부 통제가 가능해진 것이다. 그리고 이러한 외부 통제의 확산은 관료제 안에서 관료들의 부패를 통제하고 시민에 대한 권리를 보장하는 장치의 설계로 이어졌다. 김영삼 정

부가 들어서면서 1993년에는 모든 금융거래를 본인의 실명으로 하는 금융실명
제를 도입했다. 이는 타인의 이름을 빌려 사익을 추구해오던 고위직 관리들의
부패를 크게 줄이는 역할을 했다. 1994년에는 국민의 불편과 잘못된 행정행위
로 인한 국민의 피해를 조사하기 위한 국민고충처리위원회(Ombudsman of Korea)
를 설치했다. 김대중 정부는 2001년 공직자의 부패를 예방하고 내부고발자를
보호하기 위해 부패방지위원회를 설치하였다. 노무현 정부는 2005년 공직자의
부패방지 기능을 강화하여 부패방지위원회를 국가청렴위원회로 개편하였다.
이명박 정부는 2008년 국민고충처리위원회와 국가청렴위원회 및 행정심판위
원회를 통합하여 국민권익위원회를 신설하였다. 이와 같은 제도의 신설과 변
화는 모두 국가 관료제에 대한 외부통제 요구를 반영한 내부 통제장치들이다.

표 2-2 지방정부와 지방공무원 수의 변화

연도	지방정부(개)		지방의회 의원(명)		지방공무원(명)			공무원 일인당 주민수(명)
	광역	기초	합계	여성비율	합계	중앙	지방	
1995	16	230	5,511	2.3 %	283,558	9918	273,440	161
2000	16	230	4,167*	3.4 %	246,762	129	246,663	193
2005	16	228	3,621	14.5 %	274,400	129	274,271	178
2010	16	228	3,649	20.3 %	281,173	80	281,093	180
2015	17	226	3,687	22.9 %	295,669	82	295,587	176

* 2000년 통계 대신 2002년 통계 사용
출처: 행정자치부(2016b); 중앙선거관리위원회(2016)

행정이 정치적 기대를 반영한다는 것은 국민의 요구에 대해 반응할 책무
가 있다는 뜻이다. 2001년 설치된 국가인권위원회는 차별 및 인권침해를 조사
하고 구제하기 위한 기구다. 정부의 정책과 제도가 인권침해와 관련되는지를
조사하여 개선을 권고하며 특히 인권침해 및 평등권 위배 여부를 직접 조사하
고 구제할 수 있는 권한이 있다. 2001년에는 성차별을 예방하고 여성의 권리
를 보호하기 위해 여성부를 신설하였다.

이러한 책무성(accountability)의 요구는 관료제 내부의 실적제 운영에 많은

변화를 가져왔다. 실적제는 기본적으로 누구나 능력만 있으면 관료가 될 수 있는 원칙이다. 하지만 대표성을 제고하고 현장의 민의를 수렴한다는 것은 실적을 위한 경쟁에 뛰어들 능력이 없는 사람들을 특별하게 배려하는 적극적 (affirmative) 원칙이다. 2000년의 장애인고용 의무화, 2003년의 여성평등채용목표제, 2005년의 지역인재채용목표제, 2009년의 9급 저소득층 채용제, 2010년의 10급 기능인재추천채용제, 2013년의 귀화자 및 북한이탈주민채용제 등은 모두 사회적 약자들을 배려하기 위한 제도다. 비율이 크지 않지만 공직에 종사할 인재를 선발하는 과정에서 차별철폐와 불평등개선을 염두에 둔다는 것은 실적제 못지않게 책무성의 원칙이 중요하다는 것을 말해준다.

2. 국제적 표준의 확대와 신자유주의-신공공관리 개혁

실적제의 원칙에 변화를 가져온 또 하나의 흐름은 공공부문의 시장화이다. 1995년 한국이 OECD에 가입하면서 소위 국제적 표준(global standards)이라는 것이 한국의 제도와 규범 및 행정운영의 기준으로 등장하였다. 그런데 국제적 표준은 시장의 원칙과 자유무역을 강조하는 선진국들의 규범이었기 때문에 OECD 가입과 함께 한국은 시장의 논리를 수용할 수밖에 없었다. 1997년의 경제위기와 그 이후의 IMF 구제금융 기간은 자유시장 원리를 보다 적극적으로 그리고 실질적으로 받아들이게끔 하였다. 그러한 한국정부의 노력은 김대중 정부(1998~2003)와 노무현 정부(2003~2008)에 의해 신자유(neo-liberal) 혹은 신공공관리(New Public Management, NPM) 개혁으로 구체화되었다.

NPM과 연관하여 가장 대표적인 관료제의 개혁이라고 볼 수 있는 것은 1999년에 설립된 중앙인사위원회(Civil Service Commission)다. NPM 개혁의 목표는 관료제의 경제적 효율성을 개선하고 관료의 전문성과 경쟁력을 높이는 것이다. 구체적으로는 관리의 초점을 투입이 아니라 결과(혹은 성과)로 바꾸고 통제의 방식을 계층에서 계약이나 자율통제로 바꾸려고 한다(Van Thiel & Leeuw, 2002). 중앙인사위원회의 출범은 그러한 원칙을 충실하게 반영하고 있다. 개방적 충원과 계약에 의한 임용, 고시개혁을 통한 정부의 개방성 제고, 전문성과 경쟁력을 갖춘 관료제의 역량 제고 등이 중앙인사위원회 위원장이 생각하는 출범 목표였다(김광웅, 1999). 이것은 NPM 논리의 전형이다.

NPM 개혁과 연관된 제도는 연도별로 구체화 되었다. 1999년 출범 당시에는 법률 5983호에 의해 성과연봉제와 개방형임용제를, 법률 5711호에 의해 책임운영기관이 도입되었고 대통령령 16075호에 의해 목표관리제를 시작하였다. NPM의 대략적인 윤곽들이 이들 법령을 통해 만들어진 것이다. 2006년에는 법률 7796호에 의해 고위공무원단(이하 고공단)이 구성되었고 직위공모제가 시작되었다. 중앙정부의 3급 이상 공무원들의 계급을 없애고 이들을 고공단이라는 하나의 집단으로 묶어 관리한다는 것은 그동안 이어온 실적제의 가장 큰 근간을 뒤흔드는 조치였다. 채용과 승진 정책이 계급제에서 직위공모제로 바뀌고 임금정책이 호봉제에서 계약기반 실적급제로 바뀌었다(중앙인사위원회, 2004). 고위직의 계급을 없애면서 보직이동과 승진의 기준은 성과와 연봉이 된 것이다. 〈표 2-3〉은 일반공무원 채용방식 가운데 경력채용이 차지하는 비율을 정리한 것이다. 2009년까지는 시험을 통해 선발하는 공개채용의 비율이 높았지만 2010년부터는 채용방식이 역전되어 경력채용이 많아졌고 이 추세가 지금까지도 유지되고 있다. 개방형임용과 직위공모제라는 NPM식 채용방식이 제도적으로 정착되어가는 현상이라고 볼 수 있다.

· 표 2-3 · 경력채용의 비율

채용방식	2005	2006	2007	2008	2009	2010	2011	2012	2013	2014
공개채용(%)	64.8	53.6	53.2	84.9	64.7	48.0	40.5	41.4	41.6	46.5
경력채용(%)	35.2	46.4	46.8	15.1	35.3	52.0	59.5	58.6	58.4	53.5
합계(명)	3,988	8,353	7,314	6,755	6,018	5,880	5,710	4,767	4,610	8,563

출처: 인사혁신처(2015) 재정리

NPM 개혁의 성과를 확보하기 위한 다른 개혁조치는 책임운영기관을 설치한 것이다. 1999년 책임운영기관의 구성과 운영에 대한 법률이 제정되면서 2000년 19개, 2001년 23개, 2010년 38개로 책임운영기관이 늘어났다. 단 10년 사이에 약 40개의 정부기관이 책임운영기관으로 바뀌며 '성과'가 기관장의 인

사 및 기관의 평가 기준이 되었다. 일정 기간 내에 성과를 내겠다는 약속을 하
고 그 약속을 지키지 못했을 때는 자리에서 물러나는 것은 결과에 대한 책임
이다. NPM 개혁을 통한 정부 운영의 가장 큰 특징 가운데 하나가 투입보다 결
과를 강조하는 것인데, 책임운영기관의 신설은 그러한 흐름의 정점에 서 있다.

    NPM 개혁의 전략 중 하나가 민영화와 민간위탁이었기 때문에 정부를 제
외한 공공기관의 증감은 NPM 개혁의 성패를 판단하는 중요한 기준이 된다.
〈표 2-4〉는 중앙과 지방의 수준에서 공공기관의 규모가 어떻게 변했는지를
보여주고 있다. 2005년과 비교한 결과 2010년의 인구증가율은 4.7퍼센트였지
만, 동일 기간의 공무원 증가율은 9.7퍼센트였다. 그리고 공무원을 제외한 공
공기관 종사자의 증가율은 중앙이 16.5퍼센트, 지방이 39.5퍼센트였다. 이 표
가 민간위탁이나 민영화에 대한 정확한 지표를 말해주는 것은 아니다. 그러나
공공부문의 규모가 증가할 때 공무원의 증가율보다는 공사나 공기업 등과 같
이 시장의 원리가 적용되는 공공기관의 증가율이 더 크다는 점을 시사하고 있
다.

표 2-4   공공분야 종사자 규모   (단위: 명)

연도	공무원	공기업 등 (국가단위)	공기업 등 (지방단위)	인구규모
2005	930,759	246,368	54,524	48,138,000
2010	979,583	246,942	60,150	49,410,000
2015	1,021,347	287,046	76,072	50,424,000

출처: 행정자치부(2016c) 재정리

    시장의 논리가 적용되는 공기업의 증가율이 직영기업보다 두드러지는 현
상은 〈표 2-5〉에 있는 것처럼 지방공기업의 임직원 증가율을 통해 확인할 수
있다. 1991~1995년 지방자치를 시작하면서 지방공기업 임직원 수는 55퍼센트
나 증가하였다. 이 가운데 직영기업의 임직원 수는 34퍼센트가 증가했고, 공사
공단의 임직원 수는 83퍼센트가 증가하였다. 1995~2005년 직영기업 임직원
수는 23퍼센트가 감소한 반면, 공사공단의 임직원 수는 무려 105퍼센트나 증

가하였다. 공공부문의 영향력을 줄이며 위탁과 민영화의 가치를 크게 보는 국제적 표준과 시장의 영향력이 컸던 기간이었다는 시대적 배경을 짐작할 수 있다. 기업인 출신으로 대통령이 된 이명박 정부에서 4년 사이 지방공기업 임직원 수가 26퍼센트 증가했는데 이 가운데 직영기업 임직원 수는 거의 변화가 없었고 공사공단 임직원 수는 무려 136퍼센트나 급증했다. 이 수치는 지방정부가 공기업을 직접 관리하다가 점차 위탁을 주는 형태로 관리방식이 바뀌는 추세를 정확히 말해주고 있다. 연도별로 직영기업 임직원 수는 줄어들고 있었지만 공기업 임직원 수는 점차 늘어나고 있었다. 지방자치를 시작한 1995년과 비교해 볼 때 2014년에는 임직원 수가 무려 225퍼센트나 증가했다.

표 2-5 지방공기업 임직원 (단위: 명)

	1991	1995	2000	2005	2010	2014
직영기업	15,337	20,956	16,253	16,124	15,377	15,331
공기업	10,210	18,705	28,521	38,400	44,773	60,741
합계	25,547	39,661	44,774	54,524	60,150	76,072

출처: 행정자치부(2015a)

3. 국가 관료제 내부의 분화

민주화와 지방자치로 인해 정치의 영역이 국가 관료제 속으로 들어오기 시작했다. 신자유주의-신공공관리 개혁으로 인해 국가 관료제의 운영 과정에 시장의 원리가 스며들기 시작했다. 그간 독점적 자율성을 행사해 왔던 국가 관료제가 정치와 시장의 통제를 받기 시작한 것이다. 정치적 통제를 거치면서 능률성과 통제 중심의 행정은 대표성과 책무성이라는 가치를 새로 받아들였다. 시장적 가치를 흡수하면서 개방과 경쟁 그리고 성과주의가 행정의 새로운 패러다임이 되었다. 정치와 시장의 등장으로 인해 행정부 중심의 국가구조는 다원화 되었고 이는 국가 관료제 내부의 전문화를 가져왔다.

1970년대까지만 해도 입법, 행정, 사법부의 고위공무원 채용방식은 크게 다르지 않았다. 입법부의 경우에는 입법고시를 처음 실시한 1976년 전까지만 해도 대부분 특채 형식으로 공무원을 채용했다. 입법고시가 도입되었지만 2000년까지는 결원이 생기거나 신규수요가 발생할 때만 간헐적으로 입법고시를 실시했다. 2000년에 들어와 비로소 매년 일정규모의 고위 입법공무원을 시험을 통해 선발했다. 행정부와는 다른 입법부만의 공무원채용제도가 정례화된 것이다. 법령과 예산의 심의와 제·개정에 대한 수요가 급증하고 그 과정에서 국회의 역할이 점차 커지고 있었기 때문일 것이다.

기술직을 제외한 행정부 내부의 고위공무원 채용방식은 행정·사법·외무의 영역으로 이루어지고 있었다. 그런데 정치와 시장의 영향력이 커지면서 소위 고위관료 배출의 근간이었던 이들 세 영역의 채용과 교육방식이 크게 바뀌었다. 그때까지만 해도 관련 영역의 텍스트를 공부하고 시험에 통과한 후 해당 부처에서 실무에 필요한 교육훈련을 이수해야 공무원이 되었다. 예를 들어 행정부의 공무원이 되기 위해서는 행정학을 비롯한 유관 사회과학 과목을 공부한 후 경쟁이 치열한 시험을 통과하고 중앙이나 지방의 공무원교육원에서 필요한 교육을 받아야 했다. 그런데 이러한 체제가 2000년대에 들어와 획기적으로 바뀐다.

국제통화기금(이하 IMF)의 구제금융과 신자유주의를 거치면서부터는 법률에 서비스와 경쟁의 개념이 들어오고 동시에 미국식의 법학전문대학원 필요성에 대한 논리가 확산되었다. 한국은 전통적으로 법률에 대한 관리를 국가가 책임지는 대륙식의 공법국가였다. 그러나 판례를 강조하는 미국의 경우 법률은 국가가 관리하는 것이 아니라 법률회사가 경쟁을 통해 제공하는 양질의 서비스로 간주된다. 좋은 변호사들이 포진한 좋은 법률회사에 들어가기 위해 평판 있는 법학전문대학원을 나와야 한다. 많은 논란이 있었고 그것이 여전히 남아 있지만 2007년 법률영역의 고위공무원 시험제도가 없어지고 법학전문대학원 제도가 도입되었다. 이제 법조인후보자는 법학전문대학원에서 법률 이론 및 실무에 대한 교육을 받고 시험을 통과해야 한다(법률 제8544호). 구체적으로는 미국처럼 법학적성시험(LEET)에 합격한 후 3년제 법학전문대학원에 들어가 이론과 실무교육을 받고 자격고사 형태의 변호사자격시험을 치르면 되는 것이다.

　2011년에 만들어진 국립외교원도 법학전문대학원과 유사한 취지로 만들어졌고 유사하게 운영된다. 외교관이 되기 위해서는 우선 법학적성시험과 유사한 방식으로 만들어진 공직적성시험을 통과하고 국립외교원에 입교하여 외교관후보자가 된다. 그리고 1년의 교육을 수료한 후 졸업할 때 경쟁시험에서 일정 비율 이상의 점수를 획득하면 외교관이 된다. 법률영역과 마찬가지로 국가시험 합격자들에게 '연수원'에서 실무교육을 받게 한 후 공무원으로 임용하는 제도로부터 인증을 받은 '교육기관'에서 실무와 이론교육을 받은 교육생들에 한해 시험을 통해 공무원으로 임용하는 제도로 바뀐 것이다.

　입법부의 고위공무원 시험제도가 연례적으로 이루어지기 시작했다는 것과 행정·사법·외무고시로 불리워지는 행정부 내의 고위직 공무원의 선발과 교육제도가 각 영역의 자율성을 보장하면서 획기적으로 바뀌었다는 것은 그만큼 국가 관료제의 변화에 대한 열망이 컸다는 것을 의미한다. 민주화의 진전이 입법부의 역할에 대한 기대를 크게 했을 것이고 예산과 정책을 다루는 입법부공무원들에 대한 수요를 증가시켰을 것이다. 글로벌 시장경제의 확산과 서비스 경쟁 그리고 국제법 및 국제조약에 대한 지식의 확산은 법률가들과 외교관들의 새로운 능력을 필요로 하였을 것이다. 이러한 변화의 과정에서 일반행정 분야의 공무원 선발시험도 크게 바뀌었다. 과목을 중심으로 운영되었던 1차 시험이 2004년부터는 일반적인 능력을 검증하는 공직적성검사(PSAT)로 바뀌었다.

　〈그림 2-2〉은 지금까지의 논의를 요약한 것이다. 개방과 경쟁의 원칙을 강조하는 신자유주의-신공공관리 개혁은 시장의 논리와 성과주의를 확산시켰다. 분권과 참여를 강조하는 민주주의와 지방자치가 가져온 변화는 대표성과 책무성이라는 가치다. 이러한 것들은 안정성과 보편성을 강조하는 국가 관료제의 운영에 많은 영향을 미쳤고 특히 오랫동안 유지되어왔던 실적제의 패러다임에 큰 변화를 주고 있다.

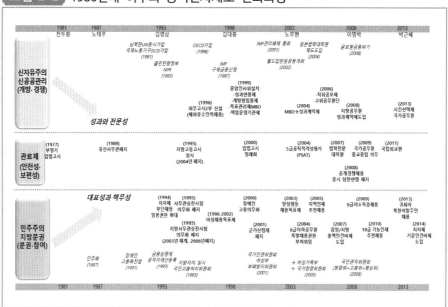

그림 2-2 1980년대 이후의 공직인사제도 변화과정

출처: 박종민·윤견수 (2015: 45)

Ⅳ. 변화와 긴장 및 갈등

　민주화의 물결과 시장의 영향력은 전통적인 관료의 유형과는 전혀 다른 새로운 유형의 관료들을 만들어냈다. 민의를 수렴하고 유권자의 이해를 정부의 운영과정에 반영해야 하는 가치가 책무성의 관점에서 강조되기 시작했다. 정치민주화와 함께 강조되는 헌법적 가치들이 공약에 반영되기 시작하면서 고위공직자들은 정책결정의 과정에서 정권의 이해관계에 민감해졌다. 그러면서 관료들의 정치화가 가속화되었다. 한편 성과와 경쟁을 강조하면서 관료들의 능력을 평가하는 기준이 바뀌었다. 공직의 진입 순서를 중심으로 평가되었던 능력이 이제는 해당 영역의 시장가치, 즉 특정 분야의 전문성을 중심으로 평가되기 시작하였다. 그러면서 공직자들 간의 승진 경쟁이 관료제 내부에서 외부로 확대되기 시작하였다. 박종민·윤견수(2015; 2016)는 새로 등장한 관료를 전

통적인 직업관료와 비교하여 각각 정치관료와 전문관료로 불렀다.

　〈그림 2-2〉는 지금까지의 논의를 요약하여 각 유형의 관료들이 언제 등
장했고 그들의 행동을 지배하는 주된 가치나 규범이 무엇인가를 표현한 것이
다. 유학이념에 바탕을 둔 학인관료의 등장과 함께 실적제가 정착되었고, 프러
시아의 전통을 흡수한 일본의 식민지배는 의법관료를 통한 강력한 중앙집권체
제를 가능하게 하였다. 개발연대를 거치면서부터는 미국의 영향으로 관리의
효율성이 관료제의 중요한 덕목이 되었다. 이러한 전통들이 축적되고 결합된
것이 한국의 직업관료제였다. 한국의 직업관료제는 베버가 말한 근대화된 관
료제의 속성을 그대로 갖고 있었다. 실적에 따라 관료를 선발하고, 법과 규정
에 의한 운영을 강조하고, 목표를 성취하기 위한 효율적인 도구로서의 역할을
충실히 수행하고 있었다. 그런데 정치관료와 전문관료들이 요구하는 것들은
전통적인 직업관료들에 의해 수행되는 행정의 운영 기준이나 방식들과 충돌하
며 관료제 내부에 새로운 긴장을 불러일으키고 있다.

　세 유형의 관료는 일찍이 Ouchi(1979; 1980)가 제시한 조직유형의 분류 방
식과 유사하다. 그는 조직의 통제 방식을 계층(hierarchy), 시장(market), 부족
(clan)으로 분류하면서 이 세 유형이 조직 안에서 서로 결합되어 조직의 독특한
특성이 나타나며 결합의 과정에서 거래 비용이 가장 적게 드는 방식을 따라간
다고 하였다. 그리고 전통적인 전략과 문화를 따를 때 거래비용이 가장 적게
들 것이라고 가정하였다. 그의 논리대로라면 〈그림 2-3〉에 나와 있는 세 유
형, 즉 직업관료와 정치관료 그리고 전문관료가 서로 갈등을 겪을 때 거래비용
이 가장 적게 드는 전통적인 직업관료제 유형을 중심으로 갈등이 조정될 것이
라고 예상할 수 있다. 관료제의 통제방식이 다양해지고 공공영역의 문제해결
방식도 다양해지지만 여전히 관료제가 중심이다. 이 글에서는 그런 상황을 관
료적 거버넌스라고 하였다. 민주주의가 진전되면서 공공문제를 해결하는 주체
가 국가 관료제라는 단일의 행위자에서 시민사회, 정당, 기업 등으로 확대되지
만 여전히 그 핵심은 국가 관료제인 것이다. 크게 정치와 행정의 관계 그리고
NPM개혁의 효과라는 측면에서 그것들을 살펴볼 수 있다.

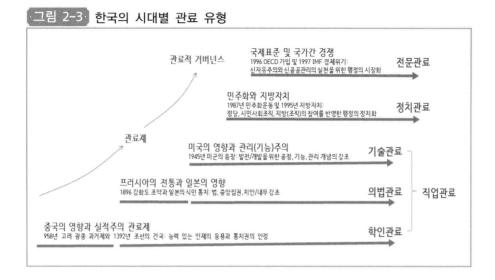

·그림 2-3· **한국의 시대별 관료 유형**

1. 정치와 행정의 관계

민주화와 선거 그리고 지방자치가 국가 관료제의 운영에 미친 직접적 영향은 두 가지다. 첫째는 관료의 구성에서 정치적 관료가 차지하는 비중이 커진 것이다. 〈표 2-6〉은 역대 장관의 경력을 연구한 이시원·민병익(2002)의 자료를 다시 정리한 것이다. 권위적 영향력을 행사했던 박정희 정부는 정치인 출신의 장관을 선호하지 않았다. 많은 장관들의 직전 경력이 장차관이었다. 그런데 민주화를 거치면서 그 숫자가 상대적으로 늘어나 김대중 정부 때에는 장관의 33퍼센트가 정치인 출신으로 채워졌다. 한때 정치인이었던 경력까지 포함하면 무려 44퍼센트나 되는 장관들이 정치인들로 채워졌다는 것을 알 수 있다. 전직 장차관들이 장관이 되는 비율은 야당 정치인 생활을 오래 했던 김영삼과 김대중 정부에 이르면 대폭 감소한다. 민주화를 거치며 정당의 활동이 활발해지고 있었다는 것을 알 수 있다. 이와 동시에 대학과 연구소의 영향력이 확대되어 가고 있다는 것도 알 수 있다. 김영삼과 김대중 정부는 상당히 많은 수의 장관들을 대학과 연구소 출신으로 임명하였다.

표 2-6	장관의 직전 경력					(단위: %)
	박정희		전두환	노태우	김영삼	김대중
	1963~71	1972~79				
장관	27.5	27.5	20.4	16.2	9.0	9.0
차관	17.6	17.6	20.4	14.1	18.0	10.1
정치인 (정치인 경험자)	7.7 (17.6)	9.8 (23.5)	18.4 (19.4)	21.2 (28.3)	27.0 (35.0)	33.7 (43.8)
군인	2.2	3.9	6.8	4.0	2.0	1.1
교수/연구자	8.8	5.9	6.8	12.1	16.0	19.1
기업	14.3	3.9	5.8	8.1	9.0	9.0
기타	21.9	31.4	21.4	24.3	19	18
(N)	91	51	103	99	100	89

출처: 이시원·민병익(2002) 재구성

흥미로운 것은 민주화 이후 기업 출신 장관의 비율이 10퍼센트를 넘어본 적이 없었다는 사실이다. IMF로 인해 시장과 금융의 중요성이 그 어느 때보다 컸던 김대중 정부만 해도 기업 전문가의 비중이 단지 9퍼센트였다. 국가의 중요한 의사결정을 시장이 아니라 관료제와 정치가 좌우하고 있다는 것을 알 수 있다. 관료제가 도전을 받았다면 그것은 정치의 등장으로 인한 도전이었고 관료제 내부의 긴장이 존재한다면 그것은 정치적 요구와 행정의 논리가 서로 충돌하면서 나타나는 긴장이지 정치, 행정, 시장이라는 세 영역 간의 갈등과 긴장이 아니라는 해석이 가능하다.

국가 관료제에 대한 정치적 통제의 확대로 인해 고위공직자들을 선발하고 승진하는 기준이 바뀌었기 때문에 고위공직자들 스스로 정치적 중립을 지키기 어려운 상황이 되었다. 기회만 되면 언제든지 정치적 인연을 맺으려 하고 정치인들도 그것을 적극 활용하였다. 정치적 중립이라는 관료제의 전통적 가치가 적어도 고위직에서는 더 이상 지켜지기 힘든 상황이 된 것이다. 이러한 흐름을 반영하는 것인지 이명박 정부가 출범할 때 내각 구성을 보면 41명 중 66퍼센트인 27명이 관료 출신이었다. 그리고 박근혜 정부는 출범 당시 장·차관 35명 가운데 74퍼센트에 해당하는 26명을 관료 출신으로 채웠다. 심지어 청와대 비서관 40명 중에도 16명이 관료 출신이었다. 정치인들이 관료를 찾은 것인지 아니면 관료가 정치인을 찾은 것인지 확인할 수는 없지만 정치와 행정의 밀월 관계가 깊어지면서 행정이 과거에 비해 정치에 의해 더 많은 영향을 받게 되었다는 것만큼은 분명하다.

둘째는 지방정치가 민주화되고 지방이 중앙의 통제력에서 벗어나면서 중앙과 지방의 관계가 바뀌고 있다는 점이다. 기본적으로 임명직이었던 단체장들이 선출직으로 바뀌고 지방의회 의원들이 지방의 새로운 정책결정기구로 등장하면서 선거주기에 따라 지방의 행정이 많은 영향을 받게 되었다. 예컨대 지역의 역점사업들이 지역의 수요가 아니라 단체장의 정치적 공약에 의해 좌우되며 이것이 때로는 중앙정부의 방침과 정면으로 충돌하기 시작한 것이다. 그리고 지방정부 간의 충돌이 생길 때 그것을 조정하는 권한이 국가 관료들에게 주어졌던 것과는 달리 이제는 중앙과 지방의 정치적 역학관계에 의해 그 조정이 이루어지기 시작했다.

그런데 지방정부의 권한 확대와 정치적 활동이 국가 관료제에 영향을 미치기는 했지만 중앙의 관료들은 여전히 지방 행정에 큰 영향을 미치고 있었다. 〈표 2-7〉을 보면 지방자치가 시작된 지 20년이 되었지만 GDP 중 자주재원이 차지하는 비중은 지금도 큰 변화가 없다. 지방세부담률(지방세/국세) 및 지방세비율(지방세/(국세＋지방세))도 역시 과거와 비슷하다. 그런데 지방정부의 전체 수입 가운데 자체수입의 비율은 69퍼센트에서 55퍼센트로 점차 낮아지고 있다. 그리고 중앙정부의 교부세와 양여금 등 이전수입이 차지하는 비중은 22퍼센트에서 42퍼센트로 급증했다. 국가사무의 지방이전에 따른 재정지원을 감안하더라도 낮은 비율이 아니다. 더구나 중앙정부의 지원 가운데 국고보조금이 차지하는 비중은 35퍼센트에서 57퍼센트로 급증했다. 지방정부가 받는 보조금 가운데 중앙에 있는 각 부처의 보조금 사업의 비중이 큰 폭으로 증가한 것이다. 이러한 수치는 비록 지방자치 이후 행정이 정치의 영향을 많이 받고 있지만 중앙은 여전히 각종 재정적 통제장치를 통해 지역의 정치인들에게 영향력을 행사할 수 있다는 것을 보여주고 있다. 1995년 지방자치를 재개하면서 지방자치법을 개정했는데 그때 포함되었던 '국가의 지도감독'이라는 기조가 계속 유지되는 것이다. 2001년의 주민감사청구제를 통해 지방행정에 대한 정치적 통제가 제도화되었고 2005년부터 지방의원유급제를 시행하면서 능력을 갖춘 지역의 엘리트들이 지방정치를 활성화 하는데 기여하고 있지만 여전히 중앙이 지방을 통제하면서 국가 관료제라는 큰 틀을 유지하고 있다고 본다.

표 2-7 　중앙정부의 지방재정 조정제도

| 연도 | 자주재원 (일반+특별회계) /GDP(%)* | 지방세 비율(%)** | 지방정부 수입(100%) | | 지방채 |
			자체수입 (지방세+ 세외수입)	이전수입 (교부세+ 양여금)	
1995	8.4	21.2(3.6)	68.9	22.2(35.26)***	8.9
2000	8.2	18.1(3.2)	67.2	28.8(44.85)	4.2
2005	10.3	22.0(3.9)	68.4	28.8(45.84)	2.8
2010	8.7	21.7(3.9)	60.5	36.2(52.66)	3.3
2015	9.0	21.2(3.9)	54.8	42.4(57.23)	2.8

　* 2015년 통계 대신 2013년 통계 사용
　** 지방세 비율은 지방세/(국세+지방세), 괄호 안 수치는 지방세부담률이며 지방세/국세를 각각 의미. 2015년
　　통계 대신 2014년 통계 사용
　*** 괄호 안 숫자는 지방재정조정액(교부세+양여금+국고보조금)중에서 국고보조금이 차지하는 비율
　출처: 행정자치부(2015b) 재정리

2. 신자유주의: 신공공관리의 제한된 영향력

신자유주의-신공공관리의 물결이 전지구적 현상이라고 할 만큼 모든 나라에 영향을 주었고 한국도 1990년대 중후반부터 이의 영향을 받았지만 NPM 개혁이 한국에 끼친 영향력은 제한적이다. NPM이 표방하는 원칙들이 영국이나 미국 등과 같이 개인의 자유와 경쟁이 중요한 나라들에게는 잘 적용이 되었지만 공법체계를 강조하고 국가 관료제를 표방하는 한국에는 잘 맞지 않았다. 예컨대 미국은 민간과 공공 간의 경쟁을 전제로 하지만 한국은 공공의 질서와 국가라는 개념 속에 민간을 포함시키고 있다. 따라서 시장의 원칙을 받아들일 때에도 국가 관료제의 해석을 통해 받아들이고 설령 시장이 실패를 해도

그것이 국가의 책임이라는 관점이 강하다.

　　NPM 개혁과 직결된 중앙인사위원회의 설립 목적과 운영 논리를 한번 살펴보자. 중앙인사위원회의 설립 목적은 NPM식 개혁을 통해 공직사회의 개방과 경쟁을 유도하면서 전문성 있는 관료가 국가를 이끌어나가게 하는 것이다. 그런데 대외적으로 소개한 목적은 모든 시민들이 자신의 연령, 성, 교육, 근무경험과 무관하게 공직에 지원할 수 있는 동등한 기회를 제공하는 것이다 (http://www.MPM.go.kr). 이것은 시장의 논리라기보다는 전형적인 ㅊ의 원칙 그리고 헌법을 강조하고 차별을 방지하는 민주적 가치들과 연관된다. 중앙인사위원회의 출범과 함께 시도한 각종 차별철폐 제도 역시 시장과 성과를 강조하는 NPM개혁과는 거리가 멀다. 장애인 우대정책, 여성공무원 할당제, 지역인재 채용제 등등의 인사정책들은 헌법적 질서와 민주적 가치들을 반영한 것이다.

　　중앙인사위원회가 시장의 논리가 아니라 정치의 논리에 의해 영향을 받고 있다는 것은 정권별로 조직의 변화과정을 보면 더 분명하게 드러난다. 1999년 설립 당시의 인사위원회는 대통령 직속 심의·의결기구이며 합의제 기구였다. 중요한 인사정책을 결정하고 주로 1~3급 고위공직자의 채용 및 승진 심사와 행정기관 인사에 대한 감사를 담당하였다. 인사에 대한 집행과 기타 인사행정 업무는 1998년에 총무처와 내무부가 통합해 만들어진 행정자치부에 두었다. 2004년에 노무현 정부는 채용, 승진, 교육훈련, 소청심사 등의 중앙인사기능 모두를 중앙인사위원회로 일원화하면서 실질적인 중앙인사기관을 제도화하였다. 그러나 2009년에 집권한 이명박 정부는 작은 정부를 기치로 내세우며 중앙인사위원회를 행정안전부에 통합하였다. 독립성과 합의성을 갖고 있었던 중앙인사기관이 비독립독임형(부처형) 소속의 1실로 축소개편된 것이다. 그런데 박근혜 정부는 2014년의 세월호 침몰사고를 계기로 안전행정부에 있었던 공무원 인사, 윤리, 복무 기능을 다시 이관해 국무총리 소속으로 인사혁신처를 설치하였다. 통치자가 봤을 때 공직사회의 폐쇄성과 무능이 사회적 재난을 가져오기 때문에 그것을 관리하기 위한 부처가 필요한 것이다. 이상과 같은 조직개편을 보면 약 15년 동안 중앙인사행정기관이 3번이나 바뀌었고 바뀔 때마다 관할권이 대통령 직속, 부처 소속, 총리 직속 등으로 바뀌었으며 담당 기능도 확대와 축소를 되풀이 하였다. 그리고 이 모든 개편은 정권이 바뀔 때마다 이루어졌다. 즉, 정치적 동기에 의해 개편이 결정된 것이지 NPM식 근거나 원칙이 반영된 것은 아니었다.

　시장의 논리가 제한적이었다는 사실은 새로운 기구의 설치 등과 같은 제도적 차원에서뿐만 아니라 공직자를 선발하고 운영하는 실무적 차원에서도 확인할 수 있다. 시장의 논리를 반영한다고 하지만 공직 능력을 평가하는 기준은 여전히 전문성이 아니라 일반적 능력이었다. 예를 들어 법학전문대학원에 들어가기 전에 치러야 하는 법학적성시험(LEET)이나 국립외교원에 입교하거나 행정공무원 5급 시험을 치르기 전에 봐야 하는 공직적성검사(PSAT)는 모두 전문가로서의 능력을 평가하는 것이 아니다. 일반적인 판단력과 사고력을 확인하기 위한 시험들이다. 전문성은 조직에 들어와 습득하는 것이지 미리 가지고 있는 것이 아니라는 전제가 그 밑에 있다. 공직자로 근무할만한 지적 능력과 업무수행 태도가 있으면 공직 진입 후 조직의 사회화 과정을 거치며 전문성을 획득할 수 있다는 뜻이다. 이와 같이 일반가로서의 자질을 중요하게 보는 전통은 2006년에 설립된 고공단의 진입조건을 평가하는 과정에서도 그대로 나타난다. 고공단에 속하는 1~3급 고위공무원들의 선발 지표들은 성과를 지향하고 있는가, 변화 관리에 적극 대처하는가, 문제 인식을 올바르게 하고 있는가, 전략적 사고를 하고 있는가, 고객을 만족시키기 위해 노력하는가, 조정과 통합의 능력이 있는가 등 6가지다. 그런데 이들 지표들은 특정 영역의 전문성보다는 다양한 경험을 통해 다방면의 지식을 갖고 있는 관료들에게 유리한 지표들이다(한인근, 2010). 즉, 친시장적인 제도는 도입되었지만 실제 운영은 여전히 기존의 관료제에 유리하게 작동되는 것이다.

　NPM 개혁의 한 축이 공직자 선발과 임용의 개방이라면 다른 한 축은 국가가 갖고 있던 집행기능을 책임운영기관화(agencification) 하거나 공공기관을 만들어 위탁하는 것이다. 1999년 책임운영기관 설치와 관련된 법률이 제정되고 2000년에 10개의 책임운영기관이 만들어졌다. 2016년에는 49개의 책임운영기관이 설치되어 9,860명이 근무할 정도로 그 수가 급증했다. 중앙행정기관의 소속 기관을 책임운영기관화 하는 이유는 기관장에게 조직 관리의 자율성을 부여하되 성과에 대한 책임을 강화시키기 위해서다. 하지만 한국의 책임운영기관들은 계층제적 거버넌스의 영향 때문에 자율성을 제대로 보장받지 못하고 있다(문명재·이명진, 2010: 40). 이경호·박현신(2016)에 의하면 책임운영기관에 자율성을 부여할수록 본부의 관리권한과 통제수단이 줄어든다고 보기 때문에 본부는 책임운영기관의 지정과 자율성 확대에 소극적인 태도를 보인다고 한다. 그리고 실제 운영 과정에서도 책임운영기관이 조직과 정원을 조정하려면 행정자치부와 기획재정부의 사전 협의와 승인이 필요하고, 소속 부처 및 행정자치부와 협의가 끝나도 기구를 신설하거나 인력을 늘리기 위해서는 기획재정부와의 협의과정을 더 거쳐야 한다. 즉, 책임성의 전제조건이 되는 자율성의 행사가 제약을 받기 때문에 성과를 내기가 근본적으로 힘든 상황이다. 여전히 각 부처의 영향력에서 벗어날 수 없다.

  책임운영기관 못지않게 중요한 NPM식 정부구조 개혁이 공기업과 준정부기관을 포함한 공공기관의 개혁이다. 특히 공공기관의 지배구조(governance structure)를 어떻게 운영할 것인가 하는 것이 시장적 성과를 가져올지의 여부를 판단하는 중요한 판단기준이 된다. 책임운영기관의 경우처럼 정부 중심의 지배구조라면 공공기관의 설립목적이나 운영성과를 기대하기 힘들다. 2007년에 제정된 공공기관운영에 관한 법률(이하 공운법)은 지배구조의 재편과 정부의 책임이라는 관점에서 공공기관을 개혁하고자 한 법률이었다. 공공기관의 소유권을 분명하게 하면서 내부적으로는 경영진과 이사회 및 감사와의 견제와 균형을 도모하고, 외부적으로는 경영공시나 경영평가 등의 방법을 통해 시장의 효율성을 확보하기 위한 것이 공운법이다(조택, 2007). 그러나 2008년 이명박 정부의 정부조직 개편으로 인해 기획재정부가 만들어지면서 종래 기획예산처 장관이 맡던 공공기관운영위원회 위원장을 기획재정부 장관이 맡게 되었다. 그 결과 시장경제에 대한 규제 기능과 준정부 조직에 대한 소유권 그리고 감독기능이 일원화되면서 공공기관 운영과정에서 중요한 시장적 책임을 훼손할 가능성이 높아졌다(한상일, 2010). 더구나 공운법은 현재 공기업의 이사회에게 기관장의 임명권(또는 임면제청권) 및 해임권(해임제청권)을 주지 않고 있어서 기관장과 상임이사의 경영활동을 감시하고 경영책임을 묻기가 힘든 상황이다(고인배,

2013). 공공기관 개혁의 기본 취지를 살리지 못하고 여전히 국가 관료제의 강한 통제 아래에 놓여있는 것이다. 그리고 지방공기업의 경우도 이와 상황이 유사하다. 예컨대 지방공기업은 대개 공동출자를 통해 설립되는데 출자심의위원회의 구성과 운영에 관한 사항을 지방자치단체의 장이 규정하도록 하고 이사회의 구성과 운영 과정에 대한 통제가 불가능한 실정이다(원구환, 2006). 공기업에 대한 통제가 시장이 아니라 자치단체장, 혹은 지방정부에 의해 이루어질 수밖에 없다.

    NPM 개혁을 성공시키기 위한 또 하나의 방식은 성과에 대한 평가체제를 구축하는 일이다. IMF에 의한 관리경제에 들어가면서 김대중 정부는 작고 효율적인 정부를 기치로 내세웠으며 이를 뒷받침하기 위해 1998년 국무조정실이 기관의 업무 전반을 종합적으로 진단·처방할 수 있는 기관평가제를 도입하였다(김현구, 2006). 그리고 노무현 정부는 성과관리제도의 취지를 살리며 종합적인 평가체제를 구축하기 위해 2007년에 정부업무평가기본법(법률7928호)을 제정했다. 이 법은 총리실이 중앙행정기관, 지방행정기관, 공공기관 등의 성과를 통합적으로 관리하며 동시에 자율적인 평가역량을 강화시키는 것을 목적으로 한다. 법의 1조는 "중앙행정기관·지방자치단체·공공기관 등의 통합적인 성과관리체제의 구축과 자율적인 평가역량의 강화를 통하여 국정운영의 능률성·효과성 및 책임성을 향상시키는 것을 목적으로 한다."고 되어 있다. 신공공관리의 핵심이라고 할 수 있는 성과관리를 위해서는 결과 중심의 평가제도가 운영되어야 하는데 정부업무평가기본법이 바로 그 취지를 정확하게 반영하고 있다. 그러나 이 법은 피평가자인 행정기관과 공공기관의 부담을 지나치게 크게 하여 오히려 법의 본래 목적인 국정운영의 능률성과 효과성을 제대로 살리지 못하고 있다. NPM 개혁의 효과에 대한 선행연구들은 성과지표를 관리하는 것이 실제의 성과를 관리하는 것과 통계적으로 유의미하지 않으며 오히려 성과지표는 행정기관을 통제하고 점검하는 용도로 활용된다고 보고 있다(Van Thiel & Leeuw, 2002). 정확한 평가결과를 얻기 위해서는 많은 규율과 통제장치들이 필요하기 때문에 평가의 과정에서 오히려 관료제화가 촉진된다고도 보고 있다(Diefenbach, 2009). 한국의 경우에도 NPM 개혁이 번문욕례(red-tape)를 줄이는데

전혀 기여하지 못했다(함요상 외, 2006). 더구나 각 중앙행정기관의 장은 성과관
리전략과 시행계획을 수립한 때에는 이를 지체 없이 국회 소관 상임위원회에
보고하여야 하며(법 5조4항, 6조4항) 자체평가계획의 수립이나 자체평가의 결과
를 평가위원회에 보고해야 한다. 즉, 상당한 정치적 부담까지 안게 된 것이다.
이렇게 본다면 성과관리를 위한 평가제도는 행정에 대한 정치의 통제 그리고
하급기관에 대한 상급기관의 통제를 가속화시켰다고 봐야 한다. 즉, 시장의 논
리가 아니라 통제와 질서를 강조하는 관료적 원칙의 또 다른 모습인 것이다.

V. 전 망

  지금까지의 논의를 요약하면 다음과 같다. 첫째, 한국의 국가 관료제는 공
개경쟁시험을 토대로 한 실적제의 전통이 여전히 강하다. 이미 조선왕조 시대
부터 베버가 말한 근대적 관료제의 특징을 보여주고 있으며, 특히 실적주의 정
신은 통치레짐이 바뀌어도 그대로 이어져 내려오고 있다. 둘째, 민주화와 지방
자치로 인해 정치의 영역이 국가 관료제와 행정에 영향을 주기 시작했다. 이해
관계와 갈등을 조정하는 주체가 임명직 국가관료에서 선출직 공직자로 바뀌면
서 직업관료의 영역을 정치관료가 차지하기 시작하였다. 지방자치와 함께 시
작된 지방정치는 중앙과 지방을 하나로 묶어 관리하던 국가 관료제의 행정을
분권화시키고 있다. 셋째, 1990년대 후반부터 시작된 신자유주의-신공공관리
개혁은 경쟁과 성과의 논리를 정당화 하며, 시장의 논리에 민감하고 자신의 업
무영역에서 능력을 인정받은 전문가들의 공직 진입을 가능하게 하였다. 관료
제 밖의 전문가들은 공직사회의 개방을 요구하며, 연공서열이나 호봉이 아니
라 능력과 성과 중심의 평가문화를 확산시켰다. 넷째, 정치 논리와 시장의 가
치가 전통적인 실적제에 많은 영향을 주었지만 시장주의를 기반으로 한 NPM
개혁은 그 효과가 제한적이었다. 한국의 경우에 행정의 정치화가 급속도로 진
행되고 있었고, 그 과정에서 직업관료와 정치관료들은 NPM 개혁 장치들을 자
신의 세력을 확대하는 수단으로만 활용하고 있었다.

　　이상의 내용들을 살펴볼 때 국가 관료제를 둘러싼 새로운 규범들이 등장하고 이것이 전통적인 규범과 서로 충돌하는 상황이 바로 현재의 한국의 국가 관료제라고 볼 수 있다. 전통적인 규범은 조직에 대한 충성을 중심으로 관료제를 운영하는 것이다. 엄격한 선발과정을 거쳤다는 관료들 간의 동류의식, 연공서열과 호봉에 의해 지탱되는 승진체계, 직위를 상하위 직급으로 배열한 계급체계는 관료들의 충성심을 유지하는 기본 골격들이다. 새로운 규범은 민의를 대변하는 선출직 공직자들의 요구에 반응해야 한다는 책무성이다. 차별을 철폐하고 사회적 약자를 적극적으로 배려하는 채용방식이나 지역, 성, 계층의 욕구를 소외시키지 않는 균형적 채용방식은 실적을 전제로 한 채용이 아니다. 공공기관은 헌법 정신과 민주적 가치를 반영할 책임이 있다는 정신을 강조한 채용 방식이다. 또 하나의 새로운 규범은 전문가주의(professionalism)다. 이것은 자신이 일하고 있는 영역 내에서 가장 많은 성과를 보이는 사람을 채용하는 원칙이다. 공공과 민간의 경계를 없애 하나의 시장으로 만들고 성과에 대한 평가와 공정한 경쟁이라는 규칙이 시장 안에서 지켜져야 가능한 원칙이다.

　　이들 세 가지 거버넌스 원리와 양식은 보완적이기도 하지만 상충적이기도 하다. Silberman(1993)은 관료제에 대한 비교연구를 통해 충성의 원칙과 전문가주의의 원칙이 서로 다른 맥락에서 합리화될 수 있는 원칙이라고 하였다. 그는 고위공직자의 임명 조건을 비교하면서 공직의 조기진입이라는 조건과 그 이후 경력의 예측가능성이 지켜지는 관료제를 조직모형, 전문직업적 지식과 기술을 토대로 능력을 발휘하고 그에 비례하여 유인을 받을 수 있는 고속승진코스가 존재하는 관료제를 전문가모형이라고 하였다. 조직모형은 충성을 강조하고, 전문가모형은 성과와 보상을 강조한다. 조직모형은 베버적 관료제의 전통이 강한 나라에 나타나며, 전문가모형은 공법적 질서보다는 사적 자유와 계약을 강조하는 미국의 모형이다. 모형이 배태하고 있는 맥락이 서로 다르기 때문에 두 모형을 공존시키는 것은 힘들다. 미국이 NPM 개혁을 추진하는 것은 지극히 자연스럽다. 그러나 한국의 NPM 개혁은 전문가모형을 조직모형에 끌어들인 것이다. 관료제를 운영해 나가는 과정에서 당연히 충돌할 수밖에 없다. 이러한 상황에서 한국이 할 수 있는 가장 효과적인 선택은 오랜 전통이었던 조직모형

을 유지하며 전문가모형의 유입 효과를 제한하는 것이다. 앞의 분석에서 NPM
의 효과가 제한적일 수밖에 없는 이유는 여기에 있었을 것이다.

　한국 국가 관료제의 변화에서 나타난 독특한 현상 가운데 하나는 변화의
동인을 전문관료 모형이 아니라 정치관료 모형에서 찾아야 한다는 점이다. 정
치관료 모형은 민주화와 지방자치라는 흐름이 갑자기 제도 설계로 이어졌던
한국의 특수한 상황을 반영한 모형이다. 주기적인 선거와 정권교체는 행정과
정치의 관계를 완전히 새로운 형태로 바꾸어 놓았다. 정치적 중립과 관료제의
자율성이라는 원칙이 약화되면서 이제는 관료제의 책무성이 강조되고 관료제
에 대한 정치적 통제가 더 중요해진 것이다(박종민·윤견수, 2015). 그러는 과정에
서 자연스럽게 관료의 정치화가 촉진되었을 것이다. 물론 이러한 흐름이 행정
을 정치에 예속시킬 만큼 강한 것은 아니다. 관료들은 여전히 각종 권한과 자
원을 동원하여 정치에 의해 국가 관료제가 통제되는 상황을 예방하려고 한다.
시장 논리의 확산과 더불어 전문직업화라는 가치가 중요해지고 있지만 실적제
의 정신과 베버 관료제의 전통 안에서 그것들을 수용하려고 한다. 이런 점에서
한국의 관료제는 앞으로도 당분간은 Pollitt & Bouckaert(2004)가 말한 신베버
(neo-Weberian) 관료제의 모습을 띨 것이다. 정치와 시민사회, 혹은 시장과 기
업의 영향력이 확대되면서 점차 사회문제를 거버넌스를 통해 해결하겠지만 관
료제가 큰 힘을 발휘하는 관료적 거버넌스의 양태가 당분간은 지속될 것이다.

참고문헌

고인배 (2013). 공기업 지배구조의 개선 방안. 재산법연구, 30(2): 143-157.

김광웅 (1999). 중앙인사위원회 출범의 의의와 전망. 한국행정학회 1999년 중앙인사위원회 창립기념 특별세미나.

김종식 (2009). 근대 일본내무관료의 조선경험: 미루야마쯔루키치(丸山鶴吉)를 중심으로. 한일관계사연구, 33: 275-305.

김현구 (2006.10). 정부업무평가 기본법의 논리와 과제－평가성공의 제도적 요인 분석. 한국행정학회 창립 50주년 추계학술대회 발표논문집, pp. 145-165.

문명재·이명진 (2010). 책임운영기관의 조직 인사 자율성과 제도적 개선 방향. 한국조직학회보, 7(1): 39-63.

박은경 (1995). 일제시대 조선총독부 조선인 관료에 관한 연구: 충원양식을 중심으로. 한국정치학회보, 28(2): 2133-2163.

박동서 (1961). 한국관료제도의 역사적 전개. 한국연구도서관.

박종민·윤견수 (2014). 한국 국가관료제의 세 가지 전통. 한국행정학보, 48(1): 1-24.

박종민·윤견수 (2015). 민주화 및 신자유주의－신공공관리 이후 한국의 국가관료제: 변화와 지속. 정부학연구, 21(3): 35-63.

오원철 (2006). 박정희는 어떻게 경제강국 만들었나. 서울: 동서문화사.

원구환 (2007). 제3섹터 지방공기업의 출자지분 및 이사회구조 분석. 한국정책과학학회보, 10(1): 221-243.

윤견수 (2011). 정부의 질과 관료제의 합리성－관료제 이념형 구성의 기본단위인 '공직' 개념을 중심으로. 정부학연구, 17(3): 19-48.

윤해동 (2006). 일제시기 면제(面制) 실시와 근대적 관료·행정제도의 도입. 韓國史學報, 24: 243-287.

이경호·박현신 (2016). 정부조직 관리의 자율성과 제약에 관한 연구: 책임운영기관 제도를 중심으로. 행정논총, 54(1): 31-69.

이선아 (2010). 영조대 정국 동향과 호남지식인 황윤석의 학맥과 관료생활. 지방사와 지방문화, 13(2): 239-269.

이시원·민병익 (2002). 우리나라 역대정부 장관의 배경 및 재임기간 분석. 한국행정연구,

11(3): 53-82.

이한빈 (1969). 행정과 사회. 한국행정문제연구소(편), 한국행정의 역사적 분석: 1948 – 1967(pp. 25-34). 서울: 한국행정문제연구소.

장신 (2002). 1919~43년 조선총독부의 관리임용과 보통문관시험. 역사문제연구, 8: 45-77.

정용덕 (2004). 이승만 정부의 관료제. 문정인·김세중(편), 1950년대 한국사의 재조명(pp. 127-164), 서울: 선인.

정태헌 (2012.12). 조선인 '유자격자'들의 시대인식과 진로. 2012 한국행정학회 동계학술대회 발표논문집.

조택 (2007). 우리나라 공공기관의 지배구조에 관한 연구. 한국정책과학학회보, 11(4): 251-274.

채휘균 (2009). 시험의 힘: 지방관의 영향력 행사와 이미지 형성－조선후기 수령의 개인기록을 중심으로. 영남학, 15: 189-228.

최진욱·윤견수·김헌 (2012). 정부의 질 개념 구성에 관한 탐색. 정부학연구, 18(2): 53-76.

한인근 (2010). 영미고위공무원단 설립의 역사적 배경에 관한 연구. 한국인사행정학회보, 9(1): 59-82.

한상일 (2010). 한국 공공기관의 민주적 책임성과 지배구조. 한국조직학회보, 7(1): 65-90

한승연 (2013). 조선총독부 관료제 연구: 그 비상통치기구적 성격을 중심으로. 한국행정학보, 47(3): 23-48.

함요상·안병철·한인섭·김정렬 (2006). 신공공관리적 행정개혁의 도입과 레드테이프의 수준 변화: 우리나라 공공조직과 민간조직간의 상대적 차이 비교. 한국행정논집, 18(3): 649-673.

Diefenback, T. (2009). New public management in public sector organizations: The dark sides of managerialistic 'enlightenment'. Public Administration, 87(4): 892-909.

Evans, P. & Rauch, J. E. (1999). Bureaucracy and growth: A cross－national analysis of the effects of "Weberian" state structures on economic growth. American Sociological Review, 64(5): 748-765.

Fulcher, J. (1988). The Bureaucratization of the state and the rise of Japan. British Journal of Sociology, 39(2): 228-254.

Hejtmanek, M. (2013). Rationalism and "modernity" in the state examination system of Chosŏn Korea: An analysis of Munkwa examination rosters, 1545~1720. Journal of Governmental Studies, 19(3): 41-67.

Ouchi, W. G. (1979). A conceptual framework for the design of organizational control mechanisms. Management Science, 25: 833-848.

Ouchi, W. G. (1980). Markets, bureaucracies, and clans. Administrative Science Quarterly, 25(1): 129-141.

Silberman, B. S. (1993). Cages of reason: The rise of the rational state in France, Japan, the United States, and Great Britain. University of Chicago Press: Chicago.

Van Thiel, S. & Leeuw F. L. (2002). The performance paradox in the public sector. Public Performance & Management Review, 25(3): 267-281.

Yoon, G. S. & Park, C.−M. (2016). Competing modes of governance in South Korea. Presented at the 24th World Congress of Political Science organized by International Political Science Association, July 23~28, Poznan, Poland.

인사혁신처 (2015). 연도별 채용방식.

중앙선거관리위원회 (2016). 지방의회 의원 현황.

중앙인사위원회 (2004). 공무원인사개혁백서.

행정자치부 (2015a). 지방공기업 현황.

행정자치부 (2015b). 지방자치단체총람재정개요.

행정자치부 (2016a). 공무원 정원 현황.

행정자치부 (2016b). 지방자치단체 공무원 현황.

행정자치부 (2016c). 정부와 공기업 연감.

기타 e−나라지표

제3장

싱가포르 관료제
: 실적기반 엘리트주의

임 현

Ⅰ. 개 관

싱가포르는 19세기 초까지 네덜란드의 영향 하에 있다가 1819년 영국의 래플스경이(Sir Thomas Stamford Raffles) 조호르(Johor) 왕국과 조약을 체결하고 싱가포르의 개발에 착수하면서 영국의 지배 아래 들어가게 되었다. 1942년부터 1945년까지 일본에 잠시 점령당하지만 일본의 패망으로 1946년 다시 영국의 직할 식민지가 되었고 마침내 1963년 싱가포르는 말레이시아 연방의 구성원으로서 영국으로부터 독립하였다. 그러나 2년도 되지 않아 인종문제, 즉 싱가포르 정치인들이 非말레이계의 단결과 지지를 구했다는 이유로 연방 정부와 다툼이 벌어지고 1965년 연방을 탈퇴하여 독립 도시국가가 되었다. 당시의 싱가포르는 국민의 대부분이 제대로 교육을 받지 못했으며 높은 실업률과 좁은 국토, 부족한 천연자원, 어려운 안보상황 등의 문제에 직면해 있었다.

이러한 상황 하에서 싱가포르는 두 가지의 전략적 지침, 즉 경제발전과 내부안정에 집중하게 되었고 이는 오늘날까지도 유지되고 있다(Neo & Chen, 2007). 독립 이후 싱가포르가 직면한 상황 속에서 이러한 전략적 지침을 이행하기 위해서는 정부가 발전을 주도해야 했으며, 이를 실현하기 위한 정부의 노력은 다양한 형태로 나타났다. 먼저 정책의 효율적 집행을 위해 법정의 독립행정기관(statutory boards)을 확대하였다.[1] 싱가포르의 독립행정기관은 싱가포르 정부 조직 구조의 특징이라고 할 수 있는데, 이들은 자율적인 정부기관으로서 의회의 법률에 의해 설치 목적과 권한이 정해지며 공무원으로 구성되지 않고 특권이나 면책이 적용되지 않는다. 이처럼 싱가포르는 업무에 있어 보다 자율성과 유연성을 가지는 독립행정기관을 활용함으로써 경제적, 사회적 정책들을 효율적으로 집행하고자 하였다(Neo & Chen, 2007). 이처럼 독립행정기관을 정책집행 기구로 활용했다는 점은 싱가포르가 영국 식민 시기의 제도를 물려받은 것으로 이해할 수 있는데 예를 들면 싱가포르통화청(Monetary Authority of Singapore), 중앙적립기금청(Central Provident Fund Board)는 현재까지 유지되고 있다. 이는 싱가포르의 합리적, 반이념적 및 실용적 특징을 잘 나타내주는 것이라고 할 수 있다(Neo & Chen, 2007).

　　싱가포르 관료제는 국가 생존과 발전을 위한 핵심 제도로 간주되었으며 이를 위해 공공부문에 우수한 인재를 투입하기 위한 지속적 노력이 있었다. 리콴유(Lee Kwan Yew) 총리가 우수한 인재 자체에 대한 관심을 가졌던 반면 당시 재무장관이었던 고갱쉬(Goh Keng Swee)는 공공부문에 실적을 바탕으로 한 선진적인 제도를 도입하였다. 싱가포르 공공부문의 인재 채용과 인사 관리에 있어 실적주의와 성과주의는 대부분 고갱쉬에 의해 도입된 것이다. 영국 식민지배 시기 공무원으로 일했던 고갱쉬는 엘리트 관료제의 필요성을 절감했으며 고위직 공무원을 지식인 엘리트층으로 구성해야 한다고 생각했다. 이러한 신념과 자신에게 주어진 권한에 따라 고갱쉬는 정부 장학생 중 우수한 인재를 공무원으로 채용하였다(Neo & Chen, 2007).

　　그러나 싱가포르 정부의 이러한 합리적이고 실용적 태도 및 엘리트주의 실적관료제는 현재 본질적인 측면에서 도전을 받고 있다. 즉, 싱가포르가 실용주의적 가치관에 근거하여 보다 위대한 국가가 될 수 있는지 여부이다. 더 큰 금전적인 보상을 제공하는 국가가 있거나 혹은 국가가 위기에 처했을 때 싱가포르 국민들이 다른 나라로 떠나버리지 않을 것인지의 문제이다. 실제 많은 싱

---

1) 독립행정기관의 목록은 https://www.gov.sg/sgdi/statutory-boards 참고.

가포르인들은 다른 국가로 이민가기를 원하고 있다는 사실이 밝혀졌으며, 국민들의 소속감, 정체성, 국가의 지속성 등의 문제가 그동안 싱가포르가 표방해온 합리성과 실용성의 이면으로 대두되고 있다. 실용적 관점을 강조한 정부의 의사결정은 주로 실행가능성을 최우선적으로 고려하는데, 정부가 직면한 문제들이 보다 복잡해지고 있는 상황에서 이러한 실용적 결정은 한계를 가질 수밖에 없다. 싱가포르의 관료제는 실적주의를 통해 국가의 발전을 견인하는데 큰 역할을 했지만 현재는 새로운 도전들에 직면하고 있다. 예를 들면 성과에 근거하여 공공부문에 채용된 18~19세의 우수한 인재들의 경우 실무 경험이 부족하지는 않은지, 우수한 인재를 공공부문이 독식함으로써 국가의 다른 부문의 발전을 저해하고 있지는 않은지, 민간부문에서 더 큰 보상을 제공하는 경우 공공부문이 여전히 우수한 인재를 보유할 수 있을지 등의 문제들이 그것이다 (Neo & Chen, 2007).

II. 실적주의

1. 제도적 맥락

싱가포르 관료제는 싱가포르 특유의 정치적 및 경제적 맥락에서 형성되었다. 싱가포르는 발전국가의 패러다임에서 정부 주도의 경제발전을 이루기 위해 기술관료를 강조하고 행정의 능률성을 추구하였다. 또한 개인보다 공동체를 강조하는 유교문화의 맥락에서 국가의 생존과 발전이라는 목표를 내세워 정치적 정당성을 구축하려고 하였다. 주목할 만한 것은 경제발전이 민주화를 수반한다는 근대화 이론이 싱가포르에 적용되지 않았다는 것이다. Freedom House의 2016년 자유의 수준 평가에서 싱가포르는 여전히 부분적으로 자유로운(partly free) 나라로 남아 있기 때문이다. 그러나 다른 한편 싱가포르는 바람직한 정부에 대한 새로운 해석을 제공하는 국가이기도 하다. 2017년 기준 싱가포르는 1인당 국내총생산(GDP)이 세계 11위, 국가청렴도지수(부패인식지수) 세계 7위, 2015~2016년 기준 국가경쟁력지수 세계 2위의 국가이기 때문이다. 때문에 싱가포르 행정과 정부는 하나의 좋은 정부의 모델을 제시하고 있다고 평가할 수 있다.

싱가포르는 1965년 말레이시아 연방으로부터 독립한 이후 1970년 헌법 개정을 통하여 공무원제도를 마련하였으며, 이후 싱가포르의 관료제는 국가 지도자의 정책구상을 효율적이고 강력하게 관철시키는 역할을 담당하였다. 싱가포르가 효율적이고 강력한 관료제를 구축할 수 있었던 배경으로는 작은 규모의 도시국가라는 점, 다민족 국가임에도 문화적 동질성이 존재한다는 점 등을 들 수 있다. 공무원의 높은 보수와 부패에 대한 엄중한 통제를 특징으로 하는 싱가포르 관료제는 싱가포르의 국가 경쟁력 제고에 기여한 중요 요인으로 지적할 수 있다.

싱가포르는 영국 의회제도를 모델로 하고 있지만 1955년 제정된 랜들헌법(Rendel Constitution)에 따라 영국과 달리 단원제를 채택하고 있다. 헌법상 국가 원수는 대통령이나 실질적인 권한은 내각에 속한다. 1991년 헌법 개정을 통해 국민직선에 의한 임기 6년의 대통령을 선출할 수 있게 되었고 대통령의 권한을 보다 확대하여 제한된 범위 내에서 내각에 대한 견제 권한을 행사할 수 있게 되었다.[2] 또한 선거법을 개정하여 복수정당을 기반으로 하는 선거를 통해 의회를 구성할 수 있게 되었다. 이러한 변화에도 불구하고 인민행동당(People's Action Party)은 1959년 이래 싱가포르 의회에서 압도적 다수를 차지해 왔다. 실제 리콴유 전 총리는 '인민행동당은 곧 정부이고 정부는 곧 싱가포르'라고 하였으며 이는 싱가포르에서 정당과 정부 관료제 간의 관계 그리고 정부 관료제의 막강한 권한과 역할을 나타내주는 것이라 할 수 있다. 싱가포르 행정부의 수반은 총리이며 총리와 각 부처의 구성원들은 의회 의원이다. 총리는 대통령이 다수당 소속 의원 가운데 임명하며, 총리는 정치와 행정에 관한 최고 권한을 갖는다. 내각은 총리실과 15개 부처로 구성되며 장관은 대통령이 총리의 추천에 따라 임명한다. 총리실의 기능은 각 부처의 활동과 정부의 일반 정책에

---

2) 여기에는 대법원장, 대법관, 검찰총장, 부패행위조사국장 등 주요 공직자의 임명에 대한 거부권(헌법 제22조) 및 예산안에 대한 거부권(헌법 제23조)이 포함된다.

대한 조정 및 주요 정책방향의 제시 등을 포함한다. 또한 독립위원회인 인사위
원회와 함께 공무원 인사정책에 관한 업무도 총리실 산하 인사행정처가 담당
한다. 싱가포르 내각의 부처는 재무부, 국방부, 외교부, 법무부, 내무부, 교통
부, 통상산업부, 인력부, 국토개발부, 보건부, 사회가족개발부, 문화·공동체·
청소년부, 교육부, 환경·수자원부, 정보통신부를 포함한다.

2. 공직체계와 규모

1) 공직분류

싱가포르에서 공공서비스직(Public Service)은 행정서비스직(Civil Service), 법
률서비스직(Legal Service), 군 및 경찰로 구분된다. 행정서비스직에는 국무총리
실과 15개 정부부처에 속하는 행정공무원들만 포함되며 독립행정기관,[3] 공기
업 등은 행정서비스직에서 제외된다.

행정서비스직은 Ⅰ부, Ⅱ부, Ⅲ부, Ⅳ부 등 4개 등급으로 분류되고 있으며
각 등급의 공무원이 되기 위해 필요한 자격요건은 물론 직무의 내용과 권한도
다르다. 구체적으로 Ⅰ부에는 일반관리·전문직급(Generalist Administrative and
Professional Grades)의 공무원이 속하는데 이들은 정책의 형성이나 하위 직원 감
독과 같은 전문적 임무 또는 관리 임무 등을 수행한다. 대학 학위가 요구되며
일반적으로 박사학위 소지자들로 구성되어 있다. 중간 등급인 Ⅱ부에는 집
행·감독직급(Executive and Supervisory grades)의 공무원이, Ⅲ부에는 사무·기
능·지원직급(Clerical, Technical, and Other Support Grades)의 공무원이 속하며 관
리와 운영을 지원하는 역할을 하거나 서비스 전달 시 일선 업무를 담당하게
된다. 마지막으로 Ⅳ부는 육체노동직, 단순직, 비숙련직과 같은 하급 행정공무

---

3) 싱가포르에는 많은 독립행정기관이 존재하는데 이는 공무원을 활용할 경우 발생하게 되
는 엄격한 규제, 유연성 부족에서 오는 제약을 줄이고 개발업무를 효율적으로 수행할 수
있고 아울러 공무원의 과도한 업무량을 줄일 수 있기 때문이다. 뿐만 아니라 유능한 공무
원들이 민간부문에 유출되는 것을 막고 국가개발 프로그램에 참여하게 만들려는 목적에
서도 독립행정기관이 이용되었다(Quah, 1996).

원으로 구성되어 있다(PWC Consulting, 2002). 이렇게 4개 등급을 구분하고 있지
만 행정공무원이 상위 등급의 직무가 요구하는 자격요건을 갖추게 되거나 기
술훈련 등을 받은 경우에는 등급 상승이 허용된다(Saxena, 2011).

2) 규모

싱가포르에서 공공서비스직과 행정서비스직 공무원은 해마다 모두 수치상
의 증가를 보여 왔다. 공공서비스직의 경우 독립행정기관의 공직자를 포함하
여 2006년 109,907명, 2008년 116,610명, 2010년 127,279명, 2012년 136,027명
으로 증가하였고, 독립행정기관 공직자를 제외한 행정공무원의 수 또한 2006
년 64,539명, 2008년 67,814명, 2010년 75,836명, 2012년 80,120명으로 증가하
였다. 등급별로 보면 2012년 기준으로 Ⅰ부로 분류되는 공무원은 44,720명
(56%), Ⅱ부로 분류되는 공무원은 26,189명(33%), Ⅲ부로 분류되는 공무원은
5,683명(7%), Ⅳ부로 분류되는 공무원은 3,618명(5%)이다(Department of Statistics,
2013).

그러나 이러한 공무원의 수치적 증가와는 별도로 전체 인구에 대비한 행정
공무원의 규모를 파악했을 때 싱가포르의 행정공무원 규모는 매우 작은 편이
다. 2010년을 기준으로 전체 인구 대비 행정공무원의 규모는 0.9퍼센트인 것으
로 파악되었는데 이는 같은 시기 다른 서구 국가들, 예를 들어 오스트레일리아
(5.0%), 뉴질랜드(5.5%), 미국(6.9%)에 비하여 매우 낮은 수준이며 아시아 국가들,
예를 들어 일본(1.9%), 한국(1.2%), 베트남(1.48%), 대만(1.3%), 중국(4.1%), 말레이
시아(2.95%), 태국(2.11%)에 비해서도 상대적으로 작은 편이다(Moon & Hwang,
2013).[4] 이처럼 전체 인구 대비 상대적으로 낮은 공무원 비중은 신공공관리 개
혁의 영향인 것으로 보인다. 싱가포르는 말레이시아와 함께 신공공관리 개혁
에 적극적인(enthusiastic) 국가로 분류될 만큼(Turner, 2002) 신공공관리를 지향하
고 있는데, 이는 공공부문의 성과와 효율성만이 아니라 규모의 축소를 지속적
으로 강조하고 있기 때문이다(Moon, 2013). 즉, 다른 나라들이 행정공무원의 규

---

4) 이는 교사의 수를 제외한 행정공무원 수를 전체 인구에 대비하여 나타낸 비율이다.

모를 확대시키려고 노력하고 있는 반면, 오히려 이를 줄이려고 노력하고 있는
점은(Tessema et al. 2009) 싱가포르의 신공공관리 맥락에서 이해될 수 있다.

3. 인사기관

싱가포르의 중앙인사기관으로는 인사위원회(Public Service Committee, PSC)와
인사행정처(Public Service Division, PSD)가 존재한다. 인사위원회는 1951년에 설
립된 독립위원회로 5명에서 14명 사이의 위원으로 구성되며 이들은 국무총리
의 제청에 따라 대통령에 의하여 임명된다(Saxena, 2011). 과거 인사위원회는 모
든 공무원들을 대상으로 하는 인적자원계획, 채용, 승진, 연금 지급, 징계 조치
등과 관련하여 전반적인 권한을 가지고 있었다. 그러나 1983년 인사행정처가
재무부 산하에 설립되어 인사 정책 수립을 주된 임무로 떠맡게 되면서(Moon &
Hwang, 2013) 인사위원회와 함께 인사 기능을 나누어 수행하게 되었다. 이후
1995년 인사행정처는 총리실 산하로 이관된 이후로 부처 수준의 기관으로 인
정되었다.

한편, 1990년 중반 싱가포르는 정부 조직의 자율성과 유연성을 강화시키
는 방향으로 조직의 재구조화와 개혁을 시도하였는데, 이는 인사기관에 대해
서도 큰 영향을 미쳤다. 부처 혹은 부서에 소속된 별도의 인사보드(Personnel
Board, PB)가 설치되어 인사권의 분권화가 이루어지게 된 것이다(Haque, 2004;
IPPR, 2013). 즉, 1995년 정부는 중앙인사기관 외에 부처 및 부서 소속의 다양한
인사보드를 두어 이들에게 주요한 인사 기능인 채용과 승진 권한을 부여하였
다. 이는 신속한 채용과 승진을 가능하게 하여 일선의 관리자들에게 직원을 관
리할 수 있는 더 많은 권한을 부여하기 위함이었다.

4. 인사관리

1) 핵심 가치

실적주의(meritocracy)와 실용주의(pragmatism)는 싱가포르의 공직문화에 있

어 두 가지의 핵심 가치로 내세워지고 있다(Teo, 2002). 이 중 실적주의는 영국 식민지의 유산이자 동시에 유교적 전통을 반영하는 것으로 1965년 독립 이후 인민행동당 정권이 유능한 인재의 공직 유치를 목적으로 강조하였다(Poocharoen & Brillantes, 2013). 인민행동당은 국가 건설을 해나가는 과정에서 실업, 주택, 국방과 같은 근본적인 문제들을 극복하기 위해 여러 비전을 제시했는데 당은 공무원들이 이러한 비전을 실현해 줄 수 있다고 생각하였다(Teo, 2002). 따라서 당 비전의 성취라는 성과를 낼 수 있는 유능한 사람들을 찾아내 이들을 선발하고자 하였는데 이것이 싱가포르 실적주의의 핵심 동기였다. 실적주의는 단순히 가치원리로서 존재하는 것이 아니라 실제 운영원리로 철저하게 지켜지면서(배유일, 2010) 채용, 성과평가, 급여, 승진 등의 인사관리제도 전반에 지대한 영향을 미치고 있다.

2) 채용

인사행정처는 매년 대학 졸업자들을 대상으로 대거 신규 채용을 기획하는데 채용 공고가 있기 전 캠퍼스 리크루팅을 실시하여 유능한 지원자들과 접촉한다. 이와 별도로 각 부처와 부서의 인사보드 또한 인력 수요가 있을 때 수시 채용을 실시할 수 있다(United Nations, 2005).

싱가포르에서는 행정공무원이 되기 위한 경쟁이 치열한데 공개채용 방식에 의해 엄격한 선발이 이루어지고 있다. 지원상 차별 요인은 없으나 실적주의의 적용으로 가장 실력이 뛰어난 지원자들의 채용을 목적으로 하고 있다. 이를 위해서 학력이 중요한 자격요건으로 인정되고 있는데(Moon & Hwang, 2013), 일반적인 채용절차는 다음과 같이 진행된다. 먼저 공고를 통해 지원자를 모집하고, 다음으로 지원요건을 충족시킨 다수의 지원자들을 대상으로 각 부처가 작성한 객관적 기준들을 적용하여 후보자 명단을 만든 뒤, 이들 후보자들을 대상으로 인터뷰를 실시하는 순서를 따른다. 마지막으로 임명을 위해 최종 선택된 후보자를 부처 또는 부서의 인사보드에 추천한다(United Nations, 2005).

채용 유형에 있어서는 장기경력직(long-term career) 유형이 대부분이긴 하지만, 계약직 또는 기한부직(fixed-term job) 유형 또한 증가하고 있다. 후자의

경우 부처의 인력수요 관리에 더 큰 유연성을 부여할 뿐만 아니라 장기경력
직의 공무원 채용 전에 해당 업무 적합자인지 여부를 파악할 수 있게 해준다
는 점에서 이러한 경향이 계속 유지되고 있다(Saxena, 2011). 또한 자격을 갖
춘 기업 간부들을 등급에 상관없이 공직에 채용하는 것을 장려하고 있기도
하며(Haque, 2004) 유능한 지원자들을 공직에 유인하기 위한 방법으로 학부생
들을 대상으로 한 장학금 제도도 두고 있어 특별채용의 기회를 열어두고 있
다.5)

한편 부처 또는 부서에 다양한 인사보드가 설치되어 채용 권한이 주어졌
지만 여전히 인사위원회는 공무원의 강등이나 해임과 같은 징계조치 뿐만 아
니라 핵심 공무원직인 관리서비스직(Administrative Service)에 대한 인사 업무를
담당하고 있다. 행정서비스직(Civil Service)의 최상위직은 엘리트 공무원 집단인
관리서비스직에서 정하며 이들은 국장보(assistant director) 등의 보좌기관으로
임명되어 리더로 성장하게 된다. 이렇게 모든 최상위직 공무원에 대한 임명 권
한은 인사위원회에 부여되어 있는데 다만 사무차관(permanent secretary)의 경우
인사위원회가 제안한 후보자 명단에서 국무총리의 선택에 의해 대통령이 임명
한다(IPPR, 2013).

3) 교육훈련

공무원 교육훈련과 관련해서는 인사행정처에서 교육훈련 관련 정책을 담
당하고 있으나 실질적인 모든 훈련은 현재 독립행정기관으로 분류되고 있는
공무원연수원(Civil Service College, CSC)을 중심으로 이루어지고 있다. 공무원연
수원에 독립행정기관으로서의 지위를 부여한 것은 급변하는 지식기반 경제 체
계에서 공공서비스에 대한 수요를 충족시키기 위해 필요한 권한과 운영상의

---

5) 전통적으로 독립적인 인사위원회가 장학금 수혜자 선발을 해왔으나, 현재에는 부처 내
  인사보드(PB) 또한 이러한 임무의 일부를 담당하고 있다. 장학금 수혜 학생은 국내 또는
  해외 대학에서 공부할 기회를 갖게 되며 졸업 후 정해진 기간 동안 행정공무원으로서 일
  해야만 하는데 장학금 조건에 따라 공직 전반에 걸쳐 배치될 수 있다. 2009년에 조사한
  결과에 따르면 사무차관(permanent secretary) 20명 중 16명이 정부 장학금 수혜자로 파
  악된 바 있다(Saxena, 2011).

유연성을 부여할 수 있다는 면에서 유리하기 때문이다(Saxena, 2011). 공무원연수원은 2013년 조직개편을 통하여 현재 5개의 훈련부와 3개의 지원부로 이루어져 있으며,[6] 연구, 커리큘럼, 촉진, 교육 및 컨설팅 등 공무원연수원의 핵심역량을 강화하는 전문가 그룹인 교수진을 운영하고 있다.[7]

한편, 2015~2016년 연차보고서에 따르면 공무원연수원은 2015년 총 지출 707억 달러(SGD) 중에서 교육훈련 관련 비용으로 약 208억 달러(SGD)를 투자하였다(Civil Service College, 2016). 다른 나라들이 공무원의 훈련비 예산을 삭감하고 있는 것과는 대조적으로 싱가포르는 오히려 예산을 증가시키고 있는 상황이다(Tessema et al. 2009). 현재 공무원연수원 내 교육과정의 수는 총 318개이며, 이수시간 역시 8시간, 16시간, 24시간, 72시간 등 매우 다양하게 설계되어 있다. 다만 과정에 따라 수강 가능한 직급을 제한하고 있고 수준별 차등교육이 가능하도록 교육과정이 설계되어 있다.[8]

4) 성과평가

실적주의 기조 하에서 싱가포르는 1983년 모든 행정공무원들이 인사행정처의 감독 하에 매년 성과평가를 받아야만 한다는 내용의 의무평가 제도를 도입하였다(Saxena, 2011). 싱가포르의 공공부문 성과평가 제도는 민간 분야의 한 석유회사가 시행하고 있던 성과평가 제도에서 착안한 것으로 매우 정교하고 객관적이라는 평가를 받고 있는데(IPPR, 2013), 이는 1990년대 중반에 성과평가를 포함한 성과관리 제도 전반에 대한 개혁이 이루어진 결과라고 여겨진다. 1996년 인사행정처는 성과관리가 인사관리의 핵심이자 공무원의 경력개발에

---

6) 5개 훈련부는 거버넌스정책부(Institute of Governance and Policy), 공공행정관리부(Institute of Public Administration and Management), 리더십조직개발부(Institute of Leadership and Organisation Development), 공공부문리더십부(Institute of Public Sector Leadership), 공무원연수원국제부(Civil Service College International)로 구성되어 있다. https://www.cscollege.gov.sg/About%20Us/Organisation%20Structure/Pages /default.aspx 참고.

7) https://www.cscollege.gov.sg/About%20Us/Pages/Faculty.aspx 참고.

8) https://www.cscollege.gov.sg/Programmes/Pages/Default.aspx 참고.

있어 필수임을 인식하고 있었고, 이로써 성과관리 제도에 대대적인 개혁을 추진할 수 있었다(중앙인사위원회, 2007). 일반적으로 성과관리는 성과계획, 성과 모니터링, 성과평가, 사후관리의 과정으로 구성되는데 이 중 승진과 성과 보너스 등의 인센티브와 직결되는 부분이 성과평가 단계라고 할 수 있다. 싱가포르의 성과평가는 개혁을 통하여 '실제 성과'에 대한 평가와 '미래의 잠재력(Currently Estimated Potential, CEP)'에 대한 평가 모두를 포함하고 있다.

성과평가에 대한 '보고제도(Reporting System)' 하에서 평가 대상 공무원과 감독관은 그 해의 업무 할당과 훈련 계획에 대한 토론을 하여 보고서를 작성하고, 그 해의 성과와 성취에 대한 평가를 담은 공개업무보고서를 작성한다. 한편, 감독관에 의하여 기밀보고서(Confidential Staff Report)라는 것이 작성되는데 이 보고서는 공무원의 전반적인 성과, 성격, 잠재력에 대한 평가와 이를 바탕으로 한 승진 제안을 담고 있다. 잠재력에 대한 평가는 공무원이 그의 은퇴 전에 유능하게 처리할 수 있는 업무의 가장 높은 수준, 즉 개인의 잠재력을 현 상태에서 측정하는 것을 뜻하는데(IPPR, 2013) 10가지의 자질에 대한 평가를 통하여 결과가 결정된다.

공무원들은 '성과등급제도(Performance Ranking System)' 하에서 1년에 한 번 전반적인 성과에 대한 평가 등급을 통보받는데, 이는 자신의 지위에 요구되고 기대되는 성과를 얼마나 충족시켰는지 또는 얼마나 초과 달성했는지에 의해 평가된 등급이다. 등급 단계는 최고 A등급에서 최하 E등급까지 5단계로 나누어진다(Saxena, 2011).

5) 급여

싱가포르 공무원들이 세계에서 가장 많은 급여를 지급받는다는 것은 잘 알려져 있는 사실이다. 싱가포르 정부가 시장경제 원리에 따라 공무원들에게 높은 급여를 지급하는 것은 가장 유능한 자들을 공직에 유인할 수 있고 동시에 부패를 막는 데에도 필수적이라고 생각하기 때문이다(한국인사행정연구회, 2001; Blöndal, 2006).

싱가포르의 공무원 급여제도는 다섯 가지의 원칙에 따라 운영되고 있다.

첫째는 능력과 성과에 비례한 '높은 급여(Competitive Salaries)'를 지급해야 한다
는 원칙, 둘째는 '신축적 급여패키지(Flexible Wage Packages)'를 지급해야 한다는
원칙, 셋째는 '성과중심 급여(Performance-driven Pay)'를 지급해야 한다는 원칙,
넷째는 '잠재력'을 인정해주어야 한다는 원칙 그리고 다섯째는 '투명한 급여
(Clean Wages)'를 지급해야 한다는 원칙이다(Neo & Chen, 2007).

이러한 원칙들에 기반을 두어 먼저 높은 급여를 지급하기 위해 해마다 급
여검토(salary review)를 통하여 공무원의 급여와 민간부문의 급여를 비교, 조정
한다. 즉, 공무원의 급여 수준을 매년 검토하여 민간부문의 수준에 뒤쳐질 경
우 이를 바로 잡도록 하고 있다(한국인사행정연구회, 2001). 예를 들어, 2006년 민
간부문에서 큰 급여 인상이 있었을 때 이것이 공무원 임금 인상에도 큰 영향
을 미쳤다. 이 제도가 부패 유인요소를 줄이는데 도움이 되었을 뿐만 아니라
정직한 성과와 효과적인 성과를 낼 수 있도록 동기를 부여하였고 이로써 경제
적, 사회적 발전이 이루어질 수 있었다는 것이다. 때문에 이것이 싱가포르 성
공의 핵심적 원인인 '선순환 발전'이라고 평가하는 긍정적인 견해들이 제시되
고 있다(Saxena, 2011).

또한 신축적 급여 지급을 위해서 급여를 고정급여와 변동급여로 구분하였
는데 변동급여가 연봉의 40퍼센트 정도를 차지하고 있다. 이처럼 고정급여 외
의 급여를 추가로 지급하게 됨으로써 정부는 경제성장의 결과에 따라 공무원
에게도 보상을 지급할 수 있게 되었다. 예를 들어 2006년 싱가포르는 2005년
에 비하여 큰 경제성장을 이루게 되었는데 이로써 2005년에는 2.15개월 보너
스를 지급했고 2006년에는 2.7개월 보너스를 지급하였다. 이러한 신축급여제
도는 다양하게 변하는 경제적 상황에 시기적절하게 대응하고 시장부문에 상응
하는 급여를 지급함과 동시에 급여와 성과 간의 연계를 강화시키기 위함이었
다(Tessema et al. 2009). 다음으로 성과중심의 급여를 제공하기 위해 고위공무원
을 대상으로 성과보너스 제도가 1989년에 도입되었고 2000년에는 모든 공무원
들을 대상으로 보너스 지급을 확대하였다. 성과보너스 제도를 통해 좋은 성과
를 낸 공무원에게 최대 3개월 치의 월급을 보너스로 지급하고 있는데 이는 실
적주의를 더욱 강화시키면서 성과평가의 결과와 급여를 연계시키고 있는 것이

다. 마지막으로 투명한 급여 지급을 위해서는 가능한 모든 급여를 현금으로 지급하고 있는데 이것은 비밀 특전(perk)의 지급을 막아줄 수 있고 투명성과 책임성을 증가시켜줄 것으로 보기 때문이다(Saxena, 2011).

6) 승진

공무원의 승진은 급여와 달리 비금전적 인센티브이지만 급여인상이라는 금전적 인센티브만큼이나 중요하다(IPPR, 2013). 승진은 공무원의 가능성, 즉 잠재력과 입증된 성과에 달려 있다(Saxena, 2011). 따라서 앞서 설명한 보고제도와 성과등급제도에 나타난 성과평가 결과는 승진에 큰 영향을 미치게 된다.

특히 잠재력 평가에 있어서 감독관은 평가결과를 두고 사무차관과 상의를 통해 직원의 승진을 추천해야 한다. 즉, 잠재력 평가는 경력의 속도뿐만 아니라 방향을 결정하는 중요한 요소가 되고 있다(IPPR, 2013). 아주 높은 성과를 달성한 공무원은 매우 빠르게 등급을 상승시킬 수 있어 40대에도 고위공직자인 사무차관의 지위로 승진할 수 있다(Saxena, 2011). 그러나 반대로 성과를 제대로 달성하지 못한 경우에는 퇴출되고 만다. 이는 최고위공무원에도 마찬가지이다. 즉, 엘리트 관리직 공무원이라고 할지라도 낮은 성과는 허용되지 않아 임기를 마치지 못하고 퇴출되기도 한다(Teo, 2002).

7) 임기와 정년

사무차관이나 부장관(Deputy Secretary)과 같은 지도자급의 고위공무원에 대해서는 특이하게 임기를 10년으로 제한하고 있다. 10년 후 공직에 남아있을 경우에는 이보다 더 낮은 등급의 지위에서 더 낮은 급여를 받으며 계속 근무하든지 아니면 정부와 관련된 기업의 채용에 응시할 수 있다. 이렇게 임기 제한을 두고 있는 것은 10년 후에는 다른 지도자를 선발하여 이전 지도자와는 다른 새로운 경험과 문제 해결 방식을 통해 주기적인 갱신(periodic renewal)을 이루기 위함이다(Teo, 2002; Blöndal, 2006).

한편 싱가포르는 1998년에 퇴직연령법(Retirement Age Act)을 통하여 공무원의 퇴직연령을 62세로 정한 바 있다. 고령화 현상에 대한 대응으로 노인들에게 일자리를 제공하기 위함이었는데 다만 임금에 대한 비용부담을 완화하기 위해 60세 이상의 공무원들에게는 임금의 10퍼센트까지 삭감시킬 수 있는 재량을 인정하고 있다(한국인사행정연구회, 2001). 또한 정년 후에도 실적주의에 따라 근무했을 당시의 실적이 좋을 경우 재고용이 가능할 수 있다.

Ⅲ. 투명성

1. 열린 정부

세계사법정의프로젝트(World Justice Project)는 법의 지배(rule of law)를 평가하기 위한 9가지 요소 중 하나로 '열린 정부(open government)'를 포함시키고 있다. 여기서 '열린 정부'는 투명성을 훨씬 넘어서는 광의의 개념으로 그 하위 구성요소는 법의 접근성(accessible law), 법의 안정성(stable law), 청원권(right to petition)과 참여권(right to participation)의 보장, 정보권(right to information)의 보장과 이용가능성을 포함하고 있다.[9]

이러한 요소들을 기준으로 평가한 결과 2014년 싱가포르는 '열린 정부'에

---

9) 보다 구체적으로 첫째, 법의 접근성의 경우 본법들과 법적 권리에 관한 정보들이 공개되어 이용 가능한 상태인지 여부, 동시에 그러한 법의 내용들이 쉬운 언어로 표현되어 있는지 여부, 다양한 외국어로 공개되어 이용가능한지 여부, 행정 규제와 고등법원의 결정에 관한 내용이 시기적절하게 국민에게 공개되고 이용가능한지 여부 등이 평가된다. 둘째, 법의 안정성의 경우 상법, 노동법, 공공보건법, 형법 등 각종 법령들이 국민들로 하여금 각 법에서 금지하고 있는 행위와 허용하고 있는 행위가 무엇인지를 확인하고 따를 수 있게 할 만큼 충분히 안정적인지 여부가 평가된다. 셋째, 정부에 대한 청원권과 국민 참여권 보장의 경우 국민이 자신들의 생각을 공유하기 위해 모임을 가질 수 있는지 여부, 정부에 대해 우려를 표출할 수 있는지 여부, 공무원들에게 불평을 제기할 수 있는지 여부 등에 대해 평가한다. 마지막으로 정보권 보장 및 이용가능성의 경우 법률 초안과 행정결정이 시기적절하게 공개되어 이용가능한지 여부, 입법과정이 라디오나 TV를 통해 방송되고 있는지 여부, 국민이 정부기관의 예산 정보, 정부계약에 관한 정보, 행정절차의 진행에 관한 기록과 정보, 공무원들에게 관한 정보기록, 옴부즈만 보고서 등에 대하여 공개를 요청하였을 때 이에 대한 이용이 보장되고 있는지 여부가 평가된다.

대한 전체 평가에서 1점 만점에 0.64점으로 전체 99개 조사대상국 중에서 21위, 동아시아·태평양 지역 15개국 중에서 6위를 기록했다.[10] 세부적으로 살펴보면 법의 접근성의 경우 0.75점, 법의 안정성의 경우 0.81점으로 상대적으로 높은 점수를 획득한 반면 청원권과 참여권의 보장의 경우 0.57점, 정보권의 보장과 이용가능성의 경우 0.44점으로 상대적으로 낮은 점수를 받았다(World Justice Project, 2014). 법제도의 용이성에 대한 측면보다는 청원권과 참여권, 정보권과 같은 국민의 '권리'가 강조되는 측면에서 낮은 평가를 받은 것이다. 2015년의 평가에서 싱가포르는 총점 0.63점으로 전체 102개 조사대상국 중에서 25위를 차지해 2014년보다 다소 악화된 것으로 나타났다. 평가점수를 3분위로 구분해서 보면 법제도, 정보권, 청원 시스템 측면에서는 상위 점수를, 시민참여에 대해서는 하위 점수를 기록했다(World Justice Project, 2015). 국민의 '권리' 측면에서 '열린 정부'의 평가 기준으로 설정된 세부지표들은 행정의 투명성 보장을 위한 제도적 '의무'를 나타낸다고 볼 수 있다. 이하에서는 정보권 보장을 중심으로 싱가포르 정부의 투명성을 설명하고자 한다.

2. 정보권의 보장과 투명성의 한계

국민의 정보권 보장과 그에 상응하는 행정의 정보공개 의무 측면에서 싱가포르의 가장 큰 취약점이라고 지적될 수 있는 것은 '정보공개법'이 제도화되어 있지 않다는 점이다. 때문에 싱가포르는 정보공개법을 가지고 있는 모든 국가들을 대상으로 실시하고 있는 '세계정보권순위평가'의 조사 대상에서 제외되어 왔다.[11]

비록 정보공개법이 존재하지 않더라도 싱가포르에서도 공공정보의 공개는 이루어지고 있다. 공개되는 대부분의 정보는 내용이 정확하고 업데이트가 잘

---

10) 아시아 국가 중 일본은 8위, 한국은 13위, 말레이시아는 42위를 기록하였다.

11) 정보공개법제에 대해 평가지표들을 개발해 이를 직접 적용한 연구로 Access Info Europe과 Centre for Law and Democracy의 세계정보권순위평가(Global Right to Information Rating, RTI Rating)가 있다. http://www.rti-rating.org/country-data/ 참고.

이루어지는 편인데 이러한 정보에는 사회데이터, 인구조사자료, 정부기관 감사보고서, 선거자금지출, 정부예산기록, 정부부채, 정부계약 등이 포함된다. 정부가 공개하기로 결정한 이러한 정보들은 일반적으로 국립 도서관이나 싱가포르 국립 인쇄소 또는 관련 정부기관과 준정부기관에서 얻을 수 있다(Gomez, 2001). 그러나 이러한 정보의 공개가 반드시 정치적 개방(political openness)까지 보장한다고 할 수는 없다. 예를 들어 싱가포르는 경제 관련 정보권을 제공함으로써 재정 투명성을 강화하기 시작했지만 이러한 정보권은 재정·금융 분야 정보를 제공한다는 의미에서 투명성이 증대되는 것이지 그것이 정보를 제공받는 국민의 의견을 정책에 반영하겠다는 의미의 정치적 개방성까지 보장하는 것은 아니라는 것이다(Relly & Sabharwal, 2009). 또한 정부가 이러한 공공정보를 공개하였다 하더라도 정보공개법에 따른 의무적인 공개가 아니기 때문에 언제든지 정보공개를 중지할 가능성이 있다(Rodan, 2004).

　싱가포르는 현재 전자정부의 추진과 연계하여 정보공개의 일부를 활성화시키고 있다. 예를 들어 '싱가포르 전자정부(Singapore E-Government)' 포털사이트를 통하여 정부의 정보 및 자원을 쉽게 이용할 수 있는 통합화된 원스톱시스템을 구축하고 있고 '싱가포르 정부 데이터(data.gov.sg)' 포털사이트를 통하여 정부 데이터에 대한 검색과 활용을 가능하게 하고 있다. 또한 정부 조달 과정에서도 투명성을 보장하기 위해 'GeBIZ 전자조달(Gebiz.gov.sg)' 포털사이트를 활용하고 있는데 이를 통해 온라인상에서 조달기회가 공개되고 검색과 동시에 입찰가를 바로 제출할 수 있다. 그러나 이러한 전자정부 시스템을 통한 정보공개가 정책 형성의 투명성을 증진하는데 직접적으로 크게 기여하지 못한다는 점이 지적되고 있기도 하다(Relly & Sabharwal, 2009).

　정보공개법이 존재하지 않은 상황에서 이런 방식으로 정보공개가 일부 이루어지고 있지만 아직도 싱가포르에서 정보공개는 비공식적 또는 공식적 방식으로 규제되고 있는 측면이 더욱 크다고 할 수 있다. 공식적으로는 정부기밀에 대한 규제가 존재하고 비공식적으로는 비공개 문화가 고착되어 있어 이 두 가지 요소가 국민의 정보권 보장을 막고 있는 것이다(Article 19, 2005). 먼저 국민의 정보권 보장과 신장을 장려하는 정보공개법이 존재하지 않는 상황에서 공무

원의 정부기관 기밀유출을 처벌하는 '공직자기밀보호법(Official Secrets Act)' '법
정기관·정부기업기밀보호법(Statutory Bodies and Government Companies(Protection
Of Secrecy) Act)' 등을 제정하여 시행하고 있다. 이 법은 싱가포르의 국가 안전
과 이익에 해를 끼치는 어떤 유형의 정보라도 누출하는 사람은 유죄임을 선언
하고 있는데 공무원에 대한 정보, 군사인력 기록 등은 기밀사항인 것으로 간주
되어 공개되지 않는다. 다음으로 '증거법(Evidence Act)'의 경우 국가의 일과 관
련하여 공표되지 않은 공공 기록물은 대통령의 통제를 받고 있는 사무차관의
승인이 있지 않는 한 법원에서 증거물로 제시될 수 없다고 규정하고 있다. 이
렇게 공무원이 법원에서 진술에 응하지 않아도 되는 것은 정보 비공개의 문화
를 강화시킬 여지를 제공한다(Article 19, 2005).

Ⅳ. 부패통제

　싱가포르에서 관료제에 대한 통제는 '반부패' 제도들을 중심으로 이루어지
고 있으며 이를 통해 관료제의 책임성을 확보하려고 노력하고 있다. 싱가포르
가 세계에서 부패가 가장 낮은 나라 중 하나라는 점은 이미 잘 알려져 있는 사
실이다. 싱가포르는 '국제투명성기구(Transparency International, TI)'의 '부패인식
지수(Corruption Perception Index, CPI)' 점수 순위가 늘 상위에 있어,[12] 공무원의
부패 척결에 대한 싱가포르 정부의 지속적인 의지가 확인되고 있다.
　구체적으로 싱가포르는 반부패 법제를 마련하고 집행기관을 엄격히 운영
함과 동시에 내부고발자 보호제도를 활성화시킴으로써 부패 척결을 위한 다양
한 노력을 하고 있다. 이는 독립 이후 리콴유 총리가 효율적인 부패통제 제도

---

12) 싱가포르는 2002년 102개국, 2003년 133개국, 2004년 146개국, 2005년 159개국, 2006년
　　163개국 가운데서 각각 5위, 2007년과 2008년 180개국 가운데서 각각 4위, 2009년 180개
　　국 가운데서 3위, 2010년 178개국 가운데서 1위, 2011년 183개국, 2012년 176개국, 2013
　　년 177개국 가운데서 각각 5위, 그리고 2014년 175개국 가운데서 7위, 2015년 167개국
　　중 8위, 2016년 176개국 중 7위를 하였다(Transparency International, 2003~2017).

의 확립을 위해서는 제대로 된 부패 법률의 정비, 부패 혐의가 있는 자에 대한
국민의 고발정신, 부패 척결 조직의 엄정한 조사가 중요하다고 강조했기 때문
이라고 볼 수 있다.13) 이를 통해 싱가포르에서는 사회적 지위 고하에 상관없
이 온정주의에서 완전히 벗어난 강력한 처벌을 통해 부패 척결을 이루어나가
고 있다(이상수, 2006; 조은경·이정주, 2006).

1. 부패통제 입법

리콴유 총리는 1937년에 제정되었으나 유명무실한 '부패방지법(Prevention of
Corruption Act)'을 1960년부터 개정해 나가기 시작했고 1989년에 '부당이득반환
법(Corruption (Confiscation of Benefits) Act)'을 제정함으로써 부패에 대한 법적 제재
들을 강화해 나갔다(이상수, 2006). '부당이득반환법'은 1999년에 폐지되었고 부패
사범들이 부패행위로부터 부당한 이득을 취하는 것을 보다 확실히 막기 위해 같
은 해에 '부패·마약밀매·기타중범죄(부당이득반환)법(Corruption, Drug Trafficking
and Other Serious Crimes(Confiscation of Benefits) Act)'이 제정되었다. 이들 법은 공무
원의 부패행위 뿐만 아니라 민간부문의 부패행위까지도 제재하고 있다.

구체적으로 부패방지법의 개정에 있어서는 부패로 인정되는 사항들에 대
하여 더욱 직접적으로 명시함과 동시에 뇌물 제공자나 수수자 모두를 겨냥하
여 이전 규정들의 중대한 미비점들을 보충해 나갔다(Saxena, 2011). 이로써 법은
현금, 대출, 보상금, 커미션, 유가증권 등 부패물(gratification)의 범위를 넓게 인

---

13) 반부패법의 제·개정과 집행기관 개혁은 리콴유나 고촉동 등 최고 정치지도자들의 리더십
    에 의해서 이루어졌다(Saxena, 2011). 특히 리콴유는 부패 척결을 국가발전의 가장 중요
    한 요소로 여기면서 자기 자신을 포함 친인척 및 지인들의 부패에 대해서도 예외를 두지
    않겠다고 선언함으로써 솔선수범의 의지를 보였다(이상수, 2006). 이에 따라 1965년 리콴
    유의 오른팔이었던 탄키아칸 국가개발장관과 1976년 학교동창이자 국무장관이었던 위툰
    분이 부패혐의를 인정받았을 때 이들을 법에 따라 가차 없이 처벌을 받게 하였다(김택,
    2013). 이렇듯 싱가포르의 반부패 문화는 지도자들의 솔선수범의지 및 지위고하를 막론
    하고 온정주의에 입각하지 않는 강력한 처벌의지에서 비롯되었다(조은경·이정주, 2006)
    고 평가받고 있다.

정하고 있으며,[14] 특히 집행기관인 부패행위조사국(Corrupt Practices Investigation Bureau, CPIB)에 부패 조사를 위해 필요한 강력하고도 광범위한 권한을 부여함과 동시에 부패에 대한 처벌을 무겁게 규정하여 부패 방지를 유도하고 있다. 뇌물을 받은 공무원의 경우 최대 100,000 싱가포르 달러의 벌금 또는 최대 7년까지의 징역형 또는 벌금과 징역형 모두를 선고받을 수 있다.[15]

'부패·마약밀수·기타중범죄(부당이득반환)법'에는 법원이 범죄행위로부터 취해진 부당이득에 대해 몰수 명령을 내려야 한다는 의무조항이 마련되어 있으며, 소득에 비례하지 않는 재산 등이 존재할 경우에도 입증 증거가 제시될 때까지 부당이득으로 취급하여 이들까지도 몰수할 수 있는 권한을 법원에게 부여하고 있다.[16]

2. 부패통제 집행기관

부패방지법에 근거를 두고 있는 부패통제 집행기관은 부패행위조사국(CPIB)이다. 이 기구는 식민지 독립 이전에는 검찰청 산하기구였으나 그 이후에는 경찰로부터 독립적인 총리직속의 기구로 변경되었다(김택, 2013). 싱가포르 공직사회의 부패는 부패행위조사국의 활약으로 자취를 감추었다고까지 평가받고 있다. 부패행위조사국의 인력은 1959년 8명에서 2011년 138명으로 약 17배가량 증가하였고 예산도 1959년 9억 달러(SGD)에서 2011년 304억 달러(SGD)로 무려 33배 정도 증가하였다(이경렬 외, 2012). 부패행위조사국은 첫째, 부패행위 혐의에 관한 신고를 접수·조사하고 둘째, 부패 의도를 가진 공무원의 부정행위와 직권남용을 조사하며 셋째, 부패행위의 기회를 최소화하기 위하여 공무절차와 처리를 검토함으로써 부패를 사전에 방지하는 기능을 한다.[17]

---

14) 부패방지법 PART Ⅰ-2.
15) 부패방지법 PART Ⅲ-12. 현재 법원에 제기된 부패관련 소송 중 95퍼센트 이상에 대하여 유죄판결이 내려지고 있는데 이 중 공무원들의 부패는 10퍼센트 정도이다. 공무원 부패사범의 경우에도 법원은 처벌을 부과하는데 있어서 주저함이 없으며 이들은 보통 구류판결을 받고 직위를 박탈당하게 된다(CPIB, 2009: Saxena, 2011에서 재인용).
16) 부패·마약밀매·기타중범죄(부당이득반환)법 PART Ⅱ-4와 5.
17) http://app.cpib.gov.sg/cpib_new/user/default.aspx?pgID=61#2 참고.

　　부패방지법은 부패행위조사국에게 강력한 수사권과 사법권을 부여하고 있다. 예를 들어 부패행위에 관하여 신빙성이 있는 정보가 입수되거나 합리적인 의혹이 있는 경우 부패행위조사국의 국장이나 특별수사관은 영장 없이도 혐의자를 체포할 수 있으며,[18] 검사의 허가에 따라 은행계좌 등을 열람하여 조사할 수도 있다.[19]

V. 환경: 정당 및 시민사회

　　싱가포르의 정치체제는 형식적으로는 민주주의 국가이지만 사실상 국민의 자유와 권리가 상당 부분 제약당하고 있는 권위주의 체제라고 볼 수 있다(장원석, 1995; 양현모, 2010). 이 체제는 지배정당을 통하여 유지되어 왔다. 현재 싱가포르에는 인민행동당, 노동자당(Workers'Party), 싱가포르인민당(Singapore People's Party) 등 복수 정당이 존재하나 식민지 독립 이후 지금까지 의회 의석을 압도적으로 차지하며 장기집권을 유지하고 있는 정당은 인민행동당이다. 이러한 구조에서 관료제는 집권당과 밀접한 관계를 유지할 수 있었다.

　　이렇게 한 정당의 독주가 가능했던 것은 집권당에게 유리하고 군소정당에는 불리한 선거구조와 정부의 언론통제 정책 때문으로 파악된다. 특히 언론출판법에 따라 신문을 통합·관리하는 싱가포르 프레스홀딩스(Singapore Press Holdings), 지상파 TV와 라디오를 통합·관리하는 싱가포르 미디어콥(Media Corporation of Singapore)이 있는데 이들을 통해 언론이 철저하게 통제되고 있다는 것이다(외교부, 2013). 2017년 현재 싱가포르의 언론은 '자유롭지 못한(Not Free)' 상태이며 언론 자유의 점수(최상이 0점 최악이 100점)는 67점으로 180개국 중 151위에 올랐다(Freedom House, 2017).

　　이와 같은 환경 속에서 새로운 입법을 도입하려는 야당의 시도는 잘 받아

---

18) 부패방지법 PART Ⅳ-15.
19) 부패방지법 PART Ⅳ-18.

들여지지 않고 있으며,[20] 정책결정과 입법과정에 대한 국민의 참여가 제대로 보장되어 있지 않고 시민사회 또한 성숙되어 있지 않다. 특히 싱가포르에서는 국민의 청원권과 참여권 등이 실질적으로 보장되지 않아 국민의 정책형성 과정에의 참여가 잘 이루어지지 않았고 이에 대해 싱가포르 국내뿐만 아니라 해외 인권단체로부터 많은 비판이 있어 왔다. 또한 이러한 비판의 주된 대상으로 지적된 것은 역시 인민행동당이었는데, 정치 엘리트인 이들이 정치적 저항과 반대를 막기 위해 여러 입법과 제도들을 정치적 목적으로 만들었다는 것이었다(Tremewan, 1994; Leong, 2000에서 재인용).

법제도상 청원권의 경우 헌법상의 국민의 기본권으로서 보장되어 있지 않은 반면 참여권의 경우 헌법상 의사표현의 자유, 집회참여권, 단체결사권 등을 통해서 인정되고 있다고 할 수 있다.[21] 그러나 실제에 있어 싱가포르의 정치시스템은 정책과정에의 시민참여를 제한하는 구체적인 장치들을 만들었고 큰 이슈들에 대한 토론을 아예 제한하여 공론화를 막는 방법이 이에 해당한다(Leong, 2000).

사회단체들에 대한 싱가포르 정부의 통제 또한 엄격했는데 여러 가지 법령과 제도들, 예를 들어 치안법과 불건전 출판물법 등은 시민사회의 발전과 성숙을 가로막는 주된 원인들 중 하나로 지적되고 있다. 특히 1967년에 제정된 사회단체법은 사회단체들의 정치적 활동을 금지하면서 공공정책과 관련된 정치적 행위와 활동은 오직 정부에 의해서만 이루어져야 함을 강조하였다(Christie & Roy, 2001; 윤은기, 2010에서 재인용).

주목할 만한 것은 싱가포르에 시·구청, 동사무소에 해당하는 행정조직은 없지만 일종의 주민참여제도를 도입하고 있다는 것이다. 즉, 다민족 사회를 배경으로 주민 간의 화합을 도모하고 주민생활에 영향을 미치는 주요 정책들의 결정과정에서 의견을 수렴하기 위하여 지역개발협의회(Community Development Council, CDC)를 설치하고 있다(외교부, 2013). 이러한 노력과 함께 최근에 들어서는 정보통신기술을 활용해 국민참여를 활성화시키려는 노력이 진행되고는 있

---

20) http://freedomhouse.org/report/freedom-press/2013/singapore#.U6Q_xmCKCM8
21) 헌법 PART IV-14.

다. 국민의 참여와 피드백에 대한 채널을 제공하기 위한 지역사회 구축 도구로서 REACH 포털사이트[22]의 개설과 같은 새로운 시도가 있었다. 2006년에 시작된 REACH를 통해 대규모의 포럼이 개최되었을 뿐만 아니라 소규모의 그룹 토론과 중규모의 대담도 조직되고 있다. 이 웹사이트는 새로운 정책을 제안하고 현재의 정책을 강화해나가는 것을 목적으로 하고 있으며 국민들이 직접 정치가들과 실시간 토론도 할 수 있다(Saxena, 2011). 이는 정책형성 과정과 국가적 이슈들에 대한 토론에 시민들의 적극적인 참여를 증가시키기 위함이었다. 이로써 싱가포르가 자주 비판받아왔던 부분, 즉 정치적 다원주의의 부족과 사회 참여 부족의 문제를 해결해줄 수 있는 역동적 거버넌스의 형태를 발전시킬 수 있는 계기(Neo & Chen, 2007)라는 평가를 받고 있기도 하다. 그러나 2008년 UN 전자정부 조사(eGovernment Survey)에 따르면 싱가포르의 경우 공공정책 토론과 형성 과정에 시민의 전자참여가 저조하다는 평가를 내린 바 있어(United Nations, 2008) 이러한 시도에도 불구하고 실질적인 전자참여가 활발히 이루어지고 있다고 단언하기는 어려운 상태라 할 수 있다.

VI. 결 론

싱가포르는 외견상 민주주의처럼 보이나 선거 경쟁이 공정하지 못하고 정치적 자유가 제한되어 있는 권위주의 체제를 공고하게 유지하고 있다. 이러한 정치체제의 성격과 구조는 관료제 등 국가 거버넌스 제도에 지대한 영향을 미치고 있다. 싱가포르는 질서와 권위를 존중함과 동시에 공동체적 가치관을 최우선시 함에 따라 현실에 있어서는 헌법에 보장된 국민의 기본권을 제약해 왔다. 부패통제와 준법성에 대한 평가가 긍정적이지만 법치주의의 수준이 형식적 법치주의에 그칠 뿐 민주주의를 근간으로 하고 있는 실질적 법치주의에까지 이르지는 못했다고 할 수 있다(이경렬 외, 2012).

---

22) https://www.reach.gov.sg/

　이러한 정치 및 법치 환경에서 집권여당인 인민행동당과 관료제 간의 관계에 대해서는 상반된 평가가 존재한다. 즉, 관료제의 정치화를 통하여 국가기관이 장악·통제되고 있는 상황이며 당과 정부는 정부 부문에 대한 절대적인 지배구조를 구축하고 있다(양현모, 2010)는 평가가 있는 반면 관료제에 대한 정치적 간섭의 수준은 최소화되어 있으며 초당파적인 관료제로서의 명성을 유지하고 있다는 평가도 있다(IPPR, 2013).

　싱가포르의 관료제가 높은 효율성, 낮은 수준의 부패, 정부에 대한 높은 책임성 수준으로 세계에서 가장 잘 훈련된 관료제 중 하나(Saxena, 2011)라는 평가에 대해서는 대체로 의견이 일치한다. 싱가포르는 하나의 거대한 '기업(corporate)'에 비유될 수 있는데 당과 정부의 주도로 기업과 국민이 다함께 법과 제도의 준수 및 능률성과 효율성의 가치를 위해 유기적으로 결합되어 있다는 것이다(윤은기, 2010). 살펴본 바와 같이 싱가포르는 실적주의를 강력한 기조로 유지하면서 가시적인 성과를 위해 인사관리 제도의 효율적 운영을 추구하고 있고, 반부패법의 철저한 준수와 부패통제를 통하여 관료의 책임성 또한 강력하게 확보해 나가고 있다. 그러나 독립 이후 계속 인민행동당이 장기 집권하고 있고 고위공무원 임명에 있어 여전히 강한 영향력을 행사해오고 있다는 점에서 싱가포르에서 사용되고 있는 '실적'의 개념이 실제 '실적주의'가 의미하는 바와 잘 맞아떨어지지 않는다는 비판 또한 제기되고 있다. 즉, 고위공무원의 임명에 있어서 실제로는 실력만이 아닌 정부 여당에 대한 충성심이 조건으로 요구되고 있다는 것이다(Poocharoen & Brillantes, 2013).

　국민의 권리가 강조되는 열린 정부와 투명성의 측면에서 싱가포르는 많은 비판을 받고 있는데 특히 정책결정에 있어서 덜 투명한 국가들 중 하나로 평가되고 있다(IPPR, 2013). 언론에 대한 강력한 통제, 시민사회의 성숙을 가로막는 법제도가 정책결정의 투명성을 저해하는 요인들로 지적되고 있는 상황이다.

　결론적으로 싱가포르 관료제는 효율성과 반부패를 통한 책임성의 확보를 최우선시하여 운영되고 있으나 정책 및 행정과정의 투명성 보장과 국민의 권리 보장을 통한 관료의 책임성 및 대응성 확보에 대해서는 취약한 측면을 가지고 있다고 평가할 수 있을 것이다.

참고문헌

김택 (2013). 관료제도론. 서울: 한국학술정보.

배유일 (2010). 싱가포르 정부의 행정조직. 싱가포르의 행정과 공공정책. 양현모·조태준·
　　서용석 (편), 서울 : 신조사.

양현모 (2010). 싱가포르의 인문·사회적 환경과 현황. 싱가포르의 행정과 공공정책. 서울:
　　신조사.

윤은기 (2010). 싱가포르의 행정과 공공정책. 서울: 신조사.

이경렬·이한소람·장성순·손조흔 (2012). 아시아 국가들의 법치주의 수준 비교 및 평가를
　　통해 본 법치주의확립을 위한 시사점. 법제, 2012(8): 96-126.

이상수 (2006). 싱가포르 부패방지제도: 리콴유의 부패방지전략. 동남아시아연구, 16(2):
　　145-172.

외교부 (2013). 싱가포르 개황. 서울: 외교부.

장원석 (1995). 아시아적 민주주의의 이상과 고뇌: 싱가포르의 경우. 국제지역연구, 4(1):
　　279-304.

조은경·이정주 (2006). 부패친화적 연고주의 문화의 국가별 비교분석. 한국행정학보,
　　40(4): 491-509.

중앙인사위원회 (2007). 정부 인적자원 성과관리의 국제 비교연구. 서울: 중앙인사위원회.

한국인사행정연구회 (2001). 주요 외국의 공무원 인사제도 비교연구. 서울: 한국인사행정연
　　구회.

Blöndal, J. R. (2006). Budgeting in Singapore. OECD Journal on Budgeting, 6(1):
　　45-58.

Civil Service College (2016). Annual Report 2015~2016.

Department of Statistics (2013). Yearbook of Statistics Singapore.

Freedom House (2017). Freedom of the Press 2017.

Freedom House (2016). Freedom In the World 2016.

Gomez, J. (2001). Singapore: New technologies, old values. In S. E. Coronel (ed.),
　　The right to know: Access to information in Southeast Asia. Manila: Philippine

Centre for Investigative Journalism.

Haque, M. S. (2004). Governance and bureaucracy in Singapore: Contemporary reforms and implications. International Political Science Review, 25(2): 227-240.

IPPR (Institute for Public Policy Research) (2013). Accountability and responsiveness in the senior civil service: Lessons from overseas.

Leong, H. K. (2000). Citizen participation and policy making in Singapore: Conditions and predicaments. Asian Survey, 40(3): 436-455.

Moon, M. J. & Hwang, C. (2013). The state of civil service systems in the Asia—Pacific region: a comparative perspective. Review of Public Personnel Administration, 33(2): 121-139.

Neo, B. S. & Chen, G. (2007). Dynamic governance: Embedding culture, capabilities and change in Singapore. Singapore: World Scientific.

Poocharoen, O. O. & Brillantes, A. (2013). Meritocracy in Asia Pacific: Status, issues, and challenges. Review of Public Personnel Administration, 33(2): 140-163.

PWC Consulting (2002). Appendix D: Singapore Country Summary, In PWC Consulting (ed.), Interim report to the task force on the review of civil service pay policy and system. Hong Kong: PWC Consulting.

Quah, J. S. (1996). Wielding the bureaucracy for results: An analysis of Singapore's experience in administrative reform. Asian Review of Public Administration, 8(1): 1-12.

Rodan, G. (2004). Bedding down media and information control in Singapore and Malaysia. In G. Rodan (ed.) Transparency and authoritarian rule in Southeast Asia: Singapore and Malaysia. London: Routledge Curzon.

Relly, J. E. & Sabharwal, M. (2009). Perceptions of transparency of government policymaking: A cross—national study. Government Information Quarterly, 26(1): 148-157.

Saxena N. C. (2011). Virtuous cycles: The Singapore public service and national development. United Nations Development Programme.

Teo, E. (2002). The Singapore public service: A development—oriented promotion system. Ethos (1).

Tessema, M. T., Soeters, J. L. & Ngoma, A. (2009). Decentralization of HR functions: Lessons from the Singapore civil service. Review of Public Personnel

Administration, 29(2): 168-188.

Transparency International (2003~2017). Corruption Perceptions Index 2002~2016.

Turner, M. (2002). Choosing items from the menu: New public management in Southeast Asia. International Journal of Public Administration, 25(12): 1493 -1512.

United Nations (2005). Republic of Singapore: Public administration country profile.

United Nations (2008). UN e-Government survey 2008: From e-Government to connected governance.

World Justice Project (2014). WJP open government 2014 report.

World Justice Project (2015). WJP open government index 2015 report.

제4장

중국 관료제
: 경로의존성과 근대화의 한계

김지성

I. 서 론

중화인민공화국(이하 중국)은 1978년의 개혁·개방 이후 십년 이상의 이행기를 거친 후 마침내 1992년 중국공산당(이하 공산당) 제14차 전국대표대회에서 사회주의 시장경제체제의 확립을 공식화하였다. 이와 더불어 행정과 관료제에도 근대적 가치가 유입되면서 대대적인 개혁의 흐름을 경험하게 된다. 소련 전통의 노멘클라투라(nomenklatura)에 근간을 둔 당 간부관료제는 서구의 베버관료제와 신공공관리 등 다양하고 경쟁적인 행정원리와 가치를 수용해왔다.

이러한 시대적 변화를 배경으로 이 글에서는 중국 정부체계의 구조적 특징을 살펴본 후 사회주의 시장경제체제로의 성공적 전환을 경험하였지만 여전히 공산주의에 기반을 둔 중국 관료제의 역사적 전통과 특징을 기술한다. 또한 개혁·개방 이후 관료제의 근대화 노력을 기술하고 국가공무원법 제정을 통한 행정개혁의 내용과 성격을 살펴본다. 끝으로 이를 통해 정치적 통제가 강한 중국 관료제 개혁의 한계를 논의하고자 한다.

II. 행정체계

1. 구조

중국은 국무원을 중심으로 지방 각급까지 수직적 연결구조를 갖는 단방국가이다. 중국 정부조직의 구조를 보면(〈표 4-1〉 참조) 향·진에서 성 수준에 이르기까지 지방의 각급 정부는 해당 지역의 인민대표대회만이 아니라 상급 정부에 이중적 책임을 진다.[1] 행정체계는 3개 부문으로 나뉘는데 첫째는 핵심 부문인 정부기관(government agencies)으로 재정부, 외교부 등 주무부처를 포함하며 둘째는 법원, 인민대표대회, 인민정치협상회의, 공산당, 8개의 민주당파,[2] 공산주의 청년단, 노동조합, 부녀연합회에 속한 행정기관(administrative agencies)이다. 해당 기관의 종사자는 공무원으로 인정되며 국가공무원법의 영향을 받는다. 셋째는 행정체계의 일선에 위치한 사업단위로 이들은 행정기관의 지원을 받고 지휘에 따른 업무를 수행한다(Jing, 2010).

국무원은 중앙정부로서 전국인민대표대회의 집행기관이며 최고 국가행정기관이다(외교부, 2016). 국무원은 총리, 부총리, 국무위원, 비서장, 각부 부장 등으로 구성된다. 총리는 국가주석의 지명과 전국인민대표대회의 승인을 얻어 선출되는데 주석이 임면권을 가진다. 임기는 5년이며 한 번에 한해 연임이 가능하다. 2016년 현재 조직도에 따르면 국무원은 25개의 부와 위원회, 16개의 직속기구, 13개의 직속사업단위, 19개의 국가국을 관장한다(외교부, 2016).[3]

---

1) 가장 낮은 수준에 있는 자치행정조직은 공식적 행정체계에 속하지 않는다.

2) 중국민주당파(中國民主黨派)는 중국국민당혁명위원회, 중국민주동맹, 중국민주건국회, 중국민주촉진회, 중국농공민주당, 중국치공당, 대만민주자치동맹, 구삼학사 등 8개 정당을 포함하며 공산당에 협조적인 정당 활동을 한다(李秀峰, 2008).

3) 구체적으로 부와 위원회는 외교부, 국방부, 국가발전개혁위원회, 공업정보화부, 교육부, 공안부, 과학기술부, 감찰부, 국가민족사무위원회, 민정부, 국가안전부, 재정부, 사법부, 국토자원부, 인력자원·사회보장부, 주택도시농촌건설부, 환경보호부, 농업부, 교통운수부, 문화부, 수리부, 심계서, 국가위생계획생육위원회, 상무부, 중국인민은행을 포함한다. 직속기구는 해관총서, 국가세무총국, 국가공상행정관리총국, 국가질량감독검사검역총국,

· 표 4-1 · 중국 행정체계의 수직적 구조4)	
수준	**행정단위(行政單位)**
중앙	국무원(国务院)
성급행정구(省級行政区)	직할시(直辖市) 성(省, 대만 포함) 자치구(自治区) 특별행정구(特別行政区, 홍콩, 마카오)
지급행정구(地級行政区)	지급시(地级市) 지구(地区) 소수 자치주(自治州) 맹(盟)
현급행정구(県級行政区)	현(县) 시직할구(市辖区) 현급시(县级市) 자치현(自治县)
향급행정구(乡級行政区)	향·진(乡镇) 동(街道办事处) 민족소공동체
자치행정조직 — 촌급행정구(村級行政区)	촌민위원회(村民委员会) 주민위원회(社区居民委员会)

출처: Jing(2010); 외교부(2016)

2. 정치와 행정의 관계

중국은 입법권과 행정권이 통합되어 국가 권력이 고도로 집중된 형태인 의행합일 정치체제이다(李秀峰, 2008). 또한 공산당과 국가의 인적·조직적 결속을 특징으로 하는 '당-국가(party-state)'체제이다(조영남, 2012). 따라서 정치와 행정의 관계는 중국의 관료제를 이해하는 데 매우 중요하다. 중국은 1921년

국가신문출판광전총국, 국가체육총국, 국가안전생산감독관리총국, 국가식품약품관리감독총국, 국가통계국, 국가임업국, 국가지식산권국, 국가여유국, 국가종교사무국, 국무원참사실, 국무원기관 사무관리국, 국가예방부패국을 포함한다(외교부, 2016).

4) 중국 국가기구의 3대 계통은 공산당계통, 정부계통, 군대계통으로 구분되며 각각 중앙-성-지-현-향의 5개급 하위구조를 포함한다(김윤권, 2005). 〈표 4-1〉은 정부계통의 행정기관이다.

마오쩌둥의 주도 하에 창당된 공산당 단일정당체제를 유지하고 있으며 공산당은 행정·입법·사법기관에 대해 절대적 권력을 가진다. 1982년 헌법 제3조는 행정부가 전국인민대표대회에 대해 책임을 진다고 명시하고 있으며 모든 국가기구에 대한 공산당의 정치적 리더십을 인정하고 있다. 국무원이 공산당의 원리와 지침 및 전국인민대표대회의 법에 따라 정책을 집행하더라도 당의 직접적이고 강력한 통제는 필수적인 것으로 여겨져 왔다. 공산당의 당위원회는 각급의 모든 정부기관에 존재한다. 따라서 공산당은 정치적, 이념적, 조직 리더십을 모두 향유한다고 할 수 있다(Jing, 2010).[5]

공산당과 행정체계의 통합은 중국 행정제도의 가장 중요한 특징이다. 대부분의 정부 공무원은 당원이며 각급의 영도직(관리직) 공무원들은 공산당 지부의 영도직을 겸한다고 볼 수 있다.[6] 정책을 입안하고 집행할 때 중국의 공무원들은 공무원과 당 간부라는 두 가지 정체성을 지니게 된다(Burns, 1987b). 이러한 정치와 행정 간의 관계는 후술할 당 간부관료제(cadre bureaucracy, 이하 간부관료제)에서 자세히 살펴보기로 한다.

Ⅲ. 행정전통

Jing(2010)은 중국의 행정사를 1912년 이전의 왕정행정(royal administration), 1912~1978년의 국가행정(state administration), 1978년 이후의 공공행정(public administration) 시기로 구분하고 있다. 왕정행정의 시기에는 한 왕조(BC 206~AD 220)의 건국 이래 국가의 교리가 된 유교주의 전통이 형성되었다. 그러나 1911

---

5) 정치적 리더십은 주요 의사결정권과 행정개혁 및 발전방향의 속도에 대한 통제를 독점하는 것을 의미하고 이념적 리더십은 사회 및 관료조직의 문화와 이념을 형성하는데 있어 당의 지배를 의미하며 조직 리더십은 공공조직의 공무원들을 임명할 권리를 뜻한다(Jing, 2010).

6) 공산당원은 전체 인구의 5퍼센트에 불과하나 공직의 80퍼센트가 공산당원이다(Burns, 2007).

년 신해혁명과 함께 왕정이 붕괴하고 이후 마르크스-레닌주의에 기반을 둔 사회주의 혁명이 일어나면서 사회주의 이념과 체제를 반영하는 전통이 형성되었다. 1978년의 개혁·개방 이후 공공행정의 시기는 경제개혁에 기여할 수 있는 전문적 관료제의 필요성과 더불어 베버 관료제의 합리적 요소 및 신공공관리의 관리주의 요소가 유입된 시기라고 할 수 있다. 이 절에서는 유교주의 전통과 간부관료제의 기반이 된 사회주의 전통을 논의한다.

1. 유교주의 전통

왕정시기의 중국 행정의 특징은 다음과 같이 요약된다(Jing, 2010). 첫째, 고도의 중앙집권적 구조가 발전되었고 황제가 입법, 행정, 사법 등에 대한 권력을 기반으로 통치하였다. 유교사대부를 통한 견제의 제도화가 이루어졌음에도 불구하고(Cheung, 2010) 황제가 권력을 추구함에 따라 그에 대한 견제가 점점 약화되었다. 둘째, 수나라 때 재능 있는 문인들을 공직에 채용하고 사회계층의 고착화를 방지하기 위해 공식시험인 과거제가 도입되었다. 관료제는 황제를 섬기는 한편 특정 이해집단의 이익이 아닌 일반 백성의 이익을 대표할 것으로 기대되었다(Berman, 2010). 셋째, 유교주의에 기반을 둔 도덕성, 즉 덕(德)에 의한 지배원리가 굿거버넌스의 기반으로 공인되었다. 넷째, 인사관리, 조세, 행정감사, 반부패제도 등 행정제도가 정교화 되었고 법과 규정에 따라 운영되었다. 하지만 왕정시기 황제의 사인적(personal) 권력 추구는 심각한 사회·경제적 불평등, 부패, 정치적 무질서라는 결과를 초래하였다.

유교주의 전통 중 현재 중국의 행정체제에 가장 강하게 남아있는 원리는 윤리, 덕치의 원리 등 도덕적 요소이다. 유교적 전통은 서구 민주정부가 헌법 및 법률에 기반을 둔 법치를 강조하는 것과 달리 호혜주의나 합의 등에 바탕을 둔 인치(人治)를 강조한다. 공자가 제시한 군자의 덕은 통치자가 가져야 할 덕목으로서 학식을 가진 도덕적 지도자의 덕치(德治) 또한 유교의 주요 통치원리이다(Cheung, 2010; Frederickson, 2002; Mèriade & Qiang, 2015).

Cheung(2010)은 덕치의 원리를 유교적 견제와 균형의 원리로 설명하고 있다.[7] 유교주의는 한나라 때 예(礼)로서 지배자와 피지배자의 관계를 규정하는 국가의 교리가 되었고 사회 및 정치 질서의 기반이 되었다. 유교주의는 윤리와 덕치를 강조하였고 사대부를 중심으로 통치자의 권위와 행동에 제약을 부여하여 정치와 사회질서를 유지하고 실정을 예방하는데 기여하였다.[8] 황실과 중앙정부 간 권력 분립을 구현한 체제는 그 후 청조 이전까지 이천년간 황제 통치의 근간이 된다. 여기서 나타난 두 가지 특성은 첫째가 황실과 정부의 분리이고, 둘째가 사대부 출신 재상의 권력 확대이다. 황위는 계승되나 황제는 도덕적 지도자로서의 역할만을 수행하며 현명하고 학식 있는 유교사대부들을 관리로 선발 및 임명할 권리를 가지되 그들로 하여금 통치하도록 하였다. 두 주체가 국가 권력을 구성하여 원칙적으로는 황제가 사인적 의지에 따른 통치를 할 수 없음을 의미한다. 이러한 견제와 균형의 원리는 사회주의 혁명 이후 쑨원의 5권력론에도 드러난다. 1949년 이후 중국의 행정체제는 주로 마르크스-레닌 사회주의 전통에 기반을 두고 있는데 사회주의 체제에서는 유교적 전통이 상당 부분 억압되었다(Painter & Peters, 2010). 1980년대 이래 행정개혁이 중국적 특수성과 사회주의의 조화를 강조하면서 문화적 뿌리와 신민족주의를 강화하기 위해 유교적 전통을 재검토하려는 공식적 노력이 계속되고 있다(Aufrecht & Bun, 1995; Cheung, 2010).

　　유교주의 전통은 중국의 근대화 과정에서 긍정적으로만 작용했던 것은 아니다. 신분 차이와 선민사상의 왜곡이 19세기 권위주의적 엘리트에 의한 지배로 나타나기도 했고, 중국이 겪고 있는 공무원의 부패는 유교적 가치의 하나인 호혜주의의 영향과 더불어 급격한 근대화의 부작용이라고 할 수 있다(Frederickson, 2002).

---

7) Cheung(2010)은 1911년 신해혁명과 함께 유입된 마르크스-레닌주의 혁명사상의 원리들이 봉건적 과거와의 완전한 분리라는 주장에 대해 이의를 제기하고 왕정의 유산인 견제와 균형의 전통이 현재 중국의 행정에 어떻게 나타나고 있는지 추적하였다.

8) 당태종과 같이 권력을 위해 유교윤리를 침해하고 정당화하는 경우도 많았다.

2. 마르크스-레닌 사회주의 전통

1911년 신해혁명을 통해 청조가 무너지고 1912년 중화민국(Republic of China)이 건국되었으며 국공내전(國共內戰)에서 승리한 공산당의 주도로 1949년 중화인민공화국(People's Republic of China)이 건국되었다. 이 시기는 이전의 왕정 및 유교적 전통으로부터 분리되어 근대국가가 형성된 시기라고 할 수 있다 (Jing, 2010). 초기에는 자유민주주의와 국가사회주의라는 서양의 주요 정치이념 이 경쟁하고 타협하였으나 결과적으로 중국의 행정체제는 마르크스-레닌 사 회주의에 기반을 둔 공산당이 지배하는 국가의 도구가 되었다. 이러한 전통은 정책결정이 공산당의 주도 하에 이루어지는 간부관료제의 기원이 되는데 간부 관료제는 당이 수직·수평에 걸쳐 체제를 통제하는 시스템이라고 할 수 있다.[9]

중화민국 초기(1912~1949)는 군벌 간 다툼과 분열의 시기였다. 국민당이 1925년 광동에서 국가주의 정권을 세웠고 국무원을 고위행정기관으로 설치하 였다. 이 시기의 행정은 고도로 통합된 정당국가체제 하에 있었다. 1929년 쑨 원의 5권력론에 따라 행정원, 사법원, 입법원, 고시원, 감찰원의 5원제가 구축 되었다. 이러한 체제는 견제와 균형의 원리에 따라 설계되었으나 의사결정은 결국 국민당의 중앙정치위원회의 지배를 받았다. 일본의 침략(1931~1945), 국민 당과 공산당 사이의 두 차례 전쟁(1927~1937년 및 1945~1949년) 및 다수 지역에 대한 군벌지도자의 통제로 인해 이 시기 행정은 전쟁을 위해 기능하였다. 근대 적 제도를 도입하기 위한 많은 노력이 이루어졌으나 성공적이지는 못했다.

중화인민공화국은 1949~1978년 근대화와 산업화를 목표로 설정하였는데 (정해용, 2009) 이에 따른 공산당의 주요 임무는 국가안보와 사회변동이었다. 1949년 공산당은 이념 바탕의 건당(建黨) 과정을 통해 군사와 관료제 구조를 확립하였다(Schurmann, 1968). 구소련의 사회주의 체제를 모방하여 국가연합체 (state syndicate)가 구성되었고 이는 당의 중앙집권적 계획에 따라 작동되었다.

---

9) 당의 통제범위는 수직적으로는 국가주석에서 일선공무원, 수평적으로는 당과 정부 외 국 영기업, 연구소, 학교, 병원 등 사업단위의 관리자 등을 모두 포함한다(Jing, 2010; 정해 용, 2009).

1953년부터 경제개발계획이 본격적으로 추진되면서 이를 책임질 관료제의 전
문성이 요구되기 시작하였다(정해용, 2009).

이 시기 행정체제는 정책과정에 필요한 전문적 기술관료를 충원하여 경제
민족주의 및 프롤레타리아 혁명을 위해 기능하였다. 하지만 행정의 권력은 노
멘클라투라 체제를 중심으로 중앙과 지방정부 등 각급의 당 간부들에게 집중
되었다. 즉, 정당과 정부의 중첩되는 조직구조는 공산당으로 하여금 행정을 직
접 통제할 수 있게 하였다(Jing, 2010). 공산당은 공식적 행정개혁에 있어 구조
적 보수주의와 기능적 유연성을 결합하였고 소련에 비해 당의 역할이 훨씬 중
요하게 작용하였다(Schurmann, 1968).

전반적으로 건국 초기에는 당 중심의 정부조직 계통과 기능이 광범위해서
시민사회가 출현할 여지가 없었다. 행정체제는 공산주의 이념에 기반을 두었
고 계급투쟁에 중점을 두었다. 문화대혁명(1966~1976) 시기 마오쩌둥의 급진적
노선을 따르는 당원들에 의해 관료제가 부분적으로 혹은 전부 교체되었으며
간부관료제의 근간인 노멘클라투라 체제가 파괴되었다. 이 시기에는 혁명적
자각과 프롤레타리아 신분배경이 정부공무원들을 채용하고 평가하는데 지배
적인 기준이었다.

마오쩌둥 시대 이후 여전히 마르크스-레닌 사회주의 전통은 중국 행정체
제의 중심 원리로 작용하고 있다. 그 중에서도 당이 통제하는 간부 중심의 관
료제, 즉 정치화된 관료제의 원리가 대표적이라 할 수 있다. 이하에서는 사회
주의 전통이 반영된 간부관료제와 정치화된 성과주의의 내용을 살펴본다.

1) 간부관료제(干部官僚主义)

마르크스-레닌 사회주의 관료제의 전통은 단일 관료국가와 일당지배체제
를 결합하고 있다(Painter & Peters, 2010). 즉, 당의 인적 구성원인 간부를 통해
국가의 모든 부문(입법부, 사법부, 관료제 등)에 대한 정치적 통제를 가하는 것이
다.[10] 이에 기반을 둔 민주집중제(民主集中制)의 원리가 중국 정부체제를 지배

---

10) 간부란 다양한 유형의 국가기관에 종사하는 사람들을 의미하며 당 관계자, 행정직 공무

하고 있으며 권력의 분립을 용인하지 않는다(Painter & Peters, 2010). 이러한 체제의 통제구조는 행정의 모든 수준과 단위에 당세포조직을 두어 의사결정권을 행사하게 하는 것이다.[11] 즉, 당 조직과 정부 관료제의 구조적 중복은 고위공무원이 반드시 당원이어야 한다는 규칙을 준수하게 하며, 정치와 행정의 역할과 기능의 명확한 구분을 불가능하게 한다. 이러한 정치 통제의 맥락에서 지방정부 공무원들의 경우 지방정부와 중앙정부의 지배를 동시에 받는 이중 복종 구조에 놓인다. 이로 인하여 중국의 행정체계는 고도로 집권화된 동시에 각 통치수준에서는 수평적으로 세분화되는 특징을 지닌다(Painter & Peters, 2010).

특히 핵심간부는 마르크스-레닌 사회주의에 기반을 둔 노멘클라투라 체제를 통해 관리되었다. 노멘클라투라는 직무명칭표(職務名稱表)를 의미하며 고위간부에 한해 적용된다(Burns, 1987b; Manion, 1985). 이는 각급의 당위원회가 임명권을 행사하는 고위직 명부와 해당 직위에 임명될 예비간부 명단, 인사관리 기관 및 관리과정을 기술한 내용인데(정해용, 2009), 간부관료제 하에서 당의 집권적 통제가 가능하도록 하는 인사관리의 상징이라 할 수 있다. 노멘클라투라 체제는 정치적 의사소통을 기반으로 당의 간부들에게 정치적 로드맵을 제시하는 한편, 당의 방침에 대한 지지자와 반대자에 대한 보상 및 처벌 근거를 제공함으로써 정실주의의 특성을 지닌다. 하지만 노멘클라투라 체제는 당에 권한이 지나치게 집중되어 관료제 인사체제의 획일성과 경직성을 초래한다는 비판이 많았고, 법의 지배가 이루어지지 않는 정치·사회적 맥락에서 오히려 사인적·비공식적 네트워크인 계파중심의 파벌주의로 발전하는 경우가 많았다(정해용, 2009).

이렇게 정치화된 관료제의 전통 하에서는 전문성보다 정치적 충성이 더

원, 기업인, 교수, 교사 등 모든 직업군을 망라한다.

11) 당세포조직(당조, 黨組)은 1950년대 초반 당외(黨外)조직 인사충원 및 정책문제의 관리와 감독을 위해 설립되었다. 정부의 경우 각 부의 부장(장관급) 및 부부장(차관급)을 포함한 3~5명으로 구성된다. 당세포조직의 당서기는 각 부서의 공식 책임자보다도 큰 권한을 행사하여 행정의 독립성을 약화시킨다. 이러한 문제를 시정하기 위해 공무원제도의 도입 과정에서 당세포조직의 점진적 철폐 노력이 있었으나 결국 실패하였다(정해용, 2009; Lam & Chan, 1996).

강조되기 때문에 실적주의가 확립되기 어렵다. 간부관료제는 정치적 교육훈련, 당의 이념 및 기본방침에 대한 충성이 필수 자격요건이다. 중국 고위공무원의 성과는 곧 정치적 목표의 성취로 측정되기 때문에 공무원제가 공직의 안정성 및 임용자격과 승진, 훈련, 급여와 연금 등에 관한 규칙을 가지고 있다고 하더라도 정치적으로 중립적이라고 할 수 없다. 간부관료제는 정치적으로 출세지향적이고 동원적·도구적이며, 공무원제도 개혁 이전의 인사관리는 기본적으로 관습적·이념적이고 매우 비공식적이어서 규칙 및 규정의 적용에 있어 일관성이나 합법적 권위가 결여되어 있었다. 대부분의 정보나 문서는 일반 대중의 열람이 허용되지 않으며 공식적·법적으로 명시되지 않는 경우가 많았다(Chan, 2016).

2) 정치적 성과주의

마르크스-레닌 사회주의 체제는 혁명과 사회주의의 실현을 위해 간부의 성과를 일상적으로 감시 및 통제하였다. 또한 사회주의 국가의 스탈린식 계획경제 체제는 성과지표에 의해 할당된 생산 및 배분 목표에 따라 간부의 경제활동을 평가하였다. 이러한 사회주의 및 계획경제 체제의 전통에 근거한 간부관료제는 성과지향적 특성을 지녔으며(Harding, 1981; 정해용·이권호, 2011) 간부에 대한 성과평가는 임명, 승진, 해고 등 인사관리의 기준이 되었다(Chow, 1988).

물론 성과에 정치성이 반영되므로[12] 성과에 대한 정의와 평가기준에 대한 이견이 있을 수 있다. 또한 간부관료제가 성과주의를 지향하였지만 개혁·개방 이전까지는 제도의 미비와 평가기준의 모호성 그리고 갈등을 회피하고 상대를 관대하게 평가하거나 평가받기를 기대하는 이른바 평가과정의 호혜주의로 인해 실효성 차원의 한계가 있었다(Chow, 1988). 결론적으로 사회주의 전통에 기

---

12) 공산당은 1928년 '중국공산당조직결의안초안(中国共産党组织决议案草案)'에서 정치적 각성, 조직에 대한 기율, 계급이익을 위한 희생, 대중업무 능력을 간부평가의 기준으로 규정하였고, 이후 당에 대한 충성도 및 계급성분을 간부심사와 평가의 기준으로 삼았다. 1951년 중앙조직부가 제시한 간부평가의 핵심기준에도 정치자질 및 업무능력이 포함되었다(정해용·이권호, 2011).

반을 둔 중국의 성과평가는 성과의 정치적 기준을 강조한 정치화된 성과주의의 특징을 지닌다고 할 수 있다.

IV. 행정의 근대화

1978년 개최된 공산당 제11기 중앙위원회 제3차 전체회의(이하 삼중전회) 이후 중국의 개혁·개방정책이 추진되었고 당과 행정을 분리하려는 움직임이 시작되었다. 공산당은 세계정세에 따라 개혁을 수용하고 규제를 완화함으로써 경제발전에 우선순위를 두었다. 한편 사회주의 시장경제를 확립하기 위해 중국 정부는 점진적이지만 실험적으로 행정의 근대적 가치를 수용하고 민중의 통제를 허용하는 등 일련의 변화를 모색하였다.

그러나 행정의 근대화가 추진된 맥락을 주목할 필요가 있는데 이는 앞서 살펴본 행정전통의 영향을 반영하는 것이다. 첫째는 정치화된 관료제이다. 보통선거와 경쟁적 정당체제가 존재하지 않는 중국에서 관료제에 대한 통제는 주로 정치적 목표를 달성하기 위해 이루어진다. 즉, 정치적 순응이 관료를 평가하는데 있어 전문성보다 우선시되는 것이다. 둘째는 도덕적 관료제이다. 중국의 관료제는 유교주의에 기반을 둔 호혜주의 및 덕치와 예치의 원리들이 제도의 합리성이나 법치의 원리를 대체하였다. 이로 인해 발생하는 모호성과 불투명성이 관료들의 성과와 책임성 회피를 용이하게 하는데 이러한 관료제의 역기능은 경직된 규칙과 일상에 대한 순응 및 권력자들의 기회주의적 행태로 인해 심화되고 왜곡되어 약탈적인 정책집행과 행정관행을 초래하였다. 중국 행정의 근대화는 이러한 관료제의 문제점들을 혁파하기 위한 수단으로 사용되기도 하였으나 이러한 전통에 의해 경로의존적 제약을 받았다고 볼 수 있다 (Jing, 2010).

1. 시장경제 체제의 도입과 국가목표의 변화

1978년 개혁·개방 이후 공산당의 통치원리는 경제개발을 목표로 한 발전 국가적 요구에 부응하는 것이었다(Jing, 2010; Xia, 2000; Yang, 2004). 1989년 민주화를 위한 민중저항인 천안문사태 이후 공산당의 전략적 목표는 개혁, 발전, 안정성으로 구체화되었다. 1970년대 말부터 경제의 저성장과 미흡한 정치개혁으로 인해 정부에 대한 대중의 신뢰와 지지가 떨어졌다고 판단한 중국 정부는 이를 회복하기 위해 경제성장을 주요 목표로 삼았다. 1982년 제12차 당대회를 기점으로 계급투쟁보다 생산투쟁이 강조되고 기술관료가 증가하였으며(Cheng & White, 1990; Mills, 1983),[13] 덩샤오핑이 강조한 바와 같이 경제발전이 곧 정치적 정당성의 근간이 되었다. 그 결과 국내총생산 비율이나 해외직접투자 증가에 대한 지방정부 간 경쟁이 치열했고, 이는 간부 평가나 승진의 주요한 (때로는 단일한) 지표가 되기도 하였다.

후진타오는 2002년 당 중앙위원회 총서기직을 맡으면서 사회적 양극화 심화와 사회적 불안 증가에 대응하기 위해 '효율성 우선, 형평성 고려' 원칙을 새로운 비전으로 제시하였다. 이는 국가목표의 우선순위가 포괄적이며 지속가능한 발전 및 사회정의로 이동하였음을 의미한다.

한편 1970년대 말부터 행정개혁의 필요성이 지속적으로 강조되었다. 하지만 주요 개혁안[14]은 기대한 결과의 달성을 수반하지 못했거나 심지어 정책집행으로 이어지지 못한 채 정치적 정당성과 효과적 리더십만을 수사적으로 상징화하는데 그쳤다.

1989년 천안문사태의 경험 및 1990년대 초 소련과 동유럽 국가들의 사회주의 체제가 붕괴하면서 사회적 안전성의 가치가 강조되었다. 이는 경제성장

---

13) 기술관료는 기술교육 및 훈련을 통해 학습된 문제해결능력을 지니며, 노동자계급 출신배경이나 이념이 강조되는 혁명 간부와 구분된다.

14) 1978년 이래 매 5년마다(1983, 1988, 1993, 1998, 2003, 2008년) 조직개편 및 시장 활성화 등을 핵심 과업으로 포함하는 주요 행정개혁안들이 공포되었다(Jing, 2010; Ngok & Zhou, 2007; Wang, 2010).

과도 밀접한데 외국인투자, 시장개혁 등은 정치적으로 안정된 사회환경의 조성 없이는 불가능하기 때문이다. 행정의 안정성 또한 요구되었는데 이는 행정에 대한 당의 리더십 유지 및 행정을 통한 사회적 갈등 방지와 해결이라는 목표와 관련된다. 후술할 2005년 국가공무원법은 공무원으로 하여금 공산당의 지침과 행동방침을 따르고 당이 간부를 관리한다는 원칙의 준수를 명시하고 있다. 서구와 달리 당에 대한 공무원의 정치적 충성심은 행정의 안정성을 위한 기본 요건으로 여겨진다. 또한 안정성은 개혁이 점진적이고 지속적이어야 하며 포괄적 계획의 급진적 실행을 삼가는 내용을 포함한다.[15]

2. 행정개혁

경제발전을 위해 1970년대 후반부터 점진적 행정개혁이 시작되었다(Liou, 1997). 중국의 행정체제와 관료제는 근대화와 세계화를 경험함에 따라 보편적인 근대적 행정가치의 영향을 받았다(Christensen, Lisheng, & Painter, 2008; Wang, 2010; Xue & Zhong, 2012).[16] 1980년 이래 중국의 지도자들은 국가역량과 정당성 확보를 추구하였다. 개혁의 주요 내용으로 의사결정권의 분권화, 행정기관과 기업·경제사업의 분리, 행정구조의 단순화, 행정교육 및 훈련의 전문화, 특히 공무원제도의 확립이 강조되었다. 문책성, 예측가능성, 투명성, 참여, 효율성 및 효과성을 제고하여 거버넌스의 질을 향상시키기 위한 노력은 실적주의 기반의 관료제를 형성하기 위한 공무원제도의 개혁과 맥락을 같이 한다(Burns, 1987a). 이는 중국의 개혁가 및 서구의 학자들이 전통적 간부관료제의 개혁 및 현대적 공무원제도의 확립을 성공적 경제발전에 필수적이라고 여겼기 때문이다.

개혁 이전의 중국 행정체제는 공산당에 의해 추천된 3천만 명 이상의 당

---

15) Jing(2010)은 중국 행정개혁이 점증주의적 성향을 띤다고 지적한다. 일반적으로 개혁의 경로는 시범정책으로 시작하여 후에 공식화되는데 당의 강력한 통제가 점진적 개혁의 원인일 뿐만 아니라 개혁의 성공을 위한 전제조건이기도 하다.
16) 서구 행정과는 달리 이러한 가치의 수용여부는 공산당의 내부 합의에 기반을 둔다.

간부들에 의해 구성 및 운영되는 거대 조직이었으며 국유기업을 통해 국가의
경제활동 대부분을 통제하였다. 문제는 당 간부들이 경제발전에 필요한 지식
이나 전문성을 갖추지 못하고 정치·사상적 활동 및 투쟁에만 몰입하는 경우
가 많았다는 것이다. 관료제 개혁에 영향을 미친 근대적 가치들을 살펴보면 다
음과 같다.

1) 민주적 가치: 참여, 문책성 및 투명성

중국 행정체제에 유입된 민주적 가치에는 세 가지 특징이 있다(Jing, 2010).
첫째, 1954년 설립된 입법기관인 전국인민대표대회가 각급 정부에 대한 입법
및 심의활동을 강화함으로써 정부의 문책성이 증가하였다. 최근 제도 및 절차
의 확립과 집행을 통해 전국인민대표대회의 고위관료에 대한 임명승인, 예산
안에 대한 평가와 승인, 정부운영에 대한 감독 등의 역할 수행능력이 향상되었
다. 둘째, 관료제의 투명성, 접근가능성, 인도주의가 강조되고 있다. 최근 부패
가 중국의 사회적 안정성에 악영향을 끼치는 주된 문제로 부상하였는데 1989
년의 혼란이 상당 부분 부패에 대한 사회적 불만에서 비롯되었다는 인식이 강
하다. 2015년 세계투명성기구에서 발표한 중국의 부패인식지수(CPI) 점수는
167개국 가운데 83번째였다.[17] 부분적 개혁, 약한 법집행, 당 간부에 대한 효
과적 견제의 부재가 부패의 주된 원인으로 제기된다. 그에 따라 중국 정부는
반부패 척결을 위한 노력을 기울이고 있다. 정보접근성과 관련하여 정부정보
공개조례가 2008년 공포되어 실행되고 있고(법제처, 2010), 시민들의 알 권리,
전자정부 등에 대한 관심이 증가하였다. 셋째, 시민의 정책결정과정에 대한 접
근성이 향상되었다. 특히 공공요금과 사회복지 영역에서 대중의 여론과 소비
자의 태도를 반영하기 위한 시민의 직접참여가 장려되었고 1990년대 말부터
각종 공청회가 개최되기 시작하였다(Yang & Schachter, 2003). 하지만 공청회는
법적구속력을 가지기 보다는 자문의 성격을 가지며 정보공개에 있어서도 정부
의 적극성이 떨어지고 공민의 정보공개신청도 국가비밀사항을 이유로 거부되

---

17) http://www.transparency.org/cpi2015#results-table

는 경우가 많아 그 실효성에 여전히 의문이 남는다(법제처, 2010).

2) 관리주의

세계화의 흐름에 따라 1980년대 이래 중국의 행정체계는 서구 선진 산업 국가의 행정이론과 관행을 적극적으로 학습하기 시작하였다. 그 결과 관료제의 행정 효율성을 추구하는데 집중하는 한편, 정치적으로 민감한 현안들은 회피하여 정치적 제약 상황을 최소화하였다. 성과주의와 효율성의 강조, 경쟁의 원리 등 신공공관리의 관리주의 요소의 도입과 시장기반의 정부로 변화한 것이 주요 결과라 할 수 있다(Christensen et al., 2008).

일반적으로 관리주의 가치는 효율성, 경제성, 효과성 및 전문적이고 합리적인 행정에 대한 강조를 포함한다. 다만 공무원제도의 개혁은 관료제에 대한 정당의 정치적 통제를 침해하지 않는 한도에서 이루어져왔는데 능률성과 조정 능력 향상을 위한 정부 내부구조의 간소화에 따른 공무원 규모의 축소,[18] 실적주의에 기반을 둔 인사주의 개혁, 성과주의 예산개혁[19] 및 성과관리에 대한 강조 등을 포함하였다. 성과평가체계의 도입은 본래 개혁·개방 이후 경제개혁 추진에 적합한 관료를 충원하기 위한 의도였다. 당시에 문제가 되었던 간부의 종신제 철폐 및 퇴직제도의 도입, 업무 전문성을 갖춘 젊은 세대 관료의 충원 및 물질적 인센티브 수단의 활용, 관리자들에게 재량과 자율성을 부여하고 성과에 따른 책임을 묻는 관리적 차원의 문책성 담보 등을 주요 내용으로 하였다.

---

18) 하지만 중국 국가공무원국 통계에 따르면 공무원 수는 2008년 6,597,000명, 2009년 6,789,000명, 2010년 6,894,000명, 2011년 7,021,000명, 2012년 7,089,000명으로 꾸준히 증가하고 있다(김윤권 외, 2013).

19) 사회주의 계획경제 체제 하에서 국가가 생산수단을 직접 소유하지만 정부예산에 대한 정치적 문책성 및 통제 기제가 결여되어 있었다. 개혁·개방 이후 시장경제가 도입되면서 국유기업 외 민간부문으로부터 조세를 징수하고 재정을 조달하는 체제로 전환 및 오랜 이행기를 거쳐 1990년대 후반에 와서야 지출 관리에 초점을 둔 예산개혁이 이루어졌다. 이후 통제지향의 예산개혁을 위한 노력이 계속되고 있다. 지방정부를 시작으로 중앙정부 수준에서도 성과예산의 평가가 확산되고 있다(Wong, 2007; 정해용·이권호, 2011).

한편 Chirstensen & Fan(2016)은 최근 중국 정부가 서구의 국가들과 마찬
가지로 신공공관리 개혁으로 증가한 사회적 불평등에 대처하기 위해 재정치화
를 위한 탈신공공관리적 개혁을 단행하였다고 지적한다. 일당체제 국가에서
정치적 리더십은 통제를 선호하며 따라서 정치지도자의 권력을 약화시키고 고
위공무원의 영향력을 확대하고자 하는 신공공관리적 개혁보다는 정치적 통제
를 강화하는 탈신공공관리적 개혁에 힘이 실렸다. 이는 위계적 리더십을 수용
하는 중국의 문화에도 적합하다는 것이다(Christensen & Fan, 2016). 2009년 탈신
공공관리적 가치가 반영된 대부처제 개혁이 이루어졌으며 사회문제를 해결하
기 위해 새로운 조직구조를 형성하고 규제가 증가하는 등 관리주의 개혁의 부
정적 결과에 대한 보정 노력이 다양하게 이루어졌다.

3) 의법주의

전통적 중국 행정은 유교주의 유산의 영향으로 법치보다는 인치, 즉 법의
지배보다는 현자 혹은 도덕인에 의한 지배에 의존하였다. 기본적으로 중국의
법치는 공산당의 영도를 전제하는 것으로(조영남, 2012) 법은 당 아래에 있고 당
의 목적을 달성하기 위한 도구라는 신념이 강했으며 이는 법률 기반의 공무원
제도를 확립하는데 주요한 장애요인이었다(Chan, 2016).

1978년 이후 근대화된 법규범의 점진적 내재화의 노력이 있었다. 대외적
으로는 경제성장을 위해 국제적 법률과 규칙을 준수함으로써 대외무역과 투자
등의 확산에 필요한 최소 수준의 법의 지배를 확립하는 한편(Hale, 2016), 대내
적으로는 1997년 제15차 당대회에서 의법치국(依法治國)의 기본원리를 제시하
고 이를 1999년 개정된 헌법에 포함시켰다(李秀峰, 2008). 이에 따라 1999년 국
무원은 정부행위의 법적 규제, 즉 정부 행정의 법제화를 골자로 한 의법행정
(依法行政)을 정부개혁의 핵심 목표 및 기본 방향으로 결정하였다(國務院, 1999;
조영남, 2012에서 재인용). 2013년 제18기 삼중전회에서 사법부의 독립성과 검찰권
강화에 대한 논의가 있었다(김한권, 2014).[20] 법에 의한 개인의 인권보호가 향상

---

20) 제18기 삼중전회에서는 사법개혁이 논의되었는데 구체적으로 성급 이하 지방법원과 검찰

되었고(2004년 제24차 개헌에서 제33조 인권조항 삽입) 2007년 재산권법 제정을 통해 개인의 사유권을 보호하게 되었다. 한편 행정 관련법의 개선을 통해 민원인 보호와 행정구제의 경로가 확립되었으며 적법절차가 강화되어 1996년 행정처벌법, 1999년 행정재심법, 2003년 행정허가법 등이 제정되었다. 이러한 법치 및 법적 절차의 강화 노력은 투명성, 책임성, 참여 등의 가치를 증진하여 관료제의 합리화 및 민주화에 기여할 것으로 기대되었다.

이처럼 많은 노력이 진행되어 왔으나 법 제정 및 그 집행의 감독을 수행하는 전국인민대표대회의 공식 권위에도 불구하고 근본적으로 공산당의 일당체제라는 점, 다시 말하면 여전히 정부가 공산당에 책임을 지는 구조라는 점, 그리고 사법부의 독립성이 낮다는 점으로 인해 법집행이 약화될 우려가 많다.

V. 행정개혁의 경로의존성

중국의 행정개혁은 당 간부 중심체제인 간부관료제에 법적 합리성과 관리주의의 요소를 도입하는데 초점을 두었다. 이 절에서는 공무원법 제정과정 및 그 내용을 중심으로 중국 행정개혁의 특징을 살펴본다. 중국 공무원제도 개혁의 흐름에 두 가지 특징이 두드러지는데 하나는 서구의 근대적인 실적기반 전략을 도입하는 것이고 다른 하나는 공무원을 통제 및 관리하는 공산당의 전통적 역할을 강화하는 것이다.

1. 배경

1980년대 초 중국 관료제의 주요 특징은 문화대혁명 이후 급증한 행정기관의 수, 정부공무원의 고령화, 행정기관의 중복성, 부직(副職)의 급속한 증가,

---

원의 통합관리, 사법관할제도의 확립, 재판위원회제도의 개혁, 재판 및 검찰업무의 공개 등을 내용으로 한다(김한권, 2014).

종신고용으로 인한 간부들의 평균연령 증가 등을 포함한다. 마오쩌둥 이후의 중국 지도자들은 간부제도에 내재한 많은 문제들에 주목하였다. 이는 종신고용, 낮은 교육수준, 중복적이고 불명확한 직무책임, 인원과잉, 낮은 업무효율성 등이다(Burns, 1987a).

1982년 덩샤오핑은 "전문적 역량이 있고 교육수준이 더 높고 젊은" 간부를 충원하기 위해 행정조직의 축소를 위한 혁명을 선언하였다. 이어 같은 해 행정개혁안이 통과되어 중앙, 지방, 자치정부 수준에서 조직축소 및 지도자 교육수준 향상 등을 도모하기 시작하였다(Zhang & Zhou, 2010).

2. 당정분리 및 관료제의 합리화: 국가공무원임시조례

1984년 공산당 중앙조직부 및 국무원 노동인사부가 준비한 '국가기관사무원법(國家機關工作人員法)'에 기초하여 공무원제도의 도입이 시작되었다. 정치환경이 상대적으로 자유로웠던 1986년 덩샤오핑의 지시로 '중앙정치체제개혁영도소조(中央政治體制改革領導小組)'가 설치되어 국무원 내 인사부의 설립, 공무원 교육훈련기관인 행정학원의 설립, 공무원제도의 입법화 등을 개혁의 골자로 제시하였다(정해용·이권호, 2011). 이에 따라 서구식 공무원개혁에 대해 수용적이었던 자오쯔양은 간부관료제 하에서 빈번하게 침해되는 행정의 안정성, 정책의 연속성을 보호하기 위한 법 기반의 전문적 공무원체제를 추구하였으며 기존의 당 간부 중심의 인사관리체제를 대대적으로 개혁하여 행정의 자율성을 확립하고자 하였다(Chan, 2016).

1987년 제13차 당대회에서 간부체제 개혁안에 대한 논의를 거쳐,21) 국가

---

21) 공산당이 1980년부터 국가인사기관에 수천 명의 간부모집 책임을 위임해 왔음에도 불구하고 간부관리에 대한 당의 주도적 역할은 변함이 없었다. 이에 대해 제13차 당대회의 간부체제 개혁안에는 간부관리에 대한 당의 역할에 부가적 제한을 가하고 국가의 고용부문에 따라 차별화된 간부관리방식이 적용되어야 한다고 명시되었다(Zhang & Zhou, 2010). 즉, 당의 직접통제가 이루어지는 노멘클라투라 직위를 줄이고자 하였는데 이는 합리적 관료제 관점에서 공무원의 정치적 중립성을 추구하려는 노력이라기보다 당의 인사관리에 대한 직접통제를 간접통제로 전환하고자 한 것이다(정해용, 2009).

공무원제도의 설립이 공식적으로 승인되었다. 이에 따라 1988년 인사부를 설립하였고[22] 개혁안을 국가공무원임시조례로 개정하였으며 기타 보완적 법률 문서의 초안을 작성하였다. 하지만 국가공무원임시조례의 최종안은 제13차 당대회에서 논의되었던 국가와 당의 분리 및 정부의 독자적 인사권 강화를 포함한 초안으로부터 많이 후퇴된 내용을 담고 있었다(Chan & Suizhou, 2007; Christensen et al., 2008).[23] 자오쯔양의 인사개혁안은 급진적이고 이상적이라는 비판을 받았다. 특히 1989년 천안문사태 이후 자오쯔양의 정치개혁 방안이 서구 사조의 과도한 유입을 상징하는 자산계급의 자유화로 규정되면서 당 리더십의 약화가 지적되었다(정해용, 2009). 당시 당서기였던 자오쯔양은 결국 실각되고 당시 국무원 총리였던 리펑에게 공무원제도와 관련된 모든 권한이 이양되는데, 이는 당–정의 분리가 거부되고 결과적으로 공산당이 간부관리에 있어 리더십 역할을 되찾게 된 배경이다. 결국 천안문사태 이후 중국의 민주화 운동과 정치개혁 노력이 좌절되었고 그 결과 당–정 분리를 추구했던 개혁방침이 철회되고 당세포조직이 부활하면서 정치가 보수적으로 회귀하였다(정해용, 2009).

1993년 국무원은 국가공무원임시조례(이하 임시조례)를 제정하고 이를 집행하였다. 임시조례는 간부에 대한 공산당의 정치적 리더십의 역할을 재확인하는 한편 과학적 관리, 경쟁, 효율성 원리 등을 강조하였고 또한 공무원의 의무와 권리, 직위분류, 채용절차와 요건, 평가과정, 보상과 규율, 승진과 강등, 전임, 사임, 교육훈련 등의 구체적 인사관리절차를 다루고 있었다. 요약하자면, 임시

---

22) 인사부는 2008년에 대부처주의 개혁에 따라 노동사회보장부와 합병되어 인적자원·사회보장부가 설립되었다. 현재 중국 공무원의 인사관리는 당의 중앙조직부가 간부인사관리를 담당하고 인력자원·사회보장부 및 산하의 국가공무원국이 일반 공무원의 인사관리업무를 담당한다.

23) 공무원제도의 확립을 위한 당–정 분리노력은 수차례 이루어진 관련 법안 수정과정에서 드러난다. 제13차 당대회 정치보고에 따른 개혁조치는 정부의 부부장(副部長, 차관급) 이하 업무직(業務類, 당에 의해 선출되는 정무직과 분류되는 직업공무원을 의미) 공무원에 대한 인사관리권한을 당이 아닌 국무원에 부여하고자 했다(Burns, 1989; 정해용, 2009). 1993년의 임시조례는 간부개념과 구분하기 위해 공무원 범위를 정부기관으로 한정하였으나 2005년 국가공무원법은 간부와 공무원 간 구분을 허물었다.

조례는 중국의 공무원제도 개혁에 있어 당에 의한 정치적 문책성(accountability) 과 효율성을 강조하였다고 할 수 있다. 여기서 문책성은 관료제가 합의된 국가 의 정치적 목표인 "경제성장과 발전"을 위해 일해야 함을 의미하는 것이었다 (Christensen et al., 2008; Zhang & Zhou, 2010).

　　중국의 개혁은 여전히 공무원이 공산당에 충성할 것을 강조하면서도 역량 있는 공무원의 채용과 유지, 정책과 프로그램의 효율적 및 효과적 집행의 필요 성 또한 역설하고 있다. 즉, 중국의 공무원제는 한편으로 과학적 관리, 직무분 류체계, 개방·경쟁적 시험에 의한 채용 등 합리적 관료제의 요소와 신공공관 리의 성과평가 기제를 수용하면서 다른 한편은 공무원이 공산당에 충성할 것 을 강조하고 있는 것이다(Zhang & Zhou, 2010). 이에는 한계가 따르는데 예를 들 어 개방형 경쟁시험을 통한 채용이 증가했지만 이를 부서(과)의 장 이하 비영 도직(비관리직)으로만 제한하였다. 공무원제도 개혁이 성과를 강조함에도 불구 하고 고위직 인사의 경우 여전히 기술적 기준보다는 정치적 기준이 선호되었 다. 이러한 양면성은 고도의 정치적 반응성 및 당에 의한 정치적 통제라는 전 통적 요소를 유지한 채 서구의 실적주의 요소를 통합하려는 데에서 기인한다 고 볼 수 있다.

3. 관료제의 재정치화: 국가공무원법

　　2005년 전국인민대표대회 상무위원회는 1993년 임시조례의 시행과정에서 발생한 문제점을 보완하여 중화인민공화국공무원법(이하 국가공무원법)을 승인하 였다. 국가공무원법은 채용, 평가, 보상, 훈련, 임면, 전임, 사임, 해임, 퇴직 등 공무원 인사관리의 제도화를 완성하였고 그 내용은 1993년 임시조례에 비해 구체화되었다.[24] 하지만 관료제의 정치화 관점에서 볼 때 그 내용은 1993년의

---

24) 예를 들어 1993년 임시조례는 개인성과 평가기준이 매우 우수, 만족, 불만족의 세 범주로 나누어져 있어 만족과 불만족 사이의 성과를 낸 공무원들의 차별화에 어려움이 있었는데 2005년 공무원법은 매우 우수, 만족, 기본, 불만족 등 네 등급으로 범주화하였다(Zhang & Zhou, 2010).

임시조례와 비교해 후퇴하였다는 평가를 받았다(Chan & Suizhou, 2007).[25]

　예를 들어, 국가공무원법 제4조 제1항은 국가공무원제에 있어 마르크스-레닌 사회주의와 마오쩌둥 사상, 덩샤오핑 이론 및 3개 대표 중요 사상을 강조하고 있으며,[26] 간부 특히 공무원에 대한 통제와 관리에 있어 당의 권위를 근본적으로 정당화하고 있다.[27] 이는 중국의 국가공무원제도가 정치화의 특성을 지니고 있음을 명백히 보여주는 것으로서 미국 등 서구 국가에서 공무원제도가 정치적 중립성과 불편부당성을 강조하는 것과 대비된다(Zhang & Zhou, 2010).

　Chan & Suizhou(2007)는 인터뷰 자료를 바탕으로 2005년의 국가공무원법의 법적 의도를 쩡칭홍이 강조한 "간부에 대한 당 통제 원리의 구체화 실현"에 있다고 주장한다.[28] 구체적으로 첫째, 1993년의 임시조례 및 기존의 간부인사관리체제를 바탕으로 인사관리체제를 통합하여 표준화된 통제시스템을 구축하고자 했는데 이를 위해서 간부와 공무원 간의 구분을 최소화하였다. 둘째, 관할권의 간소화 및 문책성에 있어 당에 의한 통제원리를 구체화하기 위해 당위원회 및 각급 조직관련 부서 그리고 인사부 간 관할권 및 책임소재를 명확히 하였다. 셋째, 공무원법은 기본적으로 간부에 대한 당의 통제 원리를 법제화하였다.

　국가공무원법은 외견상 규칙기반 행정을 발전시키고자 하였으나 실상은 지속적이고 강화된 정치적 통제 요소를 내재하고 있었다. 이러한 체제에서는 당에 대한 충성만이 경력의 상승을 가능하게 하며 업무능력은 정치적 충성에 비하면 부차적인 역할을 하게 된다. 따라서 중국의 공무원들은 자신들이 속한

---

25) 서구의 아이디어에 중심을 둔 자오쯔양의 개혁안은 중국 문화 및 사회주의 전통과 양립가능하지 않다고 평가되었고 공무원들로부터 지지받지 못했으며 급진적이고 이상적이라는 평가를 받았다(Chan, 2016).

26) 마르크스-레닌주의가 1993년 임시조례에서는 구체적으로 명시되지 않았다(Chan, 2016).

27) 정해용(2009)은 당이 공무원의 구체적 업무방향을 결정하고 각급의 당세포조직을 통해 직접적으로 공무원 인사를 관리 및 통제하는 노멘클라투라 체제로의 복귀라고 해석한다.

28) 쩡칭홍은 공무원법 시행을 통해 간부선발과 관리에 있어 당의 권한을 합법화하였다(Chan, 2016).

행정기관보다 기관 내 당의 핵심집단이나 상급 당위원회와 더 동일시하게 된다(Chan & Suizhou, 2007).

4. 인사관리의 합리화 및 전문화

2005년의 국가공무원법은 채용, 직위분류, 보상체계, 성과평가 등 공무원 인사관리의 세부사항을 구체화하고 제도화하였다. 구체적 조항들은 합리적 요소(직위분류, 공개채용 등)와 관리주의 요소(보상체계, 성과평가 등)를 부분적으로 반영하고 있다. 그러나 제도화 과정에서 구체화가 미흡하여 실효성에 의문이 든다는 지적이 있다(Liu & Dong, 2012).

1) 경쟁보직제도(竞争上岗)

내부경쟁에 의한 보직임명은 중앙·지방수준의 당·정부 내부의 국장급 이하 영도 및 비영도직에 적용된다. 즉, 9급 처장(한국의 과장에 해당) 이하의 공무원은 공개고시를 통해 선발하였고 그 이상은 종전의 승진방식을 통한 폐쇄형 임용을 유지하였다. 지방수준에서는 처장급 이상에 대한 새로운 제도 도입이 필요하게 되었고 각 지역별로 탐색적 차원에서 내부시장 경쟁의 특성을 지니는 경쟁보직제도가 추진되었다. 또한 내부충원에 한정된 경쟁보직제도 뿐만 아니라 민간의 우수인재를 적극적으로 충원하기 위한 공개선발제도 또한 지방정부를 중심으로 확산되었다(정해용, 2009). 내부경쟁에 의한 경쟁보직제도는 공무원들의 동기부여 및 고성과를 위한 업무훈련에 기여할 것으로 기대되었다(Chan & Suizhou, 2007).

2) 공개고시제(公开选拔)

조직 내 적격의 후보자가 없거나 요직에 대한 뇌물수수나 부패가 성행하는 등의 문제점이 경쟁보직제도의 단점으로 지적되었다. 부패와 부정을 방지하기 위해 공산당 중앙조직부는 공개채용체계 표준화에 많은 노력을 기울였는데, 기존의 단점을 극복하고 자격이 있는 고위공무원(국장급까지)을 선발하기 위해 사업단위나 지역 제약이 없는 공개채용이 고안되었다. 공개고시제도에는 자격시험과 개방형 임용이 포함된다. 다만 내부의 저항을 감안하여 일정한 학력을 가진 사람에 한해 시험을 치를 수 있으며 1년의 시험채용(수습기간)을 두고 5년간 기간제로 계약하는 등의 제한이 적용된다(Chan, 2004; Zhang & Zhou, 2010).

　　공무원채용규정(안)에 따르면 공무원 채용은 공개(公开), 평등(平等), 경쟁(竞争), 우수 인재 선택(择优的原则)을 원칙으로 한다.29) 모집절차는 국가공무원법 제4장 및 공무원채용규정(안) 제5조에 명시되어 있는데 ① 시험채용의 공고, ② 자격심사(한국의 서류전형에 해당), ③ 자격심사 합격자의 시험(공공과목 및 전공과목 필기시험 후 면접), ④ 시험합격자(필기, 면접, 건강검진)에 대한 채용고찰, ⑤ 합격자명단의 공시, ⑥ 심사비준 및 서류등록, ⑦ 시험채용 등에 대해 자세히 규정하고 있다. 공무원 채용시험은 응시자의 지식 및 업무능력 뿐만 아니라 정치적 태도와 사상도덕이 평가항목에 포함되어 종합적 평가가 이루어지고 있다.

3) 직위분류

　　공무원의 수평적 범위의 확대에 따른 효과적 인사관리를 위해 직위(职位) 분류제가 도입되었다(정해용, 2009). 직위분류는 직위설계와 직위범주의 분류 등 두 가지 요소로 구성된다. 직위설계에 대해서 국가공무원법 제3장 제18조는 '모든 기관은 정해진 기능, 등급, 정원, 직위의 수와 구성 비율을 준수하고, 세부 직위를 설계하며, 각 직위의 자격요건과 업무분담을 명확히 한다'고 규정하고 있다. 직위범주의 분류에 대해서 국가공무원법 제14조 제2항은 공무원의 직위를 공직의 본질, 특성, 관리적 수요에 따라 종합관리직, 전문기술직, 행정집행직으로 분류하고 있다. 국무원은 국가공무원법에 따라 개별적 관리가 필요한 경우에 한해 특정 직위범주를 추가할 수 있다. 종합관리직은 계획, 조직, 지휘, 협력 등 기관 내부관리 업무를 수행하는 직위이며 공무원 시험을 통한

---

29) http://bm.scs.gov.cn/2016/UserControl/Department/html/20151013114627.html

채용의 비중이 가장 크다. 전문기술직은 행정기관에서 번역 등 전문기술 업무를 수행하며 비영도직무 명칭은 전문기술관으로 직무서열은 9등급으로 나누어진다. 행정집행 직위는 직접 감독과 단속, 처벌 등 현장에서의 법집행 업무를 담당하는 공안, 세관 등이 포함된다(김윤권 외, 2013).

직위 범주에 따라 공무원의 직무서열을 설치하는데, 공무원의 직무는 영도직과 비영도직으로 이원화되어 있다. 15등급의 직무서열 중 영도직은 1급에서 8급까지로 정치적으로 임명되며 당에 의한 강력한 정치적 통제를 받는다. 영도직무에는 국가급 정·부직, 성·부급 정·부직, 청·국급 정·부직, 현·처급 정·부직, 향·과급 정·부직이 포함된다. 반면 9급에서 15급에 해당하는 비영도직무에는 순시원, 부순시원, 연구원, 부연구원, 주임과원, 부주임과원, 과원, 사무원이 포함된다. 비영도직은 시험을 통해 채용되며 상대적으로 안정된 근무환경과 신분보장을 받는다(Tsao & Worthey, 1995; Zhang & Zhou, 2010; 김윤권 외, 2013; 정해용, 2009). 또한 공무원법 제3장 제19조에 따라 직무에 상응하는 직급이 설계되어 있는데, 하나의 직무등급에 여러 개의 직급이 포함된다. 예를 들어 종합관리직군의 경우 27개의 직급이 포함된다(Zhang & Zhou, 2010).

4) 보수

중국 공무원의 보수체계는 직위와 직급을 따르는 직무등급제도이다. 공무원의 기본급은 두 범주로 나뉘는데 하나는 직위에 따른 급여이고 다른 하나는 직급에 따른 급여이다. 직위급은 공무원의 책임을 주로 반영하며 직급급은 성과와 자격에 기인한다. 각 직위에 대한 급여기준이 있으며 영도직과 동일한 등급이라도 비영도직은 서로 다른 급여기준을 따른다.

일반적으로 5년 연속 연간 성과평가에서 '적임(만족)' 이상의 등급을 받은 공무원들은 동일 직위 내에서 그 다음으로 높은 급여등급으로 승격된다. 또한 매 2년마다 동일 직급 내에서 더 높은 급여등급으로 승격될 수 있는데 등급의 상한선에 도달하면 급여는 더 상승될 수 없다.

사후상여금 제도를 시행하고 있는데 연간 성과평가에서 만족 이상을 받은 공무원들은 연말에 연간보너스를 지급받는다. 또한 정기적으로 민간부문과의 보수격차를 비교하는 조사시스템을 확립하여 보수 조정의 근거로 삼는다(Zhang & Zhou, 2010). 성과평가시스템과는 별도로 보상체계에서도 성과와 평가의 연계 노력을 엿볼 수 있다.

5) 근무평정

국가공무원법의 가장 큰 혁신 중 하나가 강화된 근무평정시스템이다. 공무원은 덕(德), 능력(能), 근면(勤), 성과(績), 청렴(廉) 등 다섯 가지 기준에 따라 평정을 받는다(국가공무원법 제5장). 덕은 정치적 사상(마르크스−레닌주의 이론의 깊이 등)과 도덕성, 능력은 기본적 적응력, 근면은 일에 대한 태도 및 노력정신을 포함한다. 성과는 업무완성도의 양과 질, 업무효율성, 창의적 작업성과 등에 대한 것이다. 공무원의 성과는 주로 정기평가를 통해 이루어지는데, 비영도직 공무원에 대한 정기평가는 연간평가를 따르며 영도직에 대한 평가는 상급조직의 규정에 따라 이루어진다(Zhang & Zhou, 2010).

정기평가의 결과인 평정등급은 우수, 적임, 기본적임, 부적임 등의 네 등급으로 나누어지며 그 결과는 공무원에게 서면으로 통보된다. 평가결과는 직위 및 직급 등의 조정과 보너스·훈련·해임 등에 대한 결정 근거가 된다.

평가는 영도직과 비영도직에 따라 두 가지 유형으로 나누어진다. 영도직은 당의 간부관리 원칙에 따라 당 조직에 의한 평가를 받으며 비영도직은 공무원제도의 평가체계를 따르는데 비영도직 공무원이 전체 성과평가 대상의 99퍼센트를 차지한다. 성과평가 개혁에 대한 논의는 1994년부터 시작되었는데 1993년 임시조례 제정 이후 첫 해에만 96퍼센트 이상의 공무원이 연차인사고과를 받았다. 성과평가 개혁의 주요 특징은 평가의 초점을 정치적 청렴성에서 직무관련 능력과 성취로 바꾸고자 했다는 점이다(Zhang & Zhou, 2010).[30]

---

30) 정해용·이권호(2011)는 이러한 성과평가제도의 적극적 도입을 신공공관리의 관리주의 수용이라고 지적한다.

6) 교육훈련

중국의 공무원 교육훈련체계는 정치교육, 신규공무원교육, 진급자교육, 전문교육, 업무보수교육, 학력교육 등 6가지이다. 전통적 간부훈련의 경험을 바탕으로 개발되었고 다른 나라의 경험을 참조하기도 하였다. 공무원제도 개혁을 위해 새로운 교육훈련 네트워크가 설립되었다. 고급공무원의 양성과 훈련을 위해 1994년 국가행정학원(영어명칭이 China National School of Administration에서 2010년 Chinese Academy of Governance로 변경)이 설립되었고 2003년 공무원 훈련을 위한 국가수준의 교육기관이 상하이직할시, 장시성, 산시성 등 세 곳에 추가로 설립되었다. 공무원 훈련활동은 지방에서도 강화되었는데 약 3,000개의 행정학교 혹은 당교가 현, 시, 성 수준에서 간부훈련을 맡고 있다. 그 외에도 대학부설 평생교육기관이 있고 기업이나 서비스기관에도 훈련조직이 있어서 공무원 훈련을 위한 수직적, 수평적, 포괄적 네트워크를 형성하고 있다고 할 수 있다. 훈련의 내용은 ① 정치이론과 청렴교육, ② 사회주의 시장경제 적응, ③ 법에 따른 행정, ④ 인적자원관리, ⑤ 조사·연구, ⑥ 창의성과 혁신, ⑦ 학습 등이다(Zhang & Zhou, 2010).

VI. 요약 및 결론

Chan(2016)은 중국의 공무원개혁 과정이 정책전도(policy inversion)를 예증한다고 주장한다. 중국이 공무원제도의 문제를 당권의 지나친 집중으로 진단하였으면서도 역설적으로 그에 대한 해결방법을 당의 정치적 권력의 약화가 아니라 강화에서 찾았기 때문이다. 앞서 살펴본 공무원제도 개혁을 종합하면 공산당이 이념과 정책지침을 통해 포괄적으로 관료제를 통제하고 있음을 알 수 있다. 즉, 관료제의 정치적 책임성을 지속적으로 강화하는 큰 흐름 안에서 근대관료제의 특징이라고 할 수 있는 실적기반의 인사시스템을 강조하고 있는 것이다. 전술한 바와 같이 공무원제도 개혁사례에서 나타난 근대관료제적 요소의 도입은 중국이 행정 역량을 향상시키고 제도적 안정성을 유지하는데 기여할 수 있다. 하지만 여전히 관료제는 당의 정치적 통제 하에 놓여 있으므로 자율성이나 재량이 상당 부분 제한되어 있는 것이다.

개혁·개방 초기 중국 공무원제도는 합리적 관료제의 요소를 도입해 개혁·개방에 필요한 새로운 간부체제를 구축하려고 하였지만 공산당의 지위 및 마르크스―레닌 사회주의 기반의 정치질서 원리는 여전히 공고하게 유지되었다. 근대관료제의 특징인 행정의 전문성이 내포하는 정치적 중립성 요소는 배제하고 서구식 인사관리과정의 기본적 틀만 모방하여 제도화하고자 한 것이다. 제15차 당대회 전후 국무원 인사부는 '두 가지 조정(兩個調整)'의 개혁방침으로 첫째, 계획경제 시기 인사관리체제를 시장경제에 부합하도록 조정하는 것, 둘째, 전통적 인사관리를 종합적 인적자원관리로 조정하는 것을 제시하였다(宋德福, 2005; 정해용, 2009에서 재인용). 즉, 시장경제 체제의 활성화에 기여할 수 있는 방향으로 공무원제도의 개혁을 추구하려는 것이었다.

중국의 행정개혁이 신공공관리의 특성을 지니는가에 대해서는 논의의 여지가 있다. 행정개혁의 필요성이 대두된 배경이 시장경제를 공고히 구축하기 위함이었고 경쟁과 효율성을 강조하는 시장주의가 행정개혁이나 공무원제도 개혁에 적극적으로 반영되었다는 주장이 있으나 임시조례의 규정에서만 일반적 원칙을 제시하였을 뿐 제도화의 과정에서 구체성이 결여되었다는 지적도 있다(정해용, 2009). 중국 행정개혁의 성격과 특성을 이해하기 위해서는 개혁의 역사적 맥락을 고려해야 한다. 중국의 행정개혁은 공산주의 체제의 강력한 정치적 통제를 포기하거나 수정하지 않은 채 이루어져 왔다고 할 수 있다.

Chan & Suizhou(2007)는 중국이 관료제의 인사관리에 있어 실적주의, 전문성, 성과 등 근대적 가치를 강조함으로 인해 탈정치화되고 있는 것으로 보일 수도 있으나 실제로는 재정치화되고 있다고 주장하고 있다. 즉, 2005년의 국가공무원법은 그동안 법률에 명시되지 않았던 당의 지위를 법제화하고(Chan, 2016) 공산당을 공무원에 대한 권한위임과 통제의 근원인 정치제도로 인정함으로써 공산당이 리더십 교체와 관리에 대해 엄격한 통제를 유지했던 역사적 경로를 공식화하였다는 것이다. 또한 그들은 중국의 공무원제도 개혁은 공산당의 관료제에 대한 영향력 증대를 위해 정치적 통제를 확대한 것으로도 볼 수 있으며, 문책성 측면에서 볼 때 간부인사관리의 재정치화로 인해 정치적 집권화가 이루어져 정당과 정부 사이의 정치적 문책성이 분산될 수 있다고 지적한다(Chan & Suizhou, 2007; Heady, 1996).

중국의 공무원체제에서 정치와 행정의 영역 구분은 와해되어 있다. 1993년의 임시조례와 마찬가지로 국가공무원법 또한 공무원의 재임기간 보장을 명시하지 않았고 성과평가에 있어 정치적 성격의 기준이 능력기반의 기준과 분리되어 개발되었으며(국가공무원법 제4조 및 제33조) 공무원의 직업에 대한 법적보호가 공무원법에 명시되어 있지 않았다는 점은(Chan & Suizhou, 2007) 국가공무원법이 근대적 가치를 부분적으로 도입하였음에도 불구하고 근대관료제의 특징인 공직에 대한 보호 및 경력의 보장이 제도화되어 있지 못하였음을 시사한다.

또 다른 예로 공산당은 공직에 종사하는 수백만의 일선관료와 공공관리자 그리고 장관급 이상 고위 간부들의 임명, 승진, 강등, 전임, 해임 등을 직접 통제하는데 공무원 채용에 있어서 정치적으로 임명되는 영도직은 당조직 및 당중앙조직부가 관리하며 일반직의 경우에 한해서만 정부의 인사 관련 부처가 관리하고 있는 실정이다. 당의 관료제 통제로 인해 인사부가 주관하는 시험도 한정된 비영도직만을 대상으로 한다. 교육훈련에 있어서도 대부분이 당의 정치이념 교육과 함께 이루어지므로 교육의 내용이 관리업무 지식보다 정치사상에 치중될 여지가 있다.

이러한 중국의 정치와 행정 간의 관계는 행정에 대한 정치적 통제를 용이하게 해 행정의 정치적 책임성을 확보할 수 있다. 하지만 정치적 통제가 공무원들의 재량이나 전문성 및 자율성을 침해하고 굿거버넌스의 원리들(민주화, 법의 지배, 관리주의 등)과 충돌하고 있다. 이는 중국이 직면한 거버넌스 문제의 복잡성을 시사한다.

참고문헌

김윤권 (2005). 중국 중앙행정부의 행정기능과 행정기구 및 그 변화. 한국행정학보, 39(1): 89-109.

김윤권 외 (2013). 중국정부의 공무원 인사제도와 정책에 관한 연구. 대외경제정책연구원

김한권 (2014). 시진핑 시대의 중국개혁 방향 분석. 이슈브리프. 아산정책연구원.

법제처 (2010). 중국 정보법제에 관한 연구.

외교부 (2016). 중국개황. 외교부 동북아시아국 동북아2과.

李秀峰 (2008). 중국의 정치체제 및 거버넌스. 김윤권 (편), 중국의 행정과 공공정책. 서울: 법문사.

정해용 (2009). 중국의 국가공무원제도 개혁: 노멘클라투라 체제로의 회귀와 신공공관리 개혁의 한계. 정부학연구. 15(3): 57-94.

정해용·이권호 (2011). 중국의 시장화 개혁과 성과주의의 제도화－당정 관료제에 대한 함의를 중심으로. CHINA 연구. 10: 335-386.

조영남 (2012). 중국의 법치와 정치개혁. 파주: 창비.

Aufrecht, S. E. & Bun, L. S. (1995). Reform with Chinese characteristics: The context of Chinese civil service reform. Public Administration Review, 55(2): 175-182.

Berman, E. M. (ed.). (2010). Public administration in East Asia: Mainland China, Japan, South Korea, Taiwan. CRC Press.

Burns, J. P. (1987a). Civil service reform in contemporary China. The Australian Journal of Chinese Affairs, 18: 47-83.

Burns, J. P. (1987b). China's nomenklatura system. Problems of Communism, 36: 36-51.

Burns, J. P. (1989). The Chinese Communist Party's nomenklatura system: A documentary study of party control of leadership selection, 1979~1984. ME Sharpe.

Burns, J. P. (2007). Civil service reform in China. OECD Journal on Budgeting, 7(1): 57-82.

Chan, H. S. (2004). Cadre personnel management in China: The nomenklatura system,

1990-1998. The China Quarterly, 179: 703-734.

Chan, H. S. (2016). The making of Chinese civil service law: Ideals, technicalities, and realities. The American Review of Public Administration, 46(4): 379-398.

Chan, H. S. & Suizhou, E. L. (2007). Civil service law in the People's Republic of China: A return to cadre personnel management. Public Administration Review, 67(3): 383-398.

Cheng, L. & White, L. (1990). Elite transformation and modern change in mainland China and Taiwan: Empirical data and the theory of technocracy. The China Quarterly, 121: 1-35.

Cheung, A. B. L. (2010). Checks and balance in China's administrative traditions: A preliminary assessment. In M. Painter & B. G. Peters (eds.), Tradition and public administration. New York: Palgrave Macmillian.

Chow, K. W. (1988). The management of Chinese cadre resources: The politics of performance appraisal (1949~84). International Review of Administrative Sciences, 54(3): 359-377.

Christensen, T. & Fan, Y. (2016). Post−New Public Management: A new administrative paradigm for China?. International Review of Administrative Sciences, doi: 10.1177/0020852316633513.

Christensen, T., Lisheng, D. & Painter, M. (2008). Administrative reform in China's central government—How much learning from the West? International Review of Administrative Sciences, 74(3): 351-371.

Frederickson, H. G. (2002). Confucius and the moral basis of bureaucracy. Administration & Society, 33(6): 610-628.

Hale, T. (2016). International sources of political order in the People's Republic of China: A lacuna in the Fukuyama framework. Journal of Chinese Governance, 1(3): 427-440.

Harding, H. (1981). Organizing China: The problem of bureaucracy, 1949~1976. Stanford University Press.

Heady, F. (1996). Configuration of civil service systems. In H. Bekke, J. Perry, & T. Toonen (eds.), Civil service system in comparative perspective. Bloomington: Indiana University Press.

Jing, Y. (2010). History and context of public administration in Mainland China. E. M.

Berman, M. Moon, & H. Choi (eds.), Public administration in East Asia. CRC Press.

Lam, T. C. & Chan, H. S. (1996). China's new civil service: What the Emperor is wearing and why. Public Administration Review, 56(5): 479-484.

Liou, K. T. (1997). Issues and lessons of Chinese civil service reform. Public Personnel Management, 26(4): 505-514.

Liu, X. & Dong, K. (2012). Development of the civil servants performance appraisal system in China: Challenge and improvement. Review of Public Personnel Administration, 32(2): 149-168.

Manion, M. (1985). The cadre management system, post—Mao: The appointment, promotion, transfer and removal of party and state leader. The China Quarterly, 102: 203-233.

Mériade, L. & Qiang, L. Y. (2015). Public values on the public/private boundary: The case of civil servant recruitment examinations in China. International Review of Administrative Sciences, 81(2): 282-302.

Mills W. (1983). Generational change in China. Problems of Communism, 32(6): 16-35.

Ngok, K. & Zhu, G. (2007). Marketization, globalization and administrative reform in China: A zigzag road to a promising future. International Review of Administrative Sciences, 73(2): 217-233.

Painter, M. & Peters, B. G. (2010). Administrative traditions in comparative perspective: Families, Groups and Hybrids. In M. Painter, & B. G. Peters (eds.), Tradition and Public Administration. New York: Palgrave Macmillian.

Schurmann, F. (1968). Ideology and organization in Communist China. Berkeley: University of California Press.

Tsao, K. K. & Worthley, J. A. (1995). Chinese public administration: Change with continuity during political and economic development. Public Administration Review, 55(2): 169-174.

Wang, Q. (2010). Administrative reform in China: Past, present, and future. Southeast Review of Asian Studies, 32(1): 100-119.

Wong, C. (2007). Budget reform in China. OECD Journal of Budgeting, 7(1): 33-56.

Xia, M. (2000). The dual developmental state: Development strategy and institutional arrangements for China's transition. Ashgate Press.

Xue, L., & Zhong, K. (2012). Domestic reform and global integration: Public administration reform in China over the last 30 years. International Review of Administrative Sciences, 78(2): 284-304.

Yang, D. L. (2004). Remaking the Chinese Leviathan: Market transition and the politics of governance in China. Stanford University Press.

Yang, K. & Schachter, L. H. (2003). Citizen participation in East Asia: An introduction. International Journal of Public Administration, 26(5): xi-xii.

Zhang, M., & Zhou, W. (2010). Civil service reforms in Mainland China. E. Berman, M. Moon, & H. Choi (eds.), Public administration in East Asia. CRC Press.

國務院(法制辦公祕書行政司) (編) (1999). 依法行政 從嚴治政 建設廉潔動政務實高效政府. 北京: 中國法治出版社.

宋德福 (2005). 八年人事制度改革行. 北京: 中國人事出版社.

제5장

베트남 관료제
: 이상주의의 전통과 변화

김두래

Ⅰ. 역사와 전통

  베트남 지역은 기원전 111년 한무제에게 복속된 이후 10세기까지 중국의
직접 지배를 받았다. 베트남 북부지역에서 939년 다이비엣(大越)이 최초의 독
립국으로 성립하였고 그 이후 수백 년의 남하정책을 펼쳐 15세기에 중부의 참
파지역으로 영토를 확장하고 18세기 말에 남부의 캄보디아 세력권까지 정복하
였다. 그러나 19세기 초반부터 프랑스가 인도차이나에 진출하였고 1859년에
다낭 공격을 기점으로 무력침공을 본격화하여 1884년에 프랑스령 인도차이나
연방의 일부로서 베트남 지역을 복속시켰다. 2차 세계대전의 종전을 앞둔
1945년에 일본군이 프랑스 식민정부를 전복시키고 친일과도정부를 수립하였
으나 종전 직후 연합국의 결정으로 분할된 남부지역에 다시 프랑스군이 진주
하였다. 북부지역에는 호치민의 사회주의 세력이 주도하여 베트남민주공화국
이 세워지고 이들은 1946년부터 1954년까지의 1차 인도차이나전쟁을 통해 프
랑스의 식민통치를 종식시키게 된다. 1954년 제네바 협정으로 북위 17도선을
기준으로 베트남의 북부에는 사회주의 국가가 건설되었고 남부에는 미국의 지
원으로 반공정권이 수립되었다. 북부지역에 대한 미국의 군사적 개입으로 촉
발된 국지적 갈등이 확대되어 1965년에 발발된 2차 인도차이나전쟁은 호치민

의 군대가 1975년 남베트남의 수도 사이공을 점령함으로써 종식된다. 1976년 6월에 베트남사회주의공화국이 수립되어 남북지역의 통합을 이루게 되었다.

  이러한 역사적 배경으로 말미암아 베트남에는 오랜 중국의 영향으로 유교주의의 전통이 남아 있으며, 프랑스 식민지배의 유산과 사회주의 체제의 영향이 혼합되어 근대관료제의 근간을 형성한 것으로 이해된다. 우선, 베트남에서 유교주의의 영향은 중국의 정치제도를 수용하는 과정에서 그 근원을 찾을 수 있다. 베트남은 15세기까지 불교왕국이었으나 최초의 과거시험을 이미 1075년에 도입하였고 곧이어 문인관료를 양성하기 위한 국가교육기관인 국자감을 세웠다(유인선, 2011). 유교가 본격적으로 베트남 왕조의 국가이념으로 확립된 것은 15세기 중엽이었다. 명나라의 신유학을 본격적으로 받아들여 관직은 유교적 윤리를 체화한 사람에게만 허용하였고, 유능한 관리를 선발하는 경로로 과거시험을 재확립하였으며, 관료제와 행정조직을 개혁하여 유림의 진출을 확대하였다. 이러한 과정을 통해 베트남의 지배세력은 유교를 근간으로 하는 중화세계의 일원으로서 북방의 중국에 대등한 남방의 중심으로 스스로를 인식하였다. 역설적으로 19세기에 이르러 베트남에서 근대적 가치의 수용을 선도한 집단도 유학자세력이었다(김종욱, 2004). 중국의 변법자강운동과 일본의 메이지유신 등 동아시아 국가의 근대화 경험이 유학자들의 '신서(新書)' 운동을 통해 베트남으로 유입되면서 근대시민의 의무와 권리에 대한 사상이 사회의 기층으로 확산되었다.

  다음으로 베트남은 프랑스의 인도차이나 식민지배에서 중심적 역할을 했다는 특성을 보인다. 프랑스는 베트남, 캄보디아, 라오스를 포함하는 식민지 인도차이나연방을 구축하였는데, 이 과정에서 베트남 중심주의를 견지하였다. 인도차이나 총독부는 프랑스인과 베트남인만을 채용하였고, 베트남을 인도차이나의 프랑스로 변모시키기 위한 문화 및 교육정책을 시행하였다. 역설적으로 이러한 프랑스 식민통치를 통해 베트남은 전통적인 중화세계에서 벗어나 동남아시아권으로 편입되는 변화를 경험하게 된다(장임숙, 2013). 초기 프랑스의 식민통치는 자원침탈을 위한 중앙집권적 행정체계를 확립하면서도 식민지 대의기구에 베트남인의 참여를 보장하는 이중성을 보였다. 이에 대한 베트남 엘리트 세력의 태도는 강경한 적대의식이라기 보다는 경제적 · 정치적 발전의 기회로 보는 '불월제휴론(佛越提携論)'으로 나타난다. 이러한 기조는 주로 프랑스 유학을 통해 서구의 정치제도를 경험한 개량주의자들이 프랑스의 식민체제를 경유하여 베트남에 서구식 민주주의를 이식하는 것을 실현가능한 목표로 세우면서 확산되었다(김종욱, 2004).

마지막으로 베트남에서 사회주의의 발흥은 불월제휴론의 구현이 현실적으로 어려워진 1920년대에 나타난다(김종욱, 2004). 1920년대 중반 이후 무력투쟁을 통해 프랑스 식민체제를 전복시키고 프롤레타리아트의 해방을 쟁취하려는 급진주의 세력이 정치적으로 조직화를 시작하였다. 이러한 급진주의의 확산에 기반을 두고 1930년에 호치민이 주도하여 인도차이나공산당을 창설하였다. 이 무렵 1935년에 프랑스 본국에서 집권한 인민전선 정부가 베트남에 대한 정치적 유화책을 시행하였으나 얼마 지나지 않아 인민전선 정부의 붕괴로 다시 그 이전의 상태로 회귀하게 되었다. 이를 기회로 인도차이나공산당 내부에서 소수의 전위조직을 중심으로 무산계급독재를 추구하는 스탈린주의 분파가 득세하게 되었고, 이들이 반제국주의 투쟁을 위한 인도차이나 연대 노선에서 탈피하여 베트남 내부의 민족해방을 최우선 과제로 내세우게 되었다. 결국 사회주의 세력은 1945년 2차 세계대전의 종전과 함께 하노이를 장악하게 된다. 이러한 사회주의 전통은 소비에트모형에 따라 당의 영도를 뒷받침하기 위한 중앙집권적 관료체제의 확립으로 이어지게 된다.

II. 계획경제 실패와 개혁개방

1954년 북베트남 체제의 확립 이후 사회주의 정부는 근대화를 위한 사회주의 개발 계획을 수립하여 추진하였다. 이 개발 계획의 중점은 경제의 국영화, 중공업 우선시, 농업 집단화였다. 사회주의 경제개발 전략은 국가-집단-개인의 3개 부문으로 사회경제적 구조를 개편하였다. 그 결과 국가부문이 차지하는 비중이 1960년 7퍼센트에서 1975년 20퍼센트로 증가하였고, 협동농장을 중심으로 하는 집단부문은 74퍼센트에서 66퍼센트로 다소 감소하였으며, 고산지대의 개인농장과 소규모 영세사업을 포함하는 개인부문은 15퍼센트에서 6퍼센트로 대폭 감소하였다(Bryant, 1998: 242, Table 4). 국가부문 노동자에 대해서는 고용보장, 유급병가, 육아휴직, 퇴직연금, 그리고 주택, 교육, 보건에 대한 보조 등의 혜택이 보장되었다. 1950년대와 60년대에 공업부문에 대한 투자는 농업부문의 2.5배에 이르렀고 1970년대에는 그 격차가 1.5배로 다소 완화되었다. 농업부문의 집단화도 매우 급격하게 진행되었다. 1958년에 협동농장 소속 농가는 5퍼센트에 불과하였으나 1960년에 86퍼센트에 이르렀고 1975년에는 96퍼센트에 도달하였다. 이러한 사회주의 경제개혁은 1959년에서 1964년의 기간에 연평균 15퍼센트의 공업부문 성장률을 보였으나 원료 및 부품 부족으로 인한 설비가동률 저하로 1965년에서 1975년의 기간에는 6퍼센트대로 저하하였다. 농업부문의 성장률은 집단화 이후 인구성장률에 비해 매우 낮은 수준으로 하락하게 된다. 따라서 1970년대 중반에 이르러 북베트남 경제는 이미 스태그플레이션을 넘어 위기 상황에 봉착하였던 것으로 평가된다(Bryant, 1998: 245).

1975년 사회주의 체제 통일 이후 베트남 정부는 2차 경제개발 5개년 계획(1976~1980)을 수립하여 추진하였다. 그러나 사회주의 공업화와 남부지역의 사회주의 개조를 목표로 하는 이 정책은 남부지역에서 경제 집단화에 대한 저항, 인도차이나지역 패권의 유지를 위한 군사비 급증, 사회주의 체제의 경제관리 한계로 인해 실패로 귀결되고 말았다(권숙도, 2009). 이를 만회하기 위하여 베트남 정부는 1980년 이후 3차 경제개발 계획의 일환으로 신경제정책을 채택하여 농업 집단화를 완화하고 국영기업의 자율권을 확대하며 노동의욕을 고취시키기 위한 실적임금제를 실시하였다. 그러나 이 역시 초인플레이션으로 인해 발생한 사회적 혼란과 공업화의 성과부진으로 이어져 통일 사회주의 체제의 정통성에 대한 도전이 축적되는 결과를 초래하였다.

이러한 일련의 경제계획 실패에 대하여 베트남 정부는 1986년 제6차 공산당 전당대회에서 채택된 도이모이 개혁개방 노선을 기점으로 시장경제로의 전환을 이루었다. 상품에 대한 가격통제를 철폐하여 시장가격을 공인하였고, 국영기업에 대한 국가보조를 폐지하여 독자회계로 운영하도록 하였으며, 소유제도의 다원화를 통해 다부문 경제로 이행하게 되었다(권숙도, 2009). 1991년에는 개혁개방의 성과를 심화하기 위해 적극적으로 정치부문의 개혁을 추진하고, 시장경제를 뒷받침하기 위한 정책 및 제도를 확립하려는 제2기 도이모이가 뒤따랐다. 이러한 개혁개방 노선의 일환으로 베트남 정부는 헌법 개정을 통해 사회주의 시장경제의 발전을 추진하되 인민소유(the entire people's ownership)와 공동소유(collective ownership)를 근간으로 하면서 개인소유(private ownership)도 인정한다는 것을 명문화하게 되었다(베트남 헌법 9조).

베트남 정부의 경제발전 정책은 2000년 UN정상회의 밀레니움 선언에서 채택된 사회경제개발목표를 2015년까지 달성하는 것을 국정과제로 정하면서 이를 추진하기 위해 수립한 10개년 개발전략과 계획으로 구체화되었다(UNDP, 2009). 2001년 '사회경제발전국가전략(Socio-Economic Development Strategy) 2001~2010'을 수립하였고 2006년 '사회경제발전계획(Socio-Economic Development Plan) 2006~2010'을 세워 추진하였다. 이러한 개발정책의 기조는 자국 경제 분야에서 시장제도를 확립하고 세계시장과의 통합을 가속화하는 데에 맞추어져 있었다.

10년 동안의 시장경제 발전계획은 성공적으로 추진되어 베트남 경제에서 민간부문이 차지하는 비중은 급속하게 증가하였다. OECD(2009)의 조사에 의하면 베트남 정부의 민영화 조치로 인하여 국영기업의 수가 1990년대 초반 12,000여개에서 2010년에는 2,000개로 감소하였다. 2010년에 민간경제 부문은 국내총생산의 60퍼센트 이상, 고용의 90퍼센트 이상, 수출의 70퍼센트 이상을 점유하게 되었다. 또한, 베트남 경제는 이 기간 동안 연평균 7.2퍼센트의 고도성장을 구가하여 2010년에 1인당 국내총생산(GDP)이 세 배 증가한 미화 1,200달러에 이르러 최빈국에서 중하위경제 국가군에 진입하게 되었다. 이러한 민간시장의 확대와 고도성장에 따라 베트남 경제구조도 2차 산업과 3차 산업을 중심으로 재편되었다. 농림수산업의 비중이 2000년의 23.2퍼센트에서 2010년에는 17퍼센트로 감소한 반면에 제조업과 건설부문의 비중은 35.4퍼센트에서 41.6퍼센트로 증가하였고 서비스 산업의 비중은 41.3퍼센트로 증가하였다.

현재 베트남 정부는 이와 같은 경제개방의 성과를 발판으로 다음 단계의 개방 및 국제통합 정책을 추진하고 있다. 2011년 제11차 공산당 전당대회에서는 그동안 경제 분야로 국한되었던 개방정책을 사회, 문화, 과학기술 등의 전

분야로 확대하고 심화시키는 과업을 최우선 과제로 채택하였다. 이에 따라 베트남 정부는 2020년까지 '현대화된 산업국가'로 이행하는 것을 목표로 하는 '사회경제발전국가전략 2011~2020'과 '사회경제발전계획 2011~2015'를 수립하여 추진하고 있다.

Ⅲ. 관료제 내부 개혁

베트남 정부의 발전전략에서 발견할 수 있는 가장 주목할 만한 특징은 정부역량의 증진에 대한 강조라고 할 수 있다. 베트남 정부는 도이모이 개혁 이후 추진된 정부정책에 대한 평가를 1999년에 실시하였고 이를 바탕으로 새로운 행정개혁 전략을 수립하게 된다(UNDP, 2009; ADB, 2011). 2001년에 수립된 '2001~2010 행정개혁기본계획(Master Program on Public Administration Reform)'은 ① 정치발전 ② 제도개혁 ③ 조직재편 ④ 인적자원관리 ⑤ 재정관리 등 5개 중점 과제와 이를 실행하기 위한 다음의 7개의 프로그램을 포함하고 있다.

- 법령의 정비와 관련 문서의 질 제고
- 행정부처의 임무, 기능, 조직 개선
- 일반사무원 감축
- 공무원의 질 제고
- 공공부문 보수체계 개혁
- 재정관리체계 개선
- 행정관리체계 현대화

이와 같은 베트남 행정개혁은 아시아 재정위기 이후 국제통화기금(IMF)과 세계은행 등이 개혁 프로그램의 이행 정도를 재정지원의 조건으로 제시하면서 외부적 압력에 의해 촉발된 측면이 있다. 그러나 더욱 근본적으로는 시장경제로의 전환에 따라 정부 및 행정기구를 현대화하여 새로운 방식의 사회통제 및 시장규제 체계를 갖추어야 할 내부적 필요성에도 기인한다고 볼 수 있다. 즉, 시장경제 체제에서도 베트남 공산당의 정치적 지배를 유지하고 정당성을 확보하기 위해 행정기능 및 운영에 있어서 효율성, 공정성, 책임성을 강화하는 개혁 프로그램을 전략적으로 선택했다고 볼 수 있다.

1. 공무원 인사관리 체계의 이원화

베트남의 공무원 인사체계의 뿌리는 공산당의 이념을 구현하기 위한 직업적 혁명가 집단을 의미하는 간부(cadre)체제에 있다. 이 체제에서는 공산당의 이념과 지침을 지도하는 정치관료와 행정관료 간의 구분이 없었고 이는 후자가 전자의 휘하에 있으면서 통제되는 데 기인한다고 볼 수 있다. 이러한 전통적 베트남 공무원 체계는 1998년 국회 상임위원회가 제정한 공무원령(Ordinance on Cadres and Civil Servants)에 의해 당, 정, 사회정치조직에 속해 있는 공무원과 국영기업 등에 속해 있는 종사자들을 분리하면서 변화되기 시작하였다. 2008년에는 1998년 공무원령의 골격을 공식적으로 법제화한 공무원법(Law on Cadres and Civil Servants)이 제정되면서 지방정부의 공무원에 대한 규정도 포함되어 각급 인민위원회의 행정기구에도 적용되기 시작했다. 또한, 이 법에서는 행정공무원(civil servant: cong chuc)을 정치관료(cadre: can bo)로부터 분리하고 행정공무원에 대해 실적주의 인사관리를 강화하도록 규정하고 있다.

이러한 일련의 변화를 통해 베트남의 현행 공무원 체계는 크게 다음의 세 그룹으로 구분된다(공무원법 4조 1항, 2항, 3항).

○ 정치관료(cadre: can bo)
○ 행정공무원(civil servant: cong chuc)
○ 지방공무원(commune-level cadre & civil servant)

칸보는 공산당, 행정부, 조국전선과 같은 사회정치조직에 임기제로 선출되거나 임명되는 정치관료이다. 이 그룹의 임용, 배치, 승진, 보수 등 인사관리에 대해서는 공산당 중앙조직위원회(Party Central Committee for Organization)가 관장하고 있다. 행정공무원은 자격, 시험, 심사를 통해 임용, 배치, 승진이 이루어지는 경력직 행정관료(civil servant)이다. 이들의 임용, 배치 등 인사계획은 전반적인 행정개혁 프로그램의 실무책임을 지고 있는 인사위원회(Government Committee on Organization and Personnel)로부터 격상된 내무부(Ministry of Home Affairs)에서 관장하고, 실제 임용의 과정은 각 직위의 기준에 따라 행정 각부로 권한이 위임되어 있다. 마지막으로 지방공무원은 코뮌(commune: xa)급의 지방정부에 정치적으로 선출되거나 임명되는 정치관료와 시험으로 선발되는 행정관료를 모두 포함한다. 특히, 중앙정부의 정치관료들은 지방정부의 정무책임자로 이동하여 경력을 쌓은 경우가 많으므로 중앙정부와 지방정부의 정무직의 경우에는 인사교류가 이루어진다고 볼 수 있다.

　　베트남 정부가 추진 중인 행정개혁의 일환으로 이루어지고 있는 공무원 인사제도의 개혁은 실질적으로 정치관료를 제외한 행정관료에 국한된다고 볼 수 있다. 특히, 실적주의, 공개경쟁시험, 직위기준 등에 근거하여 공무원을 임용, 배치, 승진시키도록 한 주요 인사개혁 조치들은 내무부와 행정조직에서 관장하고 있는 행정관료 집단을 대상으로 한다. 반면 공산당 중앙조직위원회에서 통제하고 있는 정치관료의 경우에는 오히려 행정관료 집단과의 구분을 더욱 명확하게 법제화함에 따라 이러한 인사개혁 조치로부터 자유롭게 되었다고 할 수 있다.

　　이렇게 당과 정부로 이원화된 베트남 공무원 인사관리 체계로 인해 인사제도 개혁의 효과성에 대해서는 회의적인 평가가 내려질 수 있다. 이러한 한계는 간부체제에 기반을 둔 베트남 관료제에 뿌리 깊게 자리 잡고 있는 이념가 집단과 전문가 집단(reds-experts) 사이의 긴장관계가 아직도 극복되지 못한 데에 기인하는 것으로 보인다. 베트남의 한 고위공무원과의 인터뷰에서도 이를 확인할 수 있다.

"호치민 정치대학에서 배출된 칸보(can bo)는 각급 행정조직의 리더이다. 이 그룹의 배치와 승진은 당 중앙이 결정하므로 행정전문관(expert)

으로서는 그 '미스테리한' 인사과정에 대해 알 수 없다. 행정전문관의 임용과 승진은 자격, 시험, 성과 등을 반영하여 이루어지지만 칸보의 인사는 정치적 배경과 영향력 등의 요소에 의해 좌우되리라 추측할 수 있다. 나와 같은 행정공무원은 칸보 인사의 결과만을 사후적으로 알 수 있을 뿐이다."(2014년 2월 20일 하노이)

2. 행정공무원 인사 및 성과관리

베트남 공무원 인사체계는 계급제를 기반으로 하고 여기에 최근 행정개혁의 일환으로 직위분류제의 요소가 부가된 혼합형으로 볼 수 있다. 그러나 아직 직급의 일반적 기준만이 법령으로 제도화되었고 직위분류제의 근간이라 할 수 있는 각 직위에 대한 직무분석이 완수되어 있지 않고 자격과 역량의 기준도 구체적으로 확립되어 있지는 않다.

베트남 행정공무원은 직위에 따라 선임전문관(Senior Expert), 주임전문관(Principal Expert), 전문관(Expert), 기술관(Technician), 일반사무원(General Employee)으로 분류된다(〈표 5-1〉 참조). 이를 자격요건에 따라 4개의 유형으로 구분한다. A급은 선임전문관 상당, B급과 C급은 각각 주임전문관과 전문관 상당으로 대학 학위 혹은 이에 상응하는 교육을 요구하고, D급은 기술관과 일반사무원을 포함하며 직업훈련 혹은 초급학교의 학력을 필요로 한다.

표 5-1 베트남 행정공무원 분류체계

자격요건	직위
A급: 선임전임관급	선임전문관(Senior expert): 10등급
B급: 대학(주임전문관)	주임전문관(Principal expert): 12등급
C급: 대학(전문관)	전문관(Expert): 14등급
D급: 직업훈련(기술관), 초급학교(일반사무원)	기술관(Technician): 10등급
	일반사무원(General employee): 17등급

출처: Law on Cadres and Civil Servants, Article 34; Acuna-Alfaro & Huyen (2010); 저자 작성

1) 채용

　　베트남 행정공무원의 채용에 관한 기본 계획의 수립은 내무부의 소관이다. 내무부는 신규임용의 규모를 정하고 행정단위별로 인원을 배정하며 채용을 위한 기준과 지침을 제공한다. 이 과정에서 국립행정원(National Academy of Public Administration)은 채용시험과 교육훈련 프로그램을 관리하는 보조적 역할을 한다.

　　내무부와 국립행정원이 채용의 기본 계획과 표준화된 기준을 정하기는 하나 실제 임용은 행정 각부 등 행정부처의 인사부서에서 관장하게 된다. 행정부처는 공고, 시험, 채점, 선발, 실무수습, 배치의 과정을 관리하도록 분권화되어 있다. 시험은 논술, 구술, 면접 등을 포함하고 직무의 특성에 따라 요구되는 자격을 심사하게 된다. 대부분의 신규임용은 일반사무원 혹은 전문관급에서 경쟁시험을 통해 이루어진다.

　　이러한 채용과정에서 내무부의 표준화된 기준이 적용되기 어려운 경우가 많아 채용부처의 재량적 판단이 개입할 여지는 크다고 볼 수 있다. 이러한 문제에 대해 내무부는 임용관리의 표준모듈을 개발하여 대응할 계획임을 정부조직 담당 전문관의 인터뷰에서 확인할 수 있다.

> "행정부처의 인사부서에서 임용과정을 관리하기에는 고충이 크다. 이를 해결하기 위한 방안으로 내무부에서 시험문제 데이터베이스를 구축하고 표준화된 임용관리 절차를 모듈화하여 이를 각 임용단위에 전자정부시스템으로 제공할 계획이다. 특히, 하급부서와 지방정부의 채용관리가 체계화될 것으로 기대한다." (2014년 2월 21일 하노이)

　　이와 같은 인사관리의 집중화와 표준화 방침은 전반적인 베트남 행정개혁의 원칙에 따른 것이라고 볼 수 있다. 그러나 이러한 인사관리 개혁의 성과에 대해서는 비판적인 평가가 있다(Painter, 2003). 특히, 칸보 그룹이 장악하고 있는 임용단위의 최고책임자들이 분권적 임용관리의 취약성인 조정부재, 절차와 기준의 모호성, 내무부의 미약한 감독 등을 이용하여 후견인으로서 권한을 행사하고 사익을 추구할 여지가 크다는 것이다.

2) 승진

베트남 행정공무원의 승진은 경쟁, 공개, 투명, 객관, 적법의 원칙에 의해 이루어지도록 규정되어 있다. 모든 직위승진은 시험을 통해 이루어지는데, 이때 시험에 응시하기 위해 필요한 근속연수에 대한 규정은 없다. 따라서 근속기간과 연령에 기초하는 행정조직 내부의 위계가 약화되고 그 대신 개인역량의 중요성이 증대되는 과정이라고 볼 수 있다. 이에 대해 내무부의 한 부서장은 다음과 같이 설명하고 있다.

"누구든 성과가 좋고 자격만 갖춘다면 시험에 응시해서 승진하는데 제약이 없다. 과거 연공서열에 따라 오르는데 십 수 년이 걸리는 직위에도 이제는 젊고 유능한 인재들이 시험만 통과하면 매우 짧은 기간에 도달할 수 있도록 제도가 획기적으로 바뀌었다." (2014년 2월 21일 하노이)

그러나 공개경쟁시험을 통한 승진제도는 경력직인 행정공무원에만 적용되고 공산당 중앙조직위원회에서 관장하고 있는 정치관료인 칸보에게는 적용되지 않는다는 점에서 크게 제한적이다. 칸보는 정해진 임기 동안 배정된 직위의 업무를 수행하고 당 혹은 지방정부로의 인사이동을 통해 승진하는 경로를 따른다. 칸보에게는 해당 직무에 대한 적합성보다는 지도이념에 대한 충실성과 지도력이 더욱 필수적인 자질로 요구된다.

3) 보수

베트남 행정개혁의 일환으로 개편된 공무원 보수체계의 변화는 두 가지로 요약된다(Poon et al., 2009). 먼저, 시장경제로 전환됨에 따라 발생하는 공공부문과 민간부문 간의 보수 격차를 줄이기 위해 공무원의 최소임금을 올리는 조치를 취했다. 1999년 최저 직급 공무원의 임금이 18만동이었던 것이 2009년에는

65만동으로 260퍼센트 증가하였다. 둘째, 개인역량과 성과의 차이를 보수에 반영하기 위해 직급 간 임금차별을 강화하였다. 최소임금, 평균, 최대임금의 비율은 1 : 1.78 : 8.5에서 1 : 2.34 : 10으로 개편되어 최소임금과 최대임금의 격차가 10배 이상으로 증가하였다.

이러한 임금체계 개편 조치들은 베트남 정부의 빈약한 재정상태를 감안할 때 매우 파격적이지만 아직도 공무원 임금으로는 생계비용을 충당하기에는 부족한 것으로 평가된다. 이는 현지조사 인터뷰에서도 확인할 수 있다.

"여기 여직원은 베트남에서 대학을 졸업하고 태국에 유학까지 해서 석사학위를 취득한 후 공직에 들어왔지만 월급은 150만동에 불과하다. 이 월급으로는 하노이와 같은 대도시에서 혼자서 생활하기도 힘들다. 결국 베트남에서 공무원이 되려는 사람은 어느 정도 직급에 오를 때까지는 부모로부터 지원을 받거나 다른 방도를 찾아야 한다. 나는 현재 큰 어려움 없이 살고 있지만 정부에 들어온 지 30년이 넘었다." (2014년 2월 20일 하노이)

공무원에 대한 불충분한 처우로 인하여 베트남의 우수한 인력이 공직에 진입하는 것을 꺼려 민간부문으로 유출되는 상황에 처해 있다. 한 조사에 의하면(Poon et al., 2009), 2003~2007년의 기간에만 16,000여명의 공무원이 본인의 의사에 의해 퇴직하였고 호치민시에서만 6,400여명이 공직을 떠난 것으로 추산되고 있다. 따라서 전반적으로 생활수준에 비교해 지나치게 낮은 공무원 보수에 대한 좀 더 획기적인 조치가 취해지지 않는다면 개인역량 및 성과와 연동한 차별적 보수체계의 효과성은 기대하기 어려운 것으로 보인다.

4) 성과관리

베트남 공무원법의 규정에 의하면 정치관료와 행정공무원을 모두 포함한 공무원에 대한 성과평가는 다음의 공통기준에 근거하고 있다(공무원법 28조 및 56조).

○ 당 지침과 국가 법규의 이행
○ 정치적 품성, 윤리성, 생활태도, 업무수행 방식

그리고 행정공무원에 대해서는 이러한 공통기준에 더하여 다음의 사항을 평가한다(56조).

○ 전문적 · 기술적 역량
○ 업무 진척도와 성과
○ 업무수행 책임감과 협업
○ 인민에 대한 봉사 태도
○ 조직운영 결과(관리직책)
○ 지도 및 관리능력(관리직책)
○ 행정공무원 동원 및 통합능력(관리직책)

반면 정치관료에 대해서는 다음의 사항을 추가로 평가한다(28조).

○ 과업수행의 지도, 관리 및 조직화 능력
○ 과업수행 책임감
○ 과업성과의 결과

각 항목에 대한 평가는 탁월, 우수, 보통, 미흡의 4단계로 평정하도록 되어 있다. 공무원은 본인의 성과평가서를 제출하고 이렇게 제출된 자기평가서에 대하여 평정하는 방식으로 진행하게 된다. 성과평가의 주기와 관련해서 대부분의 공무원에 대해서는 매년 정기적으로 평가가 실시된다. 그러나 기관의 책임자에 대해서는 대부분 임기 종료 혹은 선출직으로 지명될 때 평가가 실시된다.

행정공무원에 대한 성과평가의 결과는 인사에도 반영된다. 성과평가에 근거한 승진제도는 운영되지 않는다. 그 대신 근무평정에서 2년 연속으로 직무역량의 부족 혹은 과업의 미이행으로 경고 혹은 견책을 받은 공무원에 대해서는 직위해제 혹은 해임의 처분이 내려질 수 있도록 규정되어 있다.

　이러한 개혁조치에도 불구하고 베트남의 성과평가제도는 취약하다고 볼 수 있다(Painter, 2003; Poon et al., 2009). 우선, 인사관리의 권한이 공산당 중앙조직위원회와 행정부의 내무부로 이원화되어 있어 정치관료와 행정공무원에 대해 일관되고 통합적인 성과평가 기준이 확립되어 있지 않다. 또한, 이들 중앙 부서들은 성과평가의 기본 원칙과 일반적이고 추상적인 기준만을 제시하는데 그치고 상세한 원칙, 절차, 기준은 각 행정단위에서 재량적으로 정하도록 되어 있다. 마지막으로 직무분석의 미비로 인하여 과업에 필요한 역량과 성과기준이 확립되어 있지 않다.

　결국 베트남 공무원에 대한 성과평가 제도는 개인의 자기평가서와 행정단위의 재량적 판단에 의해 운영된다고 볼 수 있다. 이러한 조건에서는 기관책임자가 정실주의와 사익추구의 강한 유인을 갖게 될 수밖에 없다(Acuna-Alfaro & Huyen, 2010). 이러한 근본적인 한계는 다른 연구의 인터뷰에서도 확인할 수 있다(Poon et al., 2009: 9).

　　"현재 공무원 성과평가는 형식적인데 지나지 않다. 평가의 방법과 기준
　　이 실제 업무성과와 효율성을 측정하는 데 전혀 적합하지 않다. 따라서
　　현재 공무원 평가체계는 정부가 인재를 적재적소에 배치하기 위해 필요
　　한 개인의 업무수행 역량을 파악하는데 도움이 되지 않는다."

3. 재정관리

　베트남은 1990년대 말에 발생한 아시아 금융위기의 여파로 조세수입이 국내총생산(GDP) 대비 4퍼센트까지 줄어드는 심각한 재정위기를 경험하였다. 2001년의 추계에 따르면 경찰, 군대, 기초지자체 공무원, 국영기업, 조국전선 등을 제외한 중앙정부 및 광역정부의 인원이 130만 명에 이르고 연금을 제외한 순수 임금지출이 GDP의 3.8퍼센트에 달했다(Westcott et al., 2009). 베트남 정

부는 이러한 행정부문의 비용이 그 당시 GDP의 5퍼센트에 육박하는 재정적자의 주요 원인으로 진단하였다. 2000년대에 들어서 베트남 정부는 이러한 문제를 극복하기 위한 방안으로 공공부문의 행정비용을 감축하기 위한 방안을 모색하기 시작하였다.

　'2001~2010 행정개혁기본계획'은 재정관리 체계를 개선하기 위해 다음의 방안을 제시하고 있다. ① 행정부처의 산출, 업무의 질, 성과를 반영한 예산의 편성을 위한 새로운 기준의 확립 ② 행정부처 운영비용에 관한 총액배분 ③ 공공서비스전달 기관의 자율적 운영을 제고하고 국가재정에 대한 의존도를 낮추기 위한 재정관리 확립. 이러한 재정관리 개혁의 책임은 재정부(Ministry of Finance)에 부여되었고, 이와 관련한 공무원 인력 및 보수에 관한 사항들은 내무부의 소관으로 하였다.

1) 재정균형

　베트남의 재정관리 개선 노력은 2001~2008년의 기간 동안에 안정적인 재정균형에 도달하는 성과를 달성하였다. 국제통화기금(IMF, 2010)의 추계에 따르면, 2001~2005년의 기간에 GDP 대비 평균 3.5퍼센트에 이르던 재정적자 규모는 2006년에 0.4퍼센트, 2007년에 1.9퍼센트, 2008년에 0.9퍼센트로 하향 안정화 되었다. 그러나 2009년에 세계 금융위기의 여파로 재정적자 규모가 GDP 대비 9퍼센트 수준으로 급격히 확대되었다. 여기에는 원유가격 하락으로 인한 재정수입 감소와 경기 방어를 위한 재정투여 조치가 일조한 것으로 분석되고 있다. 이러한 경제 변동성으로 인하여 2009년 공공부채 규모는 GDP의 49퍼센트 수준으로 증가하였다.

2) 정부인력 감축

　2001년에 베트남 정부는 재정관리 합리화의 일환으로 공무원 인력 감축 목표를 15퍼센트 수준으로 정했다. 그러나 2001~2006년의 기간에 정부 인력의 규모는 오히려 증가하여 당초의 감축 목표는 달성되지 않았다(〈표 5-2〉 참조). 코뮌을 제외한 정부 인력의 규모는 2001년 130만 명에서 2006년 177만 명으로 약 37퍼센트 증가하였다. 이 중에서 가장 크게 증가한 분야는 공공서비스 종사자로 2001년 99만 명에서 2006년 143만 명으로 약 45퍼센트 증가하였다. 다음으로는 행정부처 인력으로 24만 명에서 34만 명으로 약 43퍼센트 증가하였다. 반면, 공산당 중앙조직위원회에서 관할하고 있는 당 및 사회정치조직 인원은 7만 명에서 8만 명으로 17퍼센트 증가하였다.

표 5-2 정부인력 규모 변화

분류	2001	2006	증가율
총인원(명)	1,300,000	1,778,734	37%
공공서비스	990,000	1,434,660	45%
행정부처	240,000	344,074	43%
당 및 사회정치조직	70,000	82,003	17%

출처: Westcott et al.(2009: 149)

3) 행정비용 감축

베트남 정부는 재정건전성을 유지하기 위한 방편으로 행정비용의 감축을 추진하였으나 목표를 달성하는 데에는 실패한 것으로 보인다. 〈표 5-3〉에 제시된 것처럼 2001~2006년의 기간 동안 총 세입의 규모는 GDP 대비 21.6퍼센트에서 27.1퍼센트로 증가하는 추세를 보였다. 그러나 같은 기간에 원유 세입의 규모도 GDP 대비 7.4퍼센트에서 9.7퍼센트로 증가하여 여전히 의존도가 높았다. 여기에서 주목할 부분은 경상지출의 변화이다. 2001~2006년의 기간 동안 정부 경상지출은 GDP 대비 16퍼센트에서 18.6퍼센트로 증가하였는데, 이 중 임금지불로 인한 지출의 증가율이 가장 높았다. 임금지출 비용은 2001년 GDP 대비 3.6퍼센트였으나 2006년에는 7.8퍼센트로 두 배 이상 증가하였다.

표 5-3 세입 세출 구조			(GDP 대비 %)
세입 및 세출	2001	2003	2006
총 세입	21.6	24.9	27.1
원유 세입	7.4	7.0	9.7
기타 세입	13.8	17.4	17.1
총 세출	24.4	26.1	27.4
경상지출	16.0	16.7	18.6
임금	3.6	3.7	7.8
기타	11.5	11.9	10.8
자본지출	8.4	9.4	8.8

출처: Westcott et al.(2009: 151)

이러한 지표들은 베트남 정부의 재정정책 목표 중에서 공공부문의 합리화를 통해 재정건전성을 증진시킨다는 목표는 달성되지 않았음을 보여준다. 이는 공공부문의 인력 감축(특히 일반사무직)과 공무원 보수의 합리화라는 두 가지 방안이 통합적으로 추진되지 않았기에 나타난 결과로 볼 수 있다. 즉, 공무원 보수에 관한 합리화 조치로 임금지출이 단기간에 급격하게 증가한 반면에 공공부문의 인력은 감축되기 보다는 오히려 증가하여 정부 경상지출을 확대시키는 결과를 초래한 것으로 보인다.

Ⅳ. 투명성

베트남 정부는 개방정책의 성과로 경제성장을 이루면서 국제 기준에 부합하는 반부패 개혁의 필요성을 절감하였다. 베트남은 2016년 부패인식지수에서 176개국 중에서 113위에 머무를 만큼 심각한 부패 문제에 당면해 있다. 베트남의 부패 문제는 1950년대 북부의 공산당 지배에서 확립된 관료적 중앙집중제와 국가보조제가 통일 이후 남부지역의 영향으로 점차 당과 관료의 사익추구 수단으로 변질되기 시작하였고 1980년대 중반 도이모이 이후 본격적으로 급증하기 시작하였다. 1990년대에 이르러 베트남 정부는 부패 문제의 심각성을 인식하고 공식적으로 '반부패 투쟁'을 선언하면서 당원과 관료의 도덕적 타락과 혁명 의식 쇠퇴에 대응하기 시작했다. 그러나 이러한 노력도 부패 발생의 원인을 구조적 측면보다는 개인적 차원의 일탈로 보거나, 구체성이 없는 구호성 처방에 머물러 실질적인 효과를 보지 못하였다고 평가되었다(김호섭, 1996).

　　이러한 한계에도 불구하고 부패 척결을 위한 베트남 정부의 노력은 지속되고 있다. 최근에는 반부패 체계의 제도화와 함께 당 중앙의 적극적 개입이 두드러지게 나타나고 있다. 베트남 정부는 2005년에 '부패방지퇴치법(Law on Preventing and Combating Corruption)'을 제정하여 반부패 추진체계를 일신하면서 법제화하였다. 이 법은 뇌물 공여자를 최고 종신형에 처하고 뇌물 수수자를 최고 사형에 처할 수 있도록 하여 공무원 부패에 대한 처벌을 대폭 강화하였다. 또한 공무원 윤리규범, 자산등록, 조직수장의 책임, 조사 및 사찰, 징계, 형사, 재산 처리에 이르는 사항을 매우 포괄적으로 규정하고 있다.

　　2005년 이전 베트남의 부패통제 기능은 정부감찰원, 국가감사원, 최고인민검찰, 공안부 등 여러 기관에 산재해 있었다. 그러나 2005년에 제정된 부패방지 및 퇴치법의 규정과 베트남 공산당 중앙위원회의 반부패 문제에 관한 결정으로 행정부의 총리 산하에 반부패집행위원회(Steering Committee on Anti-Corruption)와 반부패집행위원회사무국을 설치하여 각 부처에 대한 부패통제 업무를 총괄하도록 하였다(Tuan, 2012). 이 위원회의 권한은 감찰, 감사, 조사, 사법 기소, 판결 등 반부패와 관련된 모든 정부기구의 활동에 대한 지도, 조정, 감독을 포괄적으로 망라할 만큼 강력하다. 이 위원회는 중앙정부 뿐만 아니라 각 시도 인민위원회 의장의 직할로 설치되어 지방정부의 반부패 조치 이행을 통제하도록 하였다.

　　이 기구는 베트남 행정부의 수장인 총리가 직접 의장을 맡게 되어 그 정치적 위상은 높은 편이므로 최고위급의 반부패 의지가 반영되었다고 볼 수 있다(〈표 5-4〉 참조). 그러나 반부패 기구가 행정부 내부에 설치되어 독립성이 확보되지 않고 관련 권한이 여전히 여러 부처에 산재해 있다는 점에서는 취약한 구조라고 볼 수 있다. 특히, 반부패집행위원회 사무국과 기존의 감찰원 및 감사원의 업무가 상당 부분 중첩되는 구조적 한계를 보였다.

표 5-4 베트남 반부패집행위원회의 구성(2005년)	
의장	총리
부의장	부총리
위원	상임위원(장관급)
	공안부 장관
	정부감찰원장
	최고인민검찰총장
	최고인민재판부장
	정보통신부 장관
	중앙당 감독위 부의장
	국방부 차관

출처: Tuan(2012: 137); 저자 작성

    베트남 정부의 부패 척결 성과에 대한 평가도 행정부 수장인 총리가 직접 간여하는 일련의 노력에도 불구하고 부정적이었다. 해외투자기관들은 베트남의 반부패 법령은 매우 강하고 포괄적이지만 감시와 집행이 취약한 것으로 평가하였다(Davidsen et al., 2009). 구체적으로 반부패 조치에 대한 추적시스템 부재, 공직자의 자산공개 이행 저조, 조달사업 입찰에 있어서 투명성 증진 계획의 미이행 그리고 내부자, 시민사회 및 미디어의 고발에 대한 보호법령의 미비 등이 지적되었다.

    2011년 말에 베트남 공산당이 실시한 반부패 프로그램에 대한 평가도 내부 고발 보호조치, 부정축재, 민간부문 부패 등에 관한 법령의 정비가 시급하다고 지적하면서 반부패집행위원회를 중심으로 하는 부패통제 추진체계의 효과성에 대해 의문을 제기하였다. 특히 행정부문의 혁신에 맞추어져 있는 반부패 기구와 정책집행으로는 베트남의 만연된 부패 문제를 해결하는 데 역부족이라는 진단이 있었다. 결국, 베트남 공산당 중앙위원회는 총리 주도의 반부패 프로그램의 성과가 미흡하다는 결론에 도달하게 되었고 2013년에 반부패 추진체계를 당 중앙 중심으로 개편하기로 결정하게 된다(Vietnam News Agency, 2013. 5. 2).

    2013년 반부패 추진체계의 개편은 베트남을 실질적으로 통치하고 있는 베트남 공산당 중앙위원회와 정치국이 부패 문제 해결을 위해 전면에 나섰다는 것을 보여주고 있다(〈표 5-5〉 참조). 행정부 총리가 맡았던 위원장이 공산당 서기장으로 격상되었고 부총리가 맡았던 부위원장직은 당, 정, 국회의 요직에 있는 정치국 및 당 중앙위 위원 5명으로 강화되었으며 위원으로는 공산당의 핵심인 조직 및 선전교육, 인민군 정치위원회, 조국전선의 책임자들이 대거 임명되었다.

표 5-5   베트남 반부패집행위원회의 구성(2013년)

의장	공산당 서기장
부의장	중앙당서기국 집행서기(정치국원)
	중앙당감찰위원회 의장(정치국원)
	부총리(정치국원)
	국회부의장(당중앙위원)
	당중앙내무위 위원장(당중앙위원)
위원	당중앙조직위 위원장(정치국원)
	당중앙선전교육위 위원장(정치국원)
	인민군총정치위원장(서기국원)
	인민최고법원장(서기국원)
	인민최고검찰원장(당중앙위원)
	정부감찰원장(당중앙위원)
	국가감사원장(당중앙위원)
	베트남 조국전선 서기장(당중앙위원)
	국회 사법위 위원장(국회 상무위원)

출처: 베트남관영통신(2013. 5. 2.); 저자 작성.

베트남 부패통제 추진 주체가 행정부에서 공산당 정치국으로 전환되면서 과연 제도적 취약성이 극복될 수 있는지에 대해서는 평가하기에 이르다. 그럼에도 불구하고 공산당 정치국이 전면에 나서게 되면서 완화될 수 있는 문제는 행정권한에 대한 통제와 부처 조정에 국한될 가능성이 높다. 반면 공산당 정치국의 역할이 대폭 강화됨에 따라서 오히려 시민사회와 권력 엘리트의 문제들은 악화될 가능성이 높아진 것으로 판단된다.

따라서 이미 전문가들이 지적한 바와 같이(Gainsborough et al., 2009) 베트남의 부패 문제를 해소하기 위해서는 ① 경제정책의 전반적인 개혁 ② 법의 지배 강화 ③ 공공부문 축소 ④ 언론 및 사법 독립성 강화 ⑤ 시민참여 강화 ⑥ 공공부문의 대민 서비스문화 확립 등 보다 근본적인 개혁이 필요하다는 처방이 향후에도 상당 기간 동안 유효할 것으로 보인다.

V. 책임성

베트남 관료제의 책임성을 확보하기 위한 주요 기제는 당, 국회, 행정부에 있는 감사 및 감찰기구들이다. 공산당의 통제기구로는 중앙당집행위원회에서 선출하여 구성된 중앙감찰위원회가 있다. 각급 공산당 조직인 성, 시, 현, 구 당위원회도 감찰위원회를 선출로 구성하고 있다. 다음으로, 베트남 국가감사원(State Audit Office)은 1994년에 총리의 결정으로 행정부 내에 설립되었다가 2005년에 국회가 행정부로부터 분리시키는 것을 골자로 하는 국가감사법(Law on State Audit)을 제정하면서 독립기관의 지위를 확보하였다. 이때 감사원의 업무영역도 회계검사, 준법감사, 국가재정으로 운영되는 모든 부처와 기관에 대한 성과감사로 대폭 확대되었다. 마지막으로 행정부에 소속된 통제기구로는 장관급인 정부감찰원(Government Inspectorate)이 있다. 감찰원장은 모든 행정기관의 업무수행에 대해 조사하고 행정 각부에 설치되어 있는 감찰부서를 총괄하는 권한을 지니고 있다.

이와 같이 베트남에서는 관료제에 대한 하향적 통제 기능이 당, 국회, 행정부, 독립감사원 등으로 분산되어 이들 기관의 관할권 중첩과 업무의 분절성이 내재되어 있는 체계를 형성하고 있다. 이러한 감찰 및 감사체계는 공무원이 당과 정부의 방침과 지침에 이중적으로 복무해야 하는 베트남의 권력구조에서 파생된 결과로 보인다. 더구나 행정조직 내부에서도 정치관료의 영향으로 인하여 직급에 기반을 둔 계서관계가 모호한 상황에서 분산된 하향통제의 기제들이 공무원의 책임성을 제고하기 어려울 것으로 보인다.

2005년 국가감사법은 일선 행정기관과 정부예산이 투입된 모든 단위조직에도 자체감사부서를 설치하도록 규정하고 있다. 그러나 이러한 규정에도 불구하고 아직 베트남의 자체감사체계는 확립되어 있지 않다. 〈표 5-6〉에 제시된 것처럼 2012년 아시아최고감사기구협회(ASOSAI)의 조사에 따르면 자체감사부서 설치 의무를 지닌 행정부처 31개와 다른 재정투입 조직 29개 중에서 실제로 자체감사부서를 설치는 곳은 단 4개의 행정부처였고 자체감사인력도 32명에 불과하였다(ASOSAI, 2012: 184).

표 5-6 베트남 자체감사부서 설치 현황

기관 종류	의무기관	설치기관	자체감사 인원	국가감사 대상
행정기관	31	4	32	31
기타	29	0	0	29
총계	60	4	32	60

출처: ASOSAI(2012: 184)

도이모이 이후 경제부문의 성장은 부패와 경제적 불평등과 같은 심각한 사회적 문제도 키웠고, 이러한 개혁개방의 부정적 부산물로 인민들 사이에서 당의 정통성에 대한 도전이 확산되었다. 또한 시장경제의 확립으로 인민들이 생활에 있어서 국가에 대한 의존도가 줄게 되었다. 따라서 당과 대중의 간극이 커지는 것은 불가피한 결과였다. 이러한 상황에서 베트남 공산당은 대중과의 관계를 다시 복원하여 대중정당으로서의 입지를 확립하기 위해 대중노선 전략을 채택하기에 이른다. 이에 따라 대중조직을 활성화하고 인민의 정치적 참여를 확대하는 조치를 취하게 된다. 1980년대 말 이후 대중단체의 설립이 용이하도록 하는 법령들이 제정되었고, 1997년 국회 선거법의 개정으로 당원, 행정기구, 군대로 제한되었던 입후보자들을 다양한 직능별 전문가 그룹으로 대폭 확대하여 대중 단체들의 정치적 참여를 보장하게 된다(노영순, 2004).

이러한 대중노선의 강화에도 불구하고 아직까지 베트남 관료제에 대한 시민사회의 상향식 통제 기제도 제대로 작동하지 않는 것으로 보인다. 베트남의 사회정치조직(socio-political organizations)은 헌법과 국가공무원법에 근거를 둔 사실상의 국가기구이다. 대표적으로 베트남조국전선(Vietnam Fatherland Front,

VFF)에는 국가가 임명한 정치관료와 행정공무원이 배속되어 당과 정부의 국가기구와 그 지위가 같다. 이러한 사회정치조직 이외에 도이모이 이후 소위 비국가·비정부 시민조직의 수가 폭발적으로 증가한 것은 사실이다. 그러나 지식인, 전문가, 기업가들이 주도하는 이러한 대중조직들에 대한 베트남 정부의 정책은 1998년을 기점으로 다시 당의 지배를 강화하는 방향으로 선회하게 된다(노영순, 2004). 대중조직의 설립은 당의 허가를 조건으로 가능하며 이들의 규약도 여전히 당의 심사를 받아야 하는 것이다. 이는 베트남 정부가 2003년부터 시행한 결사체관리시행령(Decree on Association Management)에서 사회결사의 자유와 독립성보다는 정부의 관리책임을 강조하는 데에서도 확인할 수 있다(NAPA, 2007).

　　베트남 정부의 주민참여 정책은 지방 수준에서 강화되고 있는 것으로 보인다. 이는 1988년 농업부문에서 집단체제의 해체와 가족농업의 재등장 이후 토지개발을 둘러싼 농민들의 조직적 항의에 대한 베트남 정부와 당의 경각심을 반영하는 것으로 볼 수 있다. 실제 1998년 이후 베트남 정부는 농민의 정치적 참여를 확대하기 위한 일련의 법안을 제정하게 된다(노영순, 2004). 베트남 정부가 2007년에 최하위 지방정부인 코뮌 수준에서 주민참여를 제도화하기 위해 제정한 풀뿌리민주주의법(Grassroots Democracy Ordinance)은 각 지역에서 개발, 거주지역 조정, 이주 등 토지사용 계획과 시행에서 주민의 감시, 지방정부 코뮌 당국에 대한 신임투표 등 주민의 참여권을 명문화하고 있다.

　　이러한 제도적 변화에도 불구하고 실제 정책집행 단계에서 주민참여가 활성화된 것으로 평가되지는 않는다. 우선 코뮌 당국이 이러한 주민참여 법령을 준수하고 있는지에 대해 상급 기관이 감시 및 평가하도록 규정되어 있지 않고, 지방정부 결정과 사업에 대한 정보체계를 갖추는 데 필요한 자원도 지원되지 않음으로 인해서 중앙정부의 주민참여 정책이 이행되는 수준이 매우 낮다(NAPA, 2007). 실제로 2012년에 실시된 국제연합개발계획(UNDP)의 조사에 따르면 지역 주민 중에서 주민참여 법령에 대해 알고 있는 응답자의 비율이 30퍼센트에 머무르고, 토지개발 계획에 대해 정보를 제공받은 적이 있다는 응답비율은 17퍼센트에 불과하다(UNDP, 2013).

이와 같이 베트남의 관료제에 대한 통제 기제는 당과 중앙정부에 분산된 권한, 자체감사 기능의 부재, 시민조직에 대한 국가의 지배, 시민의 정책과정 참여의 저조라는 구조적 한계를 보인다. 반면 사회주의 지배의 전통에 따라 전국에 설치된 호치민정치대학 정치교육훈련소에서 운영하는 사회주의 사상교육 프로그램을 통해 공무원에 대한 공산당의 이념적 통제는 이루어지는 것으로 보인다. 따라서 베트남 관료제에 대한 통제는 당의 세포조직 및 정치관료의 영향력과 정치적 교육훈련 프로그램을 통해 유지하는 공산당의 지배력에 크게 의존하는 것으로 평가할 수 있다.

VI. 자율성

베트남의 정치체제는 공산당의 영도를 근간으로 하고 있고 행정부는 공산당과 국회의 집행기구이다. 따라서 공산당의 결정과 지침이 행정부의 기능과 운영을 지도할 수 있도록 정부의 권력과 권한이 구조화되어 있다. 그러나 1992년 개정 헌법에서 국회의 기능을 강화하여 그 아래에 행정부를 두는 통치구조의 변화를 단행함으로써 당의 기능이 축소하게 된다(권숙도, 2009). 이를 통해 당 총서기 이외에 국가주석, 총리, 국회의장이라는 새로운 최고 직위가 생겨나게 되어 당에 집중된 국가권력이 분산되도록 하였다. 이와 같이 1992년 베트남 헌법 개정 이후 당과 행정 간의 분리를 제도화함으로써 행정부문의 현대화를 뒷받침하려는 노력이 지속되고 있으나, 행정을 탈정치화된 전문영역으로 확립하는 데에는 구조적 한계가 있다.

베트남의 인사관리는 당중앙조직위원회와 내무부로 이원화되어 있다. 당중앙조직위원회는 베트남 공산당의 핵심적 권력기구이며 정치관료인 칸보 그룹의 배치, 승진, 보수 등을 관장하고 내무부는 행정공무원의 인사를 관리하고 있다. 또한 공산당은 정치관료뿐만 아니라 행정부가 관할하고 있는 모든 인사 사항에 대해서 지도할 수 있는 권한을 지니고 있고, 공산당 정치국이 전반적인 인사정책에 관한 결정을 내리고 있다. 따라서 실제 인사관리의 권한이 행정부의 내무부로 위임되었다 하더라도 핵심 권력기구인 공산당 정치국 및 중앙조직위원회의 기본방침에 의해 규율된다고 볼 수 있다.

　이러한 정치 우위의 관계는 각급 행정단위 조직에서도 유지된다. 각급 행정조직에서 정치관료 그룹과 당 세포조직이 행정관료인 전문관에 비해 우월한 지도적 위치를 점하고 있고, 정치관료 그룹이 빠른 승진으로 각부 정부의 정무책임자로 성장할 수 있는데 반해 전문관의 경력은 행정직군으로 제한된다. 따라서 미래 정부지도자인 정치관료 그룹이 각급 행정조직에서 상당한 정치적 영향력을 행사할 수 있다.

　또한 지방정부의 행정기능은 각급 인민위원회에서 담당하고 있는데 인민위원회의 책임자는 선출되거나 칸보 그룹 중에서 정해진 임기로 임명되는 정무직이다. 반면 지방정부의 행정직을 자격 기준에 따라 선발하도록 베트남 인사법이 개정된 것이 2008년으로 최근의 일이므로 지방정부 행정공무원의 전문성이 확보되었다고 보기는 어렵다. 따라서 지방정부의 행정 및 관리 분야에서 당의 정치적 영향력이 더욱 크다고 볼 수 있다.

　마지막으로 베트남 공무원의 대다수는 공산당원이기도 하다. 비록 행정관료들에 대한 정부의 위계적 통제가 확립되었다 하더라도 공산당 중앙위원회와 정치국의 결정과 지침에 의해서도 동시에 규율된다고 볼 수 있다. 더구나 공산당의 영도적 지위를 인정하고 정부를 공산당의 집행기구로 규정한 베트남의 헌법적 권력구조를 감안할 때 행정관료 자체가 공산당 지배이념의 구현을 위한 집행수단 역할을 한다고 볼 수 있다.

　베트남 정부에서 지도적 위치를 점하고 있는 정치관료(칸보)뿐만 아니라 공직경력이 오래된 참전세대 공무원들은 공산당의 지도이념에 대한 높은 충성심을 유지한다고 볼 수 있다. 이렇게 당과 공무원이 서로 분리될 수 없는 이유는 아직도 베트남 관료제 내부에 전쟁을 통해 이룬 통일과정에서 세운 공훈에 대한 보상으로 공직기회를 제공하였던 엽관주의의 전통이 남아있다는 사실에서 찾을 수 있다. 이는 대학에서 은퇴를 앞둔 한 교육공무원의 회고에서 쉽게 확인할 수 있다.

"나는 열일곱 살에 참전하여 당의 결정에 따라 남부지역의 게릴라 전투에 참가했다. 이 팔목에 있는 상흔은 미군의 근접사격에 맞아 생긴 것이다. 전쟁에서 구사일생 살아난 나를 당이 러시아에 유학하도록 지원해 주었다. 대학 졸업 후에 잠시 귀국했다가 다시 당의 지원으로 캐나다, 호주에서 대학원 과정을 마쳤다." (2014년 2월 19일 하노이)

결국 현재 베트남 정부가 추진하고 있는 행정개혁의 일환으로 행정조직, 기능, 운영의 현대화를 통해 효율성과 전문성이 제고된다고 하더라도 베트남 관료제의 공산당에 대한 뿌리 깊은 정치적 포획은 지속되고 있다고 보아야 한다. 행정개혁 프로그램이 공산당 권력 엘리트가 정치적 정당성을 유지하면서 국제적 재정원조를 획득하기 위해 전략적으로 선택한 결과라는 점을 감안할 때 향후에도 베트남 관료제의 정치적 중립성 혹은 탈정치화는 구현되기 어려울 것으로 보인다. 베트남에 주재하고 있는 한 국제기구 관리의 통찰도 이를 보여준다.

"현재 베트남 정부가 추진하고 있는 행정개혁에 대해 많은 국제기구 전문가들이 조언하고 있다. 그러나 원로들이 지배하고 있는 당 중앙이 항상 그러한 조언에 귀 기울이는 것은 아니다. 현재 베트남을 지배하고 있는 참전세대 정치 엘리트들이 전후세대로 교체되는 시점에 이르러야 큰 변화가 일어날 것 같다." (2014년 2월 21일 하노이)

VII. 결 어

베트남 정부가 추진하고 있는 행정개혁은 국가발전의 핵심목표로서 매우 중요한 전략적 가치를 지닌 것으로 보인다. 본 장에서 다룬 관료제의 효율성, 투명성, 책임성, 자율성에 대한 평가도 대부분 베트남 행정개혁 프로그램의 이행 수준에 의해 결정된다고 해도 과언이 아니다. 베트남 관료제에 대한 분석을 통해 확인할 수 있는 행정개혁 프로그램의 가장 큰 특징은 개혁이 베트남 공산당과 행정부를 장악하고 있는 권력 엘리트의 중앙집권적 결정에 의해 통제되고 있다는 점이다. 이러한 하향식 개혁은 일선부서의 경험을 통해 목표와 수단이 지속적으로 수정되어 나가는 학습의 과정이 제한적이라는 특성을 갖는다. 특히 베트남의 사례에서는 중요한 행정개혁의 방향이 베트남 공산당 중앙기구의 단속적인 정책결정에 의해 정해지고 이를 사후적으로 국회에서 법제화하거나 행정부에서 세부사항에 관한 계획을 수립하여 집행하는 과정이 두드러지게 나타나고 있다.

이와 같이 당이 행정부에 대해 정치적 우위를 점하는 베트남 권력구조의 특성은 베트남 관료제의 변화를 일정 범위 내로 제한하는 경향이 있다. 즉, 행정개혁은 시장경제의 발전에 상응하는 수준으로 정부기구와 운영의 효율성, 투명성, 책임성을 제고하는 것을 지향하고 있으나 이는 어디까지나 공산당의 사회주의적 영도에 대한 정치적 정당성을 유지하는 데 긍정적이어야 한다는 기본 조건을 충족해야만 하는 것이다. 베트남 관료제의 인사 및 성과관리에서 공개경쟁과 실적주의가 제도적으로 도입되고 있으나 실제로는 정치관료와 행정공무원에 대한 이원적 관리로 인해 그 적용범위가 제한적이다. 채용, 보수, 승진, 성과평가와 관련된 포괄적인 개혁조치들은 대부분 행정부에서 관리하고 있는 행정관료에게만 적용되고 있다. 반면, 중앙당에서 관할하고 있는 정치관료의 경우에는 아직도 당에 대한 충성심과 정치적 공훈이 가장 중요한 요소인 것으로 보인다.

행정개혁 과정에서 당의 역할은 투명성, 책임성, 자율성의 차원에서 더욱 두드러진다. 부패통제 프로그램의 추진 주체가 행정부의 총리로부터 중앙당의 서기장으로 바뀌었고 일선 행정조직에서 정치관료, 당 세포조직, 정치훈련기관을 통한 통제가 효과적으로 작동하고 있으며 정치관료와 엘리트 행정관료들이 당에 대해 강한 일체감을 유지하고 있다. 따라서 베트남의 사례는 공산당의 정치적 지배를 기반으로 하는 관료제 개혁이 갖는 구조적 한계를 보여준다고 평가할 수 있다. 관료제 개혁의 실질적인 성과는 당과 행정의 관계를 재정립하는 보다 근원적이고 포괄적인 정치적 변화를 바탕으로 달성될 것으로 예견할 수 있다.

참고문헌

권숙도 (2009). 베트남의 체제전환 과정 연구: 1976~1990년대. 대한정치학회보, 17(1): 93-123.

김종욱 (2004). 프랑스 식민지배하의 베트남 근대성: 민주 개념의 형성을 중심으로. 동남아시아연구, 14(1): 247-283.

김호섭 (1996). 베트남 사회주의 개혁(Doi Moi)과 관료부패. 한국정치학회보, 30(4): 383-400.

노영순 (2004). 베트남의 당－국가와 대중의 관계: 대중조직의 변화와 시민단체의 등장이라는 관점에서. 史叢, 59: 125-163.

유인선 (2011). 유교가 베트남에서 국가이념으로 성립되는 과정. 수완나부미, 3(1): 1-23.

장임숙 (2013). 베트남의 민족주주의 형성과 전개. 한국민족연구논집, 55: 99-117.

Acuna－Alfaro, J. & Huyen, D. T. (2010). Reforming the civil service in Viet Nam: Differentiation, merit, incentives and challenges. In P. S. Kim (ed.), Civil service system and civil service reform in ASEAN member countries and Korea. Seoul: Daeyoung Moonhwasa.

ADB (Asian Development Bank) (2011). Viet Nam: Support the Implementation of the Public Administration Reform Master Program, Phase 1. Validation Report.

ASOSAI (Asian Organization of Supreme Audit Institutions) (2012). Evaluation and improvement of internal audit systems and the relationship between the internal audit units and SAIs. The 9th ASOSAI research project report. Seoul: Audit and Inspection Research Institute.

Bryant, J. (1998). Communism, poverty, and demographic change in North Vietnam. Population and Development Review, 24(2): 235-269.

Davidsen, S., Ha, N. V., Giao, H. N., Vasavakul, T. & Garrido, M. A. (2009). Implementation assessment of the anti－corruption law: How far has Vietnam come at the sector level? DANIDA report. Ministry of Foreign Affairs of Denmark.

Gainsborough, M., Dinh, D. N. & Phuong, T. T. (2009). Corruption, public administration reform and development: Challenges and opportunities as Viet Nam moves towards middle－income. Public administration reform and anti－corruption policy discussion papers. Ha Noi: United Nations Development Programme.

IMF (2010). Vietnam: 2010 article IV consultation－staff report and public information notice. IMF country report No. 10/281. Washington, DC: International Monetary Fund.

Ministry of Foreign Affairs (2013). Capacity enhancement for intensive international integration of Viet Nam towards 2020. Internal Document.

Ministry of Home Affairs (2009). Renovation of civil servants and civil service system in Vietnam. Technical Report for the 15th ASEAN Conference on Civil Service Matters, October 28~30, Vietiane, Lao PDR.

NAPA (National Academy of Public Administration) (2007). Civil society and grassroots participation. NORAD final evaluation report.

OECD (2009). Vietnam's evolving position in the global economy. OECD investment policy reviews: Viet Nam 2009 policy framework for investment assessment. OECD Publishing.

Painter, M. (2003). Public administration reform in Vietnam: Problems and prospects. Public Administration and Development, 23: 259-271.

Poon, Y., Hung, N. K. & Truong, D. X. (2009). The reform of the civil service system as Viet Nam moves into the middle－income country category. Public administration reform and anti－corruption policy discussion papers. Ha Noi: United Nations Development Programme.

Tuan, T. A. (2012). Vietnam: Office of central steering committee for anti－corruption. Fifth regional seminar on good governance for Southeast Asian countries: Preventing corruption: Effective administrative and criminal justice measures. Tokyo: United Nations Asia and Far East Institute for the Prevention of Crime and the Treatment of Offenders.

UNDP (2009). Reforming public administration in Vietnam: Current situation and recommendations. Ha Noi: The National Political Publishing House.

UNDP (2013). The Viet Nam provincial governance and public administration performance index(PAPI) 2012: Measuring citizens' experiences. A joint policy research paper by Centre for Community Support and Development Studies

(CECODES), Centre for Research and Training of the Viet Nam Fatherland Front(VFF−CRT) and United Nations Development Programme, Ha Noi.

Wescott, C. G., Hiieu, N. H. & Huong, V. Q. (2009). Public financial management: How to deliver better value for money in Viet Nam's public administration system? Public administration reform and anti−corruption policy discussion papers. Ha Noi: United Nations Development Programme.

제2부

비유교적 전통의 국가

동/아/시/아/국/가/관/료/제

제6장

필리핀 관료제
: 명목적 실적주의와 정치화

장용진

I. 전통과 유산

필리핀은 1521년부터 1898년까지 무려 300년이 넘는 기간 동안 스페인의 식민지였다. 필리핀 혁명과 미국-스페인 전쟁의 결과로 1898년 필리핀 제1공화국이 설립되지만 바로 미국의 식민지화가 시작되었고 미국과의 전쟁에서 패한 필리핀은 다시 반세기 동안 미국의 식민통치를 받게 된다. 2차 세계대전 동안 잠시 일본의 지배를 받았고 1946년 미국으로부터 완전 독립하였다(ADB, 2013).

이처럼 장기간 스페인과 미국의 식민통치를 경험한 필리핀은 정치와 행정 시스템 모두 스페인과 미국을 모방하고 있다(Brillantes & Fernandez, 2011). 정부는 입법부, 행정부, 사법부로 구성되며 대통령제를 채택하고 있고 대통령은 직접선거에 의해 선출되며 6년 단임제이다. 대통령은 행정부를 운영하기 위해 내각을 구성하며 내각 장관은 대통령이 지명하고 입법부의 인사청문회(Commission on Appointment)에서 임명 동의를 받는다(World Fact Book). 입법부는 양원제로 상원과 하원으로 구성된다. 상원은 6년 임기의 전국적으로 선출된 24인, 하원은 3년 임기의 지역대표 219인과 정당대표 21인으로 구성되어 있다. 사법부는 대법원(Supreme Court)과 하급법원으로 구성되었다. 헌법이 정

한 독립기관인 위원회 조직으로는 인사위원회(Civil Service Commission), 선거위
원회(Commission on Election), 감사위원회(Commission on Audit)가 있다(Brillantes &
Fernandez, 2009). 필리핀의 법체계는 대륙의 시민법과 영미의 보통법 전통이 혼
합된 형태이다. 필리핀 공법은 보통법의 원칙을 따르고 있고 특히 헌법, 행정
법, 공무원법은 미국의 법에 기초하고 있지만 민사법은 스페인의 전통을 따르
고 있다(UNODC, 2013).

　　스페인과 미국의 식민통치 유산은 각각 다르다. 정치경제학자이면서 역사
학자인 Corpuz(1957)는 스페인 식민지 정부는 관료제를 스페인인으로 구성된
사회제도로 도입했고 필리핀을 위한 건설적인 정책들을 만들어 내지 않았다고
주장한다. 관료들은 부패하고 무능력했으며 국민에게 압력을 행사했다(Brillantes
& Fernandez, 2011, 2 재인용). 당시 행정체제는 공물, 독점, 수수료와 벌금을 통
해 스페인 왕실의 재산을 증식시키는 수단으로 만들어졌고 관직은 돈으로 살
수 있었고 사업수단의 하나로 여겨졌다. 관직을 매수한 사람들은 투자라고 생
각하고 최대한 빠르게 매수 대금을 회수하려 했다. 이런 스페인 식민지배의
전통은 현재 공무원들의 행정에 대한 무관심, 낮은 직무헌신도 그리고 부정부
패 같은 공무원 행태의 근원으로 지적되고 있다(Berman, 2011; Quah, 2010;
Reyes, 2011). 이와는 반대로 미국의 식민통치는 필리핀의 근대행정의 발전에
중요한 계기를 제공했다고 주장한다. 정치제도들은 민주적이고 공화주의적이
었으며 공직시스템은 능률성, 경제성 그리고 실적제가 주요 가치였던 하나의
완성품이었다고 평가된다. 이러한 가치들은 1900년 공무원법에 그대로 반영되
었고 이 법은 필리핀 공무원제도의 기초가 되었다(Brillantes & Fernandez, 2011, 2
재인용).

II. 명목적 실적주의

　　필리핀의 관료제는 미국의 식민통치를 거치면서 형성된 미국식 실적주의
에 기초하고 있다고 볼 수 있다(Mangahas & Sonco, 2011). 실적주의의 주요한 제

도적 특징은 공개경쟁시험에 의한 공무원의 채용, 공무원의 비정치화, 능력에 따른 임기보장, 정치적 후견주의로부터 공무원을 보호하는 독립적인 인사위원회의 설치라고 할 수 있다(Rosenbloom & Kravchuk, 2002). 필리핀은 미국의 식민통치를 통해 적어도 명목적으로는 이러한 실적주의의 전통과 유산을 받았다고 할 수 있다. 다음은 실적주의의 특징이라고 할 수 있는 공무원 채용제도, 인사위원회, 보수 그리고 정치적 중립성에 대한 필리핀 관료제의 특징에 대한 기술이다.

1. 공무원의 채용

필리핀의 공무원 채용제도는 적어도 외견상으로는 공개경쟁시험에 기반을 둔 잘 정비된 제도인 것처럼 보인다. 채용과 선발에 대한 규칙과 절차가 잘 마련되어 있으며 각 기관은 인사기능을 수행하기 위한 부서도 따로 두고 있다(Mangahas & Sonco, 2011).

필리핀에서 공무원이 되기 위해서는 먼저 공직자격 시험에 합격해야 한다. 하지만 대학에서 최고 우등생으로 졸업하거나 전문가 자격증(엔지니어, 의사, 간호사 등)을 취득하거나 변호사 시험 또는 외무직 시험에 통과한 경우에도 이 자격이 주어진다. 공무원 시험을 치르기 위해서 응시자는 반드시 18세 이상이고 필리핀 국적자여야 하며 부도덕한 행위나 부정직, 만취 또는 약물중독 등으로 유죄판결을 받은 적이 없어야 한다. 군대에서 불명예제대를 하거나 공직에서 해임된 경우는 시험에 응시할 수 없다. 시험에 합격하기 위해선 적어도 80점 이상의 점수를 받아야 하며 한 번 합격하게 되면 그 자격은 평생 유효하다. 하지만 공무원 시험에 합격했다고 해서 모두 공무원이 되는 것은 아니다.[1] 이 자격시험의 합격자들이 공무원으로 최종 채용되기 위해서는 각 기관에서 정하고 있는 절차에 따라 추가적 필기시험과 인터뷰 등을 통과해야 한다.

공무원 시험은 경쟁적이다. 2010년 10월에 실시된 공무원 시험의 경우 총

---

1) excell.csc.gov.ph/EXM/PPT_2014Oct24.pdf

97,099명이 응시했고 12,290명(13%)이 합격했다. 전문가 레벨(professional level)에 임명될 자격을 획득한 9,868명은 향후 1단계와 2단계 레벨에 임명될 수 있는 자격을 획득했고, 하위전문가 레벨(sub-professional level)에 합격한 2,422명은 1단계 레벨에 임명될 자격을 취득했다.[2) 1단계 레벨은 4년제 대학 미만의 학력을 요구하는 사무직, 단순기술직 그리고 보호관찰직 등에 임용될 수 있고, 2단계 레벨은 4년제 대학 졸업 이상의 학력을 요구하는 전문직과 과학기술직에 임용될 수 있다. 이 합격자들은 정규직 임명을 위해 교육, 직무경험, 교육훈련 등의 다양한 자격요건을 갖추어야 한다. 공석이 있을 경우 이들은 필기시험과 인터뷰 등으로 정해진 추가적 선발과정을 거쳐야 정규직 공무원이 될 수 있다. 위에서 언급한 두 시험의 합격자 프로파일을 확인한 결과 합격자의 50퍼센트는 미취업 상태였다. 2,830명의 합격자는 민간부문에서 일하고 있었고 2,064명은 공공부문에서 그리고 702명은 자영업을 하는 것으로 집계됐다(GMA News, 2011). 필리핀의 공직자격 시험은 자격이 되는 모든 사람들이 자유롭게 시험을 치를 수 있고 80점 이상의 성적을 받은 경우 공무원이 될 수 있는 자격증을 부여하는 기능을 하지만 이후의 절차에서는 각 기관의 재량이 상당 부분 작용할 수 있는 구조로 되어 있다.

2. 인사기관

필리핀 최초의 인사기관은 1900년 설립된 인사국(Bureau of Civil Service)이었고 1959년 공무원법에 의해 설립된 인사위원회가 처음으로 정부기관으로서

---

2) 경력직 공무원의 레벨은 크게 3개로 구분된다. 레벨 1은 사무직, 보호관찰직과 같이 4년제 대학 미만의 학력을 요구하는 비관리직 또는 관리직 중 비전문가와 하위전문가 직위가 여기에 포함된다. 레벨 2는 4년제 대학 이상의 학력을 요구하는 비관리직과 관리직의 전문가, 기술직, 또는 과학 관련 일을 하는 전문직, 기술직, 과학직 직위가 여기에 포함된다. 레벨 2가 부장급(division chief)까지면 레벨 3은 경력고위직(Career Executive Service, CES)이다(Mangahas & Sonco, 2011: 432). 경력직 공무원에 대한 채용공고는 인사위원회의 웹사이트를 통해 제공된다. 공고에는 직급, 봉급, 학력조건, 교육훈련, 직무경험 등에 대한 자격요건들이 간단히 설명되어 있다.

의 독립적 지위를 가지게 됐다. 현재의 인사위원회(Civil Service Commission)는 1987년 헌법에 의해 설립되었고 중앙인사기관으로서의 기능을 담당하고 있다 (Brillantes & Fernandez, 2011: 3). 인사위원회는 인사 관련 정책과 기준, 가이드라인 등을 만들고 경제적이고 능률적이며 효과적인 인사행정을 위해 프로그램을 개발하고 집행한다. 또한 직위분류제와 보수, 공무원 시험관리, 성과평가 프로그램의 운영 등의 업무를 수행한다.[3]

3. 보 수

필리핀의 공무원 보수등급은 총 33개 등급으로 구성되어 있고, 각 등급은 8단계로 나누어져 있다. 단, 대통령의 등급인 33등급은 1단계만 있다. 2012년 현재 보수 1등급 1단계의 월급은 9,000페소(한화 206,100원)이고, 보수 33등급의 월급은 120,000페소(한화 2,748,000원)로 보수 수준이 상당히 낮은 편이다(필리핀 대통령령 No. 76). 이 보수 기준은 2012년 보수표준법(Salary Standardized Law) Ⅲ에 의해 새롭게 제정된 것이다.[4]

필리핀의 공공조직은 경쟁적 보상(competitive compensation)을 제공하지 않는다. 공공부문에서의 경력발전은 민간부문보다 훨씬 느리고 어떤 직위들은 승진 기회도 없고 전문성의 개발이 전혀 이루어지지 않는 직위도 있다(Mangahas & Sonco, 2011, 438).

전문가들은 공무원에 대한 지나치게 낮은 보수가 공무원 개개인의 낮은 성과, 부패행위에 대한 변명거리, 유능한 인력들을 공직으로 유인하지 못하고 좋은 인재들이 공직을 떠나게 만드는 주요 원인이라고 보고 있다(Mangahas & Sonco, 2011: 440).

---

3) unpan1.un.org/introdoc/gorups/public/documents/un/unpan007437.pdfu

4) 첫 번째 보수표준법(Salary Standardization Law)은 1989년에 통과되었다(Tillah, 2005).

4. 정치적 중립성

필리핀 공무원제도의 기초가 공무원의 정치적 중립성을 강조하는 미국식 실적주의에 기초하고 있지만 많은 전문가들은 정치적 후견주의가 인사행정의 공정성을 훼손하고 있다고 지적한다. 이 문제는 경력고위직과 비경력직 공무원의 임명에 있어 두드러진다. 많은 고위공무원들이 시험을 치르고 정해진 절차를 거쳐야 하지만 소수의 고위직은 대통령에 의해 직접 임용된다. 이러한 공무원의 수는 전체 공무원의 1.2퍼센트(13,328개의 직위)를 차지한다(Poocharoen & Brillantes, 2013: 154-155). 이는 정치적 후견주의를 심화시키고 인사위원회의 규칙과 자격기준을 훼손하고 있다. 경력고위직 직위의 감소와 경력직 공무원 수의 감소는 그만큼 정치적 임명이 늘어나거나 경력고위직 공무원들이 자발적으로 공직에서 떠나고 있음을 의미한다. 정치적 개입과 정치적 후견주의는 필리핀 정부의 능률성과 효과성을 방해하는 주요 원인으로 지적되고 있다(Mangahas & Sonco, 2011: 440).

미국의 식민지배 시기 근대적 공무원제도를 정착한 필리핀 관료제의 기반은 적어도 겉모습만큼은 미국식 실적주의에 기초하고 있다고 볼 수 있다. 하지만 선발과 채용에 있어 자격기준이 종종 무시되고 정치적 피후견자들이 공직에 자유롭게 들어오고 승진하면서 실적주의가 추구하는 본연의 목적이 제대로 달성되지 못하고 있다.[5] 이러한 인사행정에 대한 지나친 정치개입으로 인해 공무원들은 무능의 전형으로 인식되어 있고 정치적 정실주의, 정치공작 그리고 진부한 정치인으로 낙인찍힌 선출직 공무원들로 인해 공무원에 대한 평판은 아주 좋지 않으며 공직은 사회적으로 존경받는 직업이 아니다(Mangahas & Sonco, 2011).

---

5) unpan1.un.org/introdoc/gorups/public/documents/un/unpan007437.pdfu

Ⅲ. 신자유주의-신공공관리 개혁과 한계

　신자유주의 및 신공공관리 개혁의 물결은 필리핀 정부와 관료제에 많은 영향을 미쳤다. 필리핀의 공공부문 개혁은 세계은행과 국제통화기금의 영향으로 추진된 코라손 아키노 정부(1986~1992)의 경제회복 프로그램으로부터 시작됐다(Haque, 2007). 신자유주의 및 신공공관리의 영향으로 능률성, 생산성, 질, 성과, 효과성, 파트너십 그리고 경제발전과 같은 가치들이 강조되었다(Haque, 2001). 1990년대 민영화, 민간부문에 기초한 경제발전, 탈규제, 공무원감축법에 따른 공무원 규모의 축소, 중앙행정개혁기관의 설립 그리고 관료제리엔지니어링(Reengineering the Bureaucracy) 등은 신자유주의 및 신공공관리 개혁의 대표적인 조치들이었다. 이를 통해 필리핀은 인구대비 작은 정부를 만들었고 공기업의 규모도 줄였으며 경제에 대한 국가의 개입도 감소시켰다. 또한 공무원의 3분의 1은 분권화의 일환으로 지방정부 공무원이 되었다(Tillah, 2005).

1. 공무원의 감축

　필리핀의 신자유주의 및 신공공관리 개혁 중 중요한 것은 정부의 역할을 축소하기 위한 공무원의 인원 감축이었다. 코라손 아키노 정부는 마르코스 정부의 잔재를 없애는 일환으로 상당수의 공무원을 줄였지만 역설적으로 공무원의 숫자가 증가하는 상황이 벌어졌다. 이에 라모스 정부(1992~1998)는 공무원 감축법을 통과시키고 1992년부터 1997년까지 이를 집행했다. 공무원감축법의 첫 번째 공격 대상은 아키노 정부의 공무원들이었고 인원 감축을 위해 신규채용을 중단하고 공석, 은퇴 또는 사망으로 인해 생긴 결원을 보충하지 않았다. 1989년 1,610,000명이었던 공무원 수는 1992년 1,237,435명으로 줄어들었고 이후 1993년 1,447,477명, 1999년 1,435,498명으로 다소 증가했으나 1989년과 비교해서는 줄었다(Tilla, 2005). 최근의 수치를 보면 2010년 12월 31일 총 1,409,660명으로 1999년 공무원 수와 비교해 보면 25,000명 정도가 줄어들었

다.[6]

2. 성과관리와 평가

공무원 채용에 있어 정당정치의 개입은 필리핀의 정치행정 시스템에 깊이 뿌리박혀 있고 채용을 위한 정치적 추천은 당연한 관례였다. 또한 공무원들은 그들의 보수가 민간부문보다 훨씬 뒤쳐져 있다고 생각하고 있고 탁월한 성과를 내는 것이 승진이나 보수의 인상에 영향을 미치지 않기 때문에 높은 성과를 내기 위해 노력하지 않는다(Mangahas & Sonco, 2011: 440). Domingo & Reyes(2011: 398)는 공무원 조직의 문화, 약한 리더십, 미약한 시스템과 절차, 감소하는 자원 그리고 정치적 개입 등이 낮은 성과의 원인이라고 지적하고 있다.

오랫동안 지속되었던 공무원의 성과문제를 해결하기 위해 2012년 노이노이 아키노 정부(2010~2016)는 실적에 기반을 둔 성과유인제도로 성과기반 상여금제도를 실시했다. 성과 상여금은 개인의 업무성과와 개별기관의 성과에 기초하여 결정된다. 기관의 성과는 프로그램 목표와 최종 산출(output)을 적어도 90퍼센트 이상 달성하고 굿거버넌스를 위한 4가지 필수요건인 ① 기관의 웹사이트에 예산 정보를 공개하고 ② 정부 조달 전자시스템에 모든 공개경쟁과 선정된 정부계약자를 등록하고 ③ 정해진 기간 안에 모든 현금 선지급을 청산하고 ④ 시민헌장을 만들어야 한다는 조건을 충족시켜야 한다. 〈표 6-1〉이 보여주는 것처럼 공무원 개인성과 평가에서 최고 등급을 받고 기관평가에서도 최고 평가를 받게 되면 해당 공무원은 35,000페소의 상여금을 받게 된다.[7] 아직 이 제도에 대한 구체적인 평가를 보여주는 연구는 없다. 하지만 공무원 조직의 정실주의 문화나 정치적 개입이 사라지지 않는다면 이런 성과기반 급여제도가 제대로 정착되기는 쉽지 않을 것으로 보인다.

---

6) http://excell.csc.gov.ph/cscweb/2010IGP_stat.pdf
7) http://www.gov.ph/pbb/

표 6-1 · 성과급

부서·단위 평가	개별 공무원 평가			
	최고(상위 10%)	우수(차상위 25%)	보통(최대 65%)	부진
최고(상위 10%)	P 35,000	P 20,000	P 10,000	없음
우수(차상위 25%)	P 25,000	P 13,500	P 7,000	없음
보통(최대 65%)	P 15,000	P 10,000	P 5,000	없음
부진	없음	없음	없음	없음

출처: http://pcdspo.gov.ph/downloads/01-PBB-Infographic-7Dec.pdf

3. 관료제의 리엔지니어링

신공공관리 개혁의 일환으로 라모스 정부는 1992년부터 1995년까지 130개 중앙정부기관들의 공공서비스 전달시스템을 간소화했고 48개 기관들은 불필요하고 낡은 관리제도들을 없애면서 정부운영의 규모를 축소했다. 1999년 에스트라다 대통령은 "더 나은 거버넌스를 위한 관료제의 리엔지니어링"을 정부의 중점 프로그램으로 정했다. 모든 행정기관의 장들에게 불필요하고 관련성이 없거나 또는 오래되어서 축소하거나 폐지해야 하는 정부의 프로그램이나 프로젝트들을 찾아내도록 하는 법을 제정했다. 또한 주택 보조와 세무행정을 위한 원스톱서비스 센터를 만들어 행정 절차의 간소화를 통해 시민들의 서비스 향상을 도모하였다. 이러한 노력은 아로요(Arroyo) 정부(2001~2010)에서도 계속되었다. 아로요 대통령은 '더 나은 거버넌스를 위한 관료제의 리엔지니어링' 프로그램을 통해 2002년 대통령실 산하 77개 기관들과 프로젝트팀을 폐지했고 이로 인해 56백만 페소의 예산을 절약했다(Domingo & Reyes, 2011: 405).

하지만 공공관료제의 리엔지니어링의 시도는 자신들의 정치권력을 잃을까 두려워했던 입법자들로부터 강력한 지지를 얻어 내지 못했고 정실주의와 후견주의가 팽배한 행정환경으로 인해 거의 비효과적이었다(Haque, 2007).

Turner(2002)는 거버넌스 의제 하에 세계은행, 국제통화기금, 유엔과 같은 국제기구들이 필리핀 정부에 신공공관리에 입각한 정부개혁을 권장했지만 신공공관리에 유리한 환경을 갖고 있지 못했기에 라모스 정부(1992~1998)에 의해 실시됐던 개혁들이 모두 성공하지 못했다고 평가하였다. Haque(2007) 역시 필리핀의 신공공관리 개혁이 필리핀 정부의 자발적 필요에 의한 개혁이라기보다는 세계은행, 국제통화기금 같은 국제기구들의 외부적 압력에 의한 것이고 국가체제가 아직 덜 제도화되어 있기 때문이라고 하였다. 관료제가 정치적으로 중립적이지 못하고 정치권력에 의해 쉽게 좌우되는 환경 속에서 신공공관리에 의한 개혁이 오히려 저소득계층에 대한 공공서비스 혜택의 배제와 실업률의 증가, 빈곤층의 확대와 같은 부정적 결과를 낳았으며, 시장지향적 정책들은 정부의 재정과 규제에 대한 역량을 축소시킴으로써 금융위기의 주요한 원인 중 하나가 되었다고 지적하고 있다(Haque, 2007).

Ⅳ. 민주화와 관료제의 정치화

미국 식민통치 시기에는 상대적으로 개방되고 자유로운 정치문화를 가지고 있었지만 독립 이후 마르코스 대통령의 권위주의적 통치와 장기독재는 헌법의 민주적 모델, 관료의 정치적 중립성, 대응성, 공공문책성 그리고 대표성을 심각하게 훼손했다(Haque, 2007). 마르코스 시대의 관료제는 공익보다는 권력자들의 이익을 대변하는 도구였다.

1986년 마르코스의 독재가 종식된 후 필리핀 정부는 다양한 법과 정책을 통해 관료에 대한 공공신뢰의 회복을 시도했다. 관료제를 강화하고 개혁하기 위하여 정부는 다양한 법들을 제정하였고 1987년에 통과된 헌법은 이 법들의 기초가 됐다. 1989년 공무원행동규칙윤리기준(Code of Conduct and Ethical Standards for Public Officials and Employees, Republic Act No. 6713)이 통과되었고, 1991년 반약탈법(Anti-Plunder Law)이 제정되었고, 같은 해 지방정부법(Local Government Code)이 입법화되어 분권화가 시도됐다(Tillah, 2005). 분권화 조치는 국가의 행정과 정치적 권력이 지나치게 수도에 집중된 이른바 '마닐라 제국(Imperial Manila)' 증후군을 깨기 위함이었다. 분권화는 또한 행정의 효율성을 높이고 시민의 참여를 장려하기 위함이었다. 병원서비스, 사회복지서비스, 학교설립 프로그램, 농업용지 재분류와 같은 프로그램들이 지방정부 단위로 이양되었고 지역발전위원회, 지역보건위원회, 학교위원회 등을 통해 시민참여를 제도화하고 강화했다(Tillah, 2005). 이 시기는 재민주화(re-democracy) 시기였고 분권화와 시민참여의 확대, 민간부문에 의한 경제발전 등이 강조되었다(Tillah, 2005). 다음은 관료제와 관련 있는 문책성, 관료의 정직성과 투명성, 시민사회, 분권화와 인사개혁 및 정치가문에 관한 내용이다.

1. 관료제의 문책성

필리핀의 정부조직은 미국의 거버넌스 시스템을 모델로 하였기에 조직들 간의 견제와 균형을 위한 형식적 시스템이 잘 갖추어져 있다고 볼 수 있다. 정부기관을 감시하기 위한 기관으로 감사위원회(Commission on Audit), 인사위원회(Civil Service Commission), 선거관리위원회(Commission on Elections), 국가인권위원회(National Human Rights Commission)와 같은 위원회 조직들이 있고 공무원의 부패조사를 위한 옴부즈만청(Office of the Ombudsman)도 설치되어 있다. 하지만 대통령은 독립기관의 공무원들을 자유롭게 임명할 수 있고 정실과 후견을 통해 의회의 다수당을 형성하며 부패혐의 공무원에 대한 조사를 막을 수 있는 대통령령을 제정할 수도 있다. 또한 감시기관들은 재정적 및 행정적 제약으로 견제의 역할을 제대로 수행하지 못하고 정치개입과 부패혐의에 대한 고발로 감시기관들의 업적이 훼손되기도 했다. 즉, 수평적 문책성의 유지를 위한 제도들이 종종 정치기구화, 정치개입, 그리고 행정역량의 부족으로 감시자로서의 역할을 제대로 수행하지 못하고 있다(Dressel, 2011, 534-535).

2. 관료의 정직성과 투명성

필리핀의 부패와 정실인사(cronyism)는 기업과 정부에 만연해 있고 법의 지배는 매우 취약하다(Freedom House, 2013). 세계투명성기구가 조사한 필리핀의 부패지수는 지난 10여 년간 항상 하위권에 머물러 있다. 부패는 필리핀 관료제가 처한 가장 심각한 문제라고 할 수 있다. Quah(2010)는 이러한 부패의 원인으로 ① 정치지도자와 공무원의 낮은 보수, ② 지나친 번문욕례와 비효율적 행정, ③ 낮은 부패행위의 적발가능성과 처벌가능성, ④ 가족 중시 문화와 은혜에 대한 보답의 문화, ⑤ 부패를 없애려는 정치인들의 의지 부족을 들고 있다. 특히 정부의 행정서류 처리 과정이 체계적이지 못하고 복잡하며 시간 낭비적이라 빠른 처리를 위해서는 급행료를 내야 한다. 또한 가족 구성원이 정치나 행정 권력을 가지게 되면 그 구성원의 가족과 친척들은 그 직위의 권력과 영향력을 함께 사용한다. 그리고 보답의 문화로 인해 호의, 서비스 또는 선물을 받게 되면 이를 받은 사람은 적절한 시간이 오면 그것을 되갚아야 한다는 강한 의무감을 가지고 있다. 이것은 강한 가족 내 집단 네트워크의 힘을 강화시킨다. 모든 호의는 비슷하거나 더 많은 가치로 되돌려줘야 하고 이는 상급자와 하급자 간의 후견주의를 조장하고 네트워크 확장성으로부터 나오는 힘을 통해 엘리트 집단은 자신들의 지배력을 영속화한다(Quah, 2010).

필리핀 여론기관인 SWS(Social Weather Station)의 설문조사에 따르면 공공부문의 계약을 위해 뇌물을 주는가에 대한 질문에 대해 2000년 55퍼센트, 2005년 54퍼센트, 2009년 48퍼센트, 2014/2015년 39퍼센트가 '대부분(most)'과 '거의 모든 경우(almost all)'라고 응답해 수치는 점차 낮아졌지만 여전히 높다고 할 수 있다.[8] 2010년 아시안 바로미터 설문조사(Asian Barometer Survey)에서도 중앙정부에 부패와 뇌물이 얼마나 만연해 있다고 생각하는지에 대한 질문에 '대부분의 관료가 부패하다'와 '거의 모든 관료가 부패하다'고 응답한 시민들이 71퍼센트에 이른다(장용진, 2015).

부패를 근절하기 위해 필리핀 정부는 다양한 법률을 제정하고 인사위원회, 옴부즈만청, 국가조사국(National Bureauc of Investigation), 특별조사국(Office of the Special Prosecutor), 국가경찰, 사법부, 반자금세탁심의회(Anti-Money Laundering Council) 등과 같은 17개 기관에 반부패 관련 권한을 부여했다. 또한 반부패특

---

8) http://www.sws.org.ph/swsmain/artcldisppage/?artcsyscode=ART-20160107103545

별법원인 산디간바얀(Sandiganbayan)을 설치하였다(Mangahas & Sonco, 2011: 446; UNODC, 2013).

필리핀의 중요한 반부패기관인 옴부즈만청은 기관의 헌법적 및 법적 권한을 실천하기 위해 불법, 불공정, 부적절 그리고 비효율적인 공무원 또는 기관의 작위 또는 부작위 행위를 조사할 수 있는 전권을 가지고 있다. 산디간바얀 반부패특별법원은 재판권 내에 있는 사건들의 관할권을 가지고 있고 다른 정부 조사기관에서 진행하고 있는 사건을 언제든지 인수할 수 있는 권한도 있다(OMB, 2012; UNODC, 2013). 2012년 총 3,168건의 범죄 건이 예비 조사되었고, 2012년 종료된 총 3,271개의 사건 중 약 21퍼센트가 산디가바얀과 보통재판법원에 기소되었다(OMB, 2012). 옴부즈만청은 부패 예방을 위해서도 다양한 프로그램을 운영하고 있고 공무원들과 시민들에게 반부패의식을 심어주기 위한 교육활동도 하고 있다. 2012년 12월 31일 현재 옴부즈만청에는 총 1,222명의 공무원이 근무하고 있으며 이 중 372명은 변호사로서 조사, 기소, 대중지원, 부패방지, 직원 감독 등의 업무를 맡고 있다(OMB, 2012). 옴부즈만청은 강력한 부패방지권한을 가지고 있지만 그 효과성에 대해서는 상당히 회의적이다. 옴부즈만청은 스스로가 지난 20년간 대형 비리에 연루된 상류층을 처벌하는데 실패했음을 인정했는데 2008년의 유죄선고 비율은 14.4퍼센트에 불과했다(Dressel, 2011).

3. 관료제와 시민사회

필리핀의 비정부단체(Non-Governmental Organizations, NGO)는 잘 조직화 되어있고 왕성한 활동을 하며 다양한 분야에 걸쳐 잘 발달되어 있다. 그들은 주로 새로운 법안의 홍보, 광산개발이나 환경보전과 같은 지역개발 이슈 그리고 민주주의 수호를 위해 활동한다. 이들의 활동이 모두 성공하는 것은 아니지만 동남아시아 국가들 중에는 가장 눈에 띄게 활동적이고 효과적이다(Turner, 2011: 91). 2002년의 한 연구에 따르면 정부에 등록되거나 등록되지 않은 시민단체의 수는 총 249,000~497,000개 정도에 이를 것으로 추정된다(ADB, 2013).

　　필리핀의 시민조직의 근원은 스페인 식민통치 말기까지로 추적할 수 있지만 NGO의 숫자가 크게 증가한 것은 마르코스 대통령의 독재에 항거하기 위한 사회운동 때문이었고 이에 더해 1983년 야당 지도자인 베니그노 아키노의 살해사건 이후 더욱 확산되었다(Carino, 2008). Turner(2011: 92)는 필리핀에서 NGO가 폭발적으로 성장한데는 다음의 네 가지 이유가 있다고 설명한다. 첫째, 필리핀에서 NGO를 조직하거나 확장하는 사람들은 빈곤이나 불평등 같은 이슈들을 표출하는 민주적 공간과 기회를 잘 활용하는 중산층 시민이라고 인식되기 때문이고, 둘째는 새 헌법이 NGO의 사회적 공헌에 대한 명백한 인식과 지지를 명문화하면서 공개적으로 적어도 정부는 NGO에 친화적인 태도를 취하고 있기 때문이다. 셋째는 다양한 분야에서 NGO가 정부보다 더 효과적이며 덜 부패하다고 믿고 있는 국제기구들이 NGO를 적극적으로 지지하기 때문이며, 마지막으로 계속적인 국가의 약화와 민주화의 불완전성이 NGO에 대한 수요를 지속적으로 만들어 내고 있기 때문이라는 것이다.

　　2010년 시민단체와 자원봉사 집단의 열렬한 지지로 당선된 노이노이 아키노는 정부와 시민단체의 관계를 건설적인 관계로 설정하고 시민단체가 정부정책에 대한 감시자와 지지자로서의 역할을 할 수 있게 했다. 2011년 노이노이 아키노 대통령은 '굿거버넌스반부패계획(Good Governance and Anti-Corruption Plan) 2012~2016'을 만들면서 시민단체들이 지방정부와의 파트너십을 강화시키는 프로그램을 포함하였다. 이 계획안에는 시민만족도지수 시스템과 전자감시(Electronic Watch) -인터넷을 통한 지방정부의 성과에 대한 의견을 교환할 수 있는- 가 들어있다. 필리핀 정부는 굿거버넌스의 구축을 위해 다양한 정책과 프로그램들에서 시민단체와의 파트너십을 구축하고 있다. 시민단체는 사회기반시설에 대한 정부 프로젝트를 가까이서 감시하고 있으며 조건부 현금전환(Conditional Cash Transfer) 프로그램의 경우에는 정책 집행을 적극적으로 감시하고 집행에 직접 참여하기도 한다(ADB, 2013). 이외에도 예산관리부(Department of Budget and Management, DBM)는 2011년 6개의 국가기관과 3개의 정부기업에 대해 예산을 책정할 때 반드시 시민단체가 참여할 수 있는 절차를 만들어야 하는 국가예산제안서를 공표했다(ADB, 2013).

4. 분권화와 인사개혁

1990년대 시작된 필리핀의 분권화는 시민참여를 증진하고자 하는 노력과 중앙집권적 통제에서 벗어나기 위한 민주화 과정의 산물이기도 한 반면, 행정의 효율성을 높이기 위한 권한 또는 재량권 위임과 같은 신공공관리 개혁의 산물이기도 하다. 필리핀에서 분권화는 1991년 지방정부법(Local Government Code)의 제정으로 본격화되었다. 분권화는 마르코스의 독재정권이 무너지고 시민권력 운동(Peoples' Power Movement)으로 등장한 코라손 아키노 정부(1986~1992)가 처음부터 강조했던 정치의제였다. 지방정부법은 기본서비스의 전달과 관련된 규제권한을 지방정부 단위로 위임하는 것이었다(Ishii, Rohitarachoon, & Hossain, 2013).

인사제도와 관련해서는 지방정부의 인사관리권한이 중앙인사위원회의 감독 하에 지방자치단체장에게로 위임되었다. 지방정부법은 자치단체장이 자치단체의 인적자원과 개발에 책임이 있고 인사 관련 헌법 조항, 법 그리고 관련 법칙과 규제, 인사정책, 가이드라인 및 표준까지 모든 인사권을 자치단체장이 가지도록 규정했다. 채용과 선발에 있어서 지방정부 공무원 지원자는 반드시 중앙인사위원회가 집행하는 공개경쟁 시험과정을 거쳐야 한다. 이것은 지방공무원의 최소한의 자질을 유지하기 위함이다. 하지만 이 시험은 지식보다는 정신적 능력을 측정하여 통과하기가 아주 쉽다. 따라서 시험에 통과된 후에는 지방자치단체장이 위원장이 되는 위원회가 채용의 중추적인 역할을 하게 된다. 이로 인해 개인의 능력보다는 정실인사가 채용과 선발에 강력한 영향을 미치고 있으며 또한 위원회의 다른 위원들은 자치단체장이 준비한 서류에 도장만 찍어주는 역할을 하고 있다(Ishii, Rohitarachoon, & Hossain, 2013).

5. 정치가문

필리핀 행정에 정치개입을 가능하게 하는 주요 원인의 하나는 정권교체를 불가능하게 하는 정치가문(political dynasty)이 존재한다는 점이다. 정치가문은

한 명 또는 소수의 가족집단이 정치권력을 독점하는 것을 의미한다. Querubin (2013)의 연구에 따르면 50퍼센트 이상의 국회의원과 자치단체장들은 선출직에 있는 친척이 있고, 79개 광역자치단체 중 40퍼센트에서 단체장과 국회의원이 서로 관련이 있었다. 이러한 정치가문들은 민주주의의 질을 손상시키고 장기적인 경제발전에 걸림돌이 되고 있다. 1946년부터 1972년까지 국회의원과 광역단체장은 4년 임기제로 선출되었다. 하지만 횟수의 제한은 없었다. 재선만 된다면 무제한으로 선출직을 유지할 수 있었다. 1987년 헌법은 정치가문의 독주를 막기 위해 국회의원과 자치단체장들의 임기를 4년에서 3년으로 줄이고 모든 선출직 공무원의 선거는 3년에 한 번씩 동시에 치르며 3번 이상 동일한 직에 선출될 수 없도록 하였다. 이것은 아무리 정치가문이라 할지라도 9년 이상 같은 직을 할 수 없게 만든 조치였다. 하지만 이 조치는 현직에 있는 사람들이 친척을 내세워 당선되게 하거나 자신이 다른 지역에 출마해 당선되기 위해 자신들의 권력을 사용하게 만들었다. 실제 1995년 선출된 83명의 국회의원 중 43퍼센트는 1998년 선거에서 자신들의 친척으로 대체되었다. 한 직에서 9년을 재임한 정치인들이 다른 직으로 선출되거나 자신의 자리를 정치적 경험이 전혀 없는 친인척(부인, 아들, 딸, 형제, 그리고 사촌 등)에 넘기는 것은 아주 흔한 일이 되었다. 1987년 헌법에도 불구하고 필리핀의 정치가문은 이전 보다 더 공고히 자신들의 위치를 구축하고 있다. 정치적 민주화가 정치가문의 활동을 강화시키고 후견주의와 정실주의를 확산시키면서 다양한 정부행정 개혁에도 불구하고 관료제의 자율성과 행정의 전문성은 제고되지 못하고 있다.

V. 결 론

본 장은 필리핀 관료제의 모습을 세 가지 측면에서 살펴보았다. 첫 번째 모습은 미국의 식민통치를 거치면서 형성된 명목적 실적주의에 기초한 관료제이다. 미국의 식민통치 기간 동안 도입된 필리핀의 관료제는 겉으로는 미국의 실적주의와 유사한 모습을 하고 있다. 하지만 실제로는 정치개입과 후견주의의 만연으로 인해 실적주의가 본래 추구하고자 하는 공무원의 정치적 중립, 실적에 의한 채용과 승진 그리고 정치세력으로부터의 공무원 보호와 같은 목적들이 전혀 달성되지 않고 있다. 또한 인사행정에 대한 지나친 정치개입과 후견주의는 국민들에게 공무원을 부패하고 무능력한 집단으로 인식시켜 정부와 공무원에 대한 신뢰를 떨어뜨리고 있다.

두 번째는 신공공관리 개혁의 영향을 받은 관료제의 모습이다. 신공공관리 개혁의 영향으로 필리핀 정부는 다양한 개혁 프로그램을 만들고 집행했다. 특히 관료제와 관련해서는 공무원 수를 줄이고, 성과급제도를 도입하고, 관료제 리엔지니어링을 통해 불필요한 기관들과 프로그램들을 정리했다. 하지만 자발적 필요보다는 국제기구들로 부터 원조기금을 받기 위해 시작되었고 내부적 역량이 충분하지 않은 상태에서 진행되었기에 대부분의 개혁 정책들이 성공적이지 못했다고 비판받고 있다.

마지막은 정치적 민주화에 따른 관료제의 모습이다. 마르코스의 독재정치가 끝난 후 필리핀 정부는 1987년 헌법을 통해 그동안 훼손되었던 민주적 가치의 복원을 위해 다양한 법과 정책을 만들었다. 공무원의 책무성, 윤리성, 정부의 투명성 제고를 위한 헌법기구와 옴부즈만청, 산디간바얀 반부패특별법원과 같은 기관들이 존재하지만 공무원의 부패는 필리핀 관료제가 처한 가장 심각한 문제로 지적되고 있다. 상당수의 국민들은 공공부문의 계약을 위해서는 뇌물을 제공해야 한다거나 관료제 내부에 뇌물과 부패가 만연해 있다고 생각하고 있다. 민주화의 일환으로 시작된 분권화 역시 지방자치단체장의 인사개입과 정실주의로 인해 실적주의에 입각한 인사관리를 방해하고 있다.

이상 살펴본 필리핀 관료제는 긍정적인 측면보다는 부정적인 측면이 훨씬 더 많았다. 그리고 이에 대한 가장 근본적인 원인은 행정에 대한 정치의 부적절한 개입 때문이라고 볼 수 있다. 정치의 지나친 개입은 행정의 공정성을 훼손하고 무능한 공무원을 양산하며 부패를 조장한다. 필리핀 관료제에 필요한 것은 정치로부터의 행정의 분리라고 할 수 있다.

본 연구는 필리핀 관료제의 전체적인 모습을 한정된 자료로 조명하다 보니 각각의 주제에 대해 깊이 있는 논의가 부족하고 인과관계에 대한 실증적 분석이 없이 결론에 도달하고 있다는 한계가 있다. 후속 연구에서는 하나의 주제를 중심으로 필리핀 관료제의 특성에 대한 심층적인 실증연구가 필요하다는 점을 강조하면서 글을 맺는다.

참고문헌

장용진 (2015). 정부신뢰와 부패인식: 아시아 국가를 중심으로. 한국부패학회보, 20(2): 21-43.

Asian Development Bank (2013). Civil Society Briefs Philippines. http://www.adb.org/sites/default/files/pub/2013/csb-phi.pdf.

Berman, E. (2011). Public administration in Southeast Asia: An overview. In E. M. Berman (ed.), Public administration in Southeast Asia. Boca Raton: CRC Press.

Brillantes, A. B. Jr. & Fernandez, M. T. (2009). Philippines. In P. S. Kim (ed.), Civil service system and civil service reform in ASEAN member countries and Korea. Seoul: Daeyoung Moonhwasa.

Brillantes, A. B. Jr. & Fernandez, M. T. (2011). Restoring trust and building integrity in government: Issues and concerns in the Philippines and areas for reform. International Public Management Review, 12(2): 55-80.

Brillantes, A. B. Jr. & Villamejor-Mendoza, M. F. (2014). Interview on February 10, 2014.

Carino, L. V. (2008). Towards a strong republic: Enhancing the accountability of the Philippine state. Public Administration Quarterly, 32(1): 59-92.

Domingo, M. O. & Reyes, D. R. (2011). Performance management reforms in the Philippines. In E. M. Berman (ed.), Public administration in South Asia. Boca Raton: CRC Press.

Dressel, B. (2011). The Philippines: How much real democracy? International Political Science Review, 32(5): 529-545.

Freedom House (2013). Freedom in the world: Philippines. https://freedomhouse.org/report/freedom-world/2013/philippines.

GMA News. (2011. 2. 7.). CSC: 12,290 pass civil service examinations. www.gmanetwork.com/news/stroy/212405/news/nation/csc-12-290-pass-civil-service-examinations.

Haque, M. S. (2001). The diminishing publicness of public service under the current mode of governance. Public Administration Review, 61(1): 65-82.

Haque, M. S. (2007). Theory and practice of public administration in Southeast Asia:

Traditions, directions, and impacts. International Journal of Public Administration, 30(12-14): 1297-1326.

Ishii, R., Rohitarachoon, P. & Hossain, F. (2013). HRM reform in decentralised local government: Empirical perspectives on recruitment and selection in the Philippines and Thailand. Asian Journal Of Political Science, 21(3): 249-267. doi:10.1080/02185377.2013.864514

Mangahas, J. V. & Sonco, J. O. T. II. (2011). Civil service system in the Philippines. In E. M. Berman (ed.), Public administration in South Asia. Boca Raton: CRC Press.

OMB(Office of the Ombudsman) (2012). Annual Report 2012. http://www.ombudsman. gov.ph/docs/annualreport/Annual%20Report%202012.pdf.

Poocharoen, O. & Brillantes, A. (2013). Meritocracy in Asia Pacific: Status, issues, and challenges. Review of Public Personnel Administration, 33(2): 140-163.

Quah, J. S. T. (2010). Curbing corruption in the Philippines: Is this an impossible dream? Philippines Journal of Public Administration, 54(1-2): 1-43.

Querubin, P. (2013). Political reform and elite persistence: Term limits and political dynasties in the Philippines. In APSA 2012 Annual Meeting Paper.

Reyes, D. R. (2011). History and context of the development of public administration in the Philippines. In E. M. Berman (ed.), Public administration in Southeast Asia. Boca Raton: CRC Press.

Rosenbloom, D. H. & Kravchuk, R. S. (2002). Public administration: Understanding management, politics, and law in the public sector. New York, NY: McGraw-Hill.

Tillah, M. (2005). Globalization, redemocratization and the Philippine bureaucracy (No. DP 2005-09). Makati City: Philippine Institute for Development Studies.

Turner, M. (2002). Choosing items from the menu: New public management in Southeast Asia. International Journal of Public Administration, 25(12): 1493-1512.

Turner, M. (2011). How to win friends and influence people: Civic engagement in the Philippines. Public Administration and Development, 31: 91-110.

UNODC(United Nations Office on Drugs and Crime) (2013). Country review report of the Philippines. http://www.ombudsman.gov.ph/docs/uncac/Philippines%20Country %20Report.pdf.

World Fact Book. https://www.cia.gov/library/publications/the-world-factbook/geos /rp.html.

제7장

말레이시아 관료제
: 행정의 근대화와 개혁의 한계

임 현

I. 개 관

각 국의 행정체제는 사회적·정치적 제도의 역사적 발전에 의해 형성되는데 말레이시아 역시 예외일 수 없다. 15세기의 믈라카(Melaka) 왕국과 약 450년의 긴 식민지배 시대의 여러 제도들이 독립 이후 정부행정체제의 형성에 영향을 주어 왔다. 절대군주제가 입헌군주제로 변화하였고 이러한 변화와 함께 15세기에는 힌두교에서 이슬람교로, 19세기에는 단일민족사회에서 다민족사회로, 20세기 말에는 세계 최대의 고무와 주석 생산국에서 다양한 수출중심경제로 바뀌었다(Ahmad et al., 2003). Tilman(1964)은 말레이시아 관료제를 이해하기 위해서는 힌두교와 이슬람교의 문화적·정치적 영향 및 식민지배 시대와 독립이후의 총체적 상황에 대한 검토가 필요함을 강조하였다. 말레이시아의 민족 구성과 민족 간의 관계도 헌법의 내용, 민주적 절차 및 정당체제에 영향을 줄정도로 중요한 의미를 가진다(Milne, 1967).

초기 말레이인들은 인도문명의 영향을 받았고 힌두교와 불교가 융합된 문화를 가졌다. 14세기 말 믈라카 왕국이 건국되었고 이슬람교로의 개종이 행해졌으며 15세기 믈라카 왕국은 아랍인, 중국인, 인도인, 아랍인들의 무역 거점이 되었다. 그러나 1511년 포르투갈에 의해 믈라카가 함락되었고 당시의 믈라

카인들은 조호르(Johor) 지역으로 이동하였다. 17세기에는 네덜란드와 포르투
갈이 말레이반도를 두고 대립하였으며 영국은 18세기 후반부터 말레이반도에
직접적인 영향력을 행사하기 시작하였다. 1824년 네덜란드는 믈라카를 영국에
내어주고 수마트라와 말레이반도 이남지역 전역에 대한 통제권을 갖는 조약을
영국과 체결하였다. 이후 영국은 1841년부터 사라왁(Sarawak)에 대해서도 통치
를 시작하였으며 1874년 페락(Perak)왕국과도 팡코르(Pangkor) 조약을 체결함으
로써 말레이시아에 대한 영국의 간접지배가 사실상 인정되었다. 1888년에는
브루나이(Brunei), 사라왁, 북보르네오가 영국 보호령에 편입되었고 20세기 초
에는 북부 말레이시아로 그 영역이 확장되었다. 또한 1896년에는 연합말레이
주(Federated Malay States, FMS)가 수립되었으며 FMS의 수립은 파항(Pahang), 느그
리슴빌란(Negri Sembilan), 슬랑오르(Selangor), 페락(Perak) 행정의 중앙집권화라
는 새로운 장을 열게 되었다. 비연합말레이주(Unfederated Malay States)에는 크다
(Kedah), 조호르(Johore), 클란탄(Kelantan), 프를리스(Perlis), 트렝가누(Terenggnau)
가 속했으며, 각 주는 자문권한은 갖지만 행정권한은 갖지 않는 영국의 자문관
에 의해 간접적으로 관리되었다. 이처럼 1824년부터 1957년 독립할 때까지 말
레이시아는 100년 이상 영국의 지배 하에 있었는데, 이 시기 관료제의 특징적
인 점은 말레이공무원제(Malayan Civil Service, MCS)의 구축(Vere Allen, 1970) 및 지
방(District)과 지방관(Land Office) 제도의 설치를 들 수 있다.

　　장기간의 식민지배로 인해 1957년 독립 당시 말레이시아의 행정제도는 당
연히 영국 식민통치 시대의 제도에 기초하고 있었다. 말레이시아의 정부와 행
정체제는 기본적으로 웨스트민스터 모델과 유사하지만 행정 스타일과 행정문
화에 있어 고유한 특징도 가지고 있다(Ahmad et al., 2003). 1957년 헌법은 모든
주에 동등한 헌법적 지위를 부여하였으며 각 주가 중앙과의 관계에 있어 대등
한 지위를 가진다는 것을 천명하였다. 그러나 헌법의 정신과는 달리 실제 각
주는 중앙과 대등한 지위를 형성하지 못하였고 중앙정부가 주된 과세권한을
가졌기 때문에 재정적 측면에서 연방정부의 권한이 강화되었다. 1957년 헌법
은 싱가포르, 사라왁, 사바(Sabah)가 더해진 1963년의 말라야연방 헌법의 기초
가 되었다. 이 가운데 싱가포르는 1965년 독립국가로 말라야연방을 벗어나게

된다. 역사적 배경에 따라 발전된 말레이시아 정부체제의 세 가지 요소는 입헌
군주제, 의회민주주의, 연방주의라고 할 수 있다(Siddiquee, 2006). 이러한 요소
들은 각 주의 말레이 통치권자, 주 정부의 자치권, 다민족사회의 이익을 보호
하였으며 독립 이후 국가의 안정성을 확보하고 이를 통해 경제적 성장과 발전
을 촉진하는 제도적 토대를 구축하였다고 할 수 있다.

  말레이시아의 관료제는 독립 이후 말레이시아의 사회경제적 발전에 중심
적 역할을 수행해왔는데 이 과정에서 국내외적 변화를 수용하고 문제를 해결
하기 위한 다양한 행정개혁이 이루어졌다. 독립 이후 사회경제적 발전을 견인
하는 역할을 수행하기 위해 발전행정이 말레이시아 첫 행정개혁의 주제가 되
었으며 교육을 통한 공무원의 역량강화와 신경제정책을 통한 민족 간 경제격
차의 해소 등이 중요한 내용이 되었다. 이후 행정의 효율성과 효과성을 보다
증진하기 위하여 동방정책과 민영화가 추진되었다. 짧은 시간 동안 괄목할만
한 경제성장을 이룬 한국과 일본의 경험을 수용하여 행정의 효율성과 효과성
및 신뢰성을 향상시키는 것을 목표로 하였으며 경제위기로 인한 재정적 어려
움을 민영화를 통해 해결하려고 하였다. 이후 세계적인 신공공관리의 흐름 속
에서 말레이시아 역시 행정의 질과 관료제의 역량을 증진하기 위한 관리주의
행정개혁을 추구하였으며 굿거버넌스에서 강조하는 투명성과 부패통제도 행
정개혁의 주요한 지향점이 되고 있다.

  이 장에서는 이러한 말레이시아 행정개혁의 내용과 성과를 구체적으로 검
토하고 행정개혁이 관료제의 질을 전반적으로는 향상시켰지만 여전히 책임성,
부패통제, 분권과 시민참여 등에서 문제가 남아있음을 지적하고자 한다.

II. 행정 근대화와 개혁

1. 식민지배의 유산과 다민족국가의 전통

  말레이시아의 공식 문서와 문헌에서는 관료제(bureaucracy)라는 표현은 거

의 사용되지 않는다. 대신 공공부문(public sector), 공공서비스(public service)라는 표현이 관료제를 언급하는 표현으로 흔히 사용된다. 예들 들면 말레이시아 헌법은 공공서비스라는 표현을 사용하고 있는데 헌법 제132조에 따르면 공공서비스에는 연방 공공서비스, 주 공공서비스, 연방·주 공동 공공서비스, 사법 공공서비스, 경찰 및 군이 포함된다.

Ho(1999)는 말레이시아 관료제의 중요한 특징으로 다음의 세 가지를 언급하고 있다. 첫째, 말레이시아 관료제는 1957년 영국으로부터의 독립 이후 사회·경제발전에서 중심적 역할을 해오고 있다는 점이다. 말레이시아의 행정체제는 변화의 주체로 발전을 계획하고 실행하는 주도적 역할을 담당하고 있다. 둘째, 말레이시아 관료제는 말레이 행정 엘리트들에 의해 좌우되어 왔다는 점이다. 이러한 사실은 다민족사회인 말레이시아에서 그 정치적 의미가 크다. 1957년 독립을 통해 새롭게 형성된 말레이시아 정부는 영국 식민지배를 통해 비교적 기능적이고 체계화된 관료제를 물려받을 수 있었다. 그러나 말레이시아의 엘리트 그룹은 새로운 국가를 위해서는 공무원을 토착민화(indigenization)하는 것이 필요하다고 판단하였으며 이를 위해 말레이인들이 고위직을 점유하는 현상이 나타나게 되었다. 이러한 정책은 공직에 있어 말레이인들에 대한 특혜, 즉 말레이인들을 위한 공직 쿼터를 허용하는 헌법 규정을 두는 것으로 이어졌다(말레이시아 헌법 제135조). 이를 통해 공무원체제를 말레이화하였으며 정부는 말레이 세력의 수호자가 되는 결과를 가져왔다. 말레이시아 관료제의 세 번째 특징은 정치인과 관료 간의 강한 밀착성이다. 말레이시아의 정치행정 엘리트의 상당수는 유사한 사회적·교육적 배경을 가지고 동일한 이념적 가치를 공유하고 있다. 그들의 이러한 공통적 이해관계는 상호 의존관계를 형성하게 하였다.

말레이시아 관료제의 특징은 앞서 언급한 바와 같이 말레이시아가 다민족국가라는 점과 이로부터 파생되는 정치적 상황과 매우 밀접하게 관련되어 있다. 말레이시아는 말레이반도의 부미푸트라(Bumiptra), 사바와 사라왁 지역의 부미푸트라, 중국인 그리고 인도인으로 이루어진 다민족국가이다. 김종업·최종석(2011)은 말레이시아에서 부미푸트라와 非부미푸트라는 민족적·종교적·

문화적 구분의 의미를 갖는다고 설명하고 있다. 먼저 두 단어는 말레이 토착민과 이주민으로 민족을 구분하는 의미로 사용된다. 부미푸트라는 말레이 토착민을 뜻하며 노동력 확보를 위한 영국식민정책을 통해 중국과 인도에서 이주해 온 사람들은 非부미푸트라라고 일컫는다(Siddiquee & Suryadinata, 2005; 김동엽, 2005: 김종업·최종석, 2011에서 재인용). 또한 부미푸트라와 非부미푸트라는 말레이시아에서 종교를 구분하는 단어로 사용되기도 하는데, 부미푸트라는 국교인 이슬람교를 믿는 말레이시아인을 뜻한다. 대부분의 말레이시아 토착민들은 국교인 이슬람교를 믿고 있기 때문이다. 또한 부미푸트라와 非부미푸트라는 문화적 차이에 대한 구분을 의미하기도 한다. 즉, 부미푸트라가 말레이시아 토착문화를 배경으로 한다면 非부미푸트라는 중국이나 인도 등 외래문화를 대변하는 의미를 갖는다(김종업·최종석, 2011). 따라서 부미푸트라의 의미는 언급되는 상황에 따라서 토착 말레이인, 이슬람교 신자인 말레이시아인, 토착문화를 근거로 하는 말레이시아인의 의미를 가질 수 있다.

영국의 식민지 시절 부미푸트라는 정책적으로 非부미푸트라에 비해 차별을 받았다(홍재현, 2008). 영국의 식민정책은 인구의 다수인 부미푸트라를 견제하여 식민지배를 용이하게 하기 위한 것으로서 관공서나 학교, 대형 농장의 중간 관리 역할을 非부미푸트라가 담당하도록 하였다. 관공서나 학교의 중간 관리는 중국인(화인)이 그리고 대형 농장의 중간 관리는 인도인이 주축이 되었다. 말레이시아 연방이 성립된 이후 헌법 제153조에도 불구하고 이러한 현상은 지속되었고, 민족 간 소요사태가 일어났던 1969년까지 큰 변화가 없었다(김종업·최종석, 2011).

빈곤과 민족 간 경제적 불균형 및 갈등문제를 해결하기 위한 적극적 조치로서 강구된 것이 신경제정책이다. 신경제정책은 부미푸트라와 非부미푸트라의 두 종족 간에 존재하는 경제적 불균형, 특히 대부분의 빈곤층을 이루었던 부미푸트라의 빈곤문제를 해결하고 말레이시아의 경제를 발전시키는데 초점을 두었다. 신경제정책을 통해 부미푸트라의 경제적 활동에 많은 정책적 지원이 이루어졌다. 구체적으로는 모든 사업에서 30퍼센트를 부미푸트라에게 우선 배분하고 나머지를 중국계와 인도계, 외국인의 순으로 배분하였다. 헌법과 신경제정책에 근거하여 부미푸트라를 우대한 정책은 빈곤의 해결과 경제적 불균형에 기인한 민족 간 갈등을 해결하는데 일정 정도 성과를 거두었다(김종업·최종석, 2011). 또한 경제발전의 측면에서도 1970~80년대 비약적인 발전을 견인하였다. 그러나 부미푸트라 우대정책으로 인해 非부미푸트라의 불만은 계속하여 증폭되었다. 또한 경제적 특혜와 지원에도 불구하고 부미푸트라의 평균소득은 절대적으로는 증가하였지만 중국계나 인도계에 비해 계속해서 낮은 수준에 머물고 있다(〈표 7-1〉 참조). 부미푸트라의 평균 소득수준은 말레이시아의 평균소득과 비교할 때 약 80퍼센트에 머물러 부미푸트라 역시 계속되는 소득격차에 대해 불만을 가지고 있다.

표 7-1 말레이시아 민족별 소득수준   (단위: 원/월)

	1970	1979	1984	1990	1995	2002
부미푸트라	82,800	142,500	184,800	282,000	481,200	712,800
중국계	189,600	271,800	325,800	489,300	867,700	1,283,780
인도계	143,400	219,000	237,300	362,700	642,000	913,200
기타	391,200	544,800	532,500	286,500	385,200	649,500

출처: Government of Malaysia(2003), 김종업·최종석(2011)에서 재인용

그러나 부미푸트라에 대한 특혜는 직업군에 뚜렷한 변화를 가져왔다(〈표 7-2〉 참조). 행정직·관리직의 경우 1970년에 24.1퍼센트에 불과했던 부미푸트라의 비중이 2002년 무려 73.2퍼센트로 확대된 반면 중국계는 1/3 수준으로 떨어져 20퍼센트 이하로 축소되었다. 또한 서비스 부문을 제외하고는 대부분의 직업군에서 부미푸트라의 비중이 많이 확대되었음을 알 수 있다(김종업·최종석, 2011).

표 7-2	말레이시아 민족별 직업 점유율							(단위: %)
	부미푸트라		중국계		인도계		기타	
	1970	2002	1970	2002	1970	2002	1870	2002
전문 · 기술직	47.0	63.9	39.5	25.8	10.8	7.6	2.7	2.7
행정 · 관리직	24.1	73.2	62.9	18.4	7.8	6.9	5.2	1.5
사무직	35.4	37.0	45.9	52.3	17.2	5.5	1.5	5.2
판매직	26.7	56.8	61.7	32.9	11.1	8.6	0.4	1.7
서비스직	44.3	37.3	39.6	49.8	4.6	6.8	1.5	6.1
농업직	72.0	57.7	17.3	21.8	9.7	8.5	1.0	12.0
생산 · 운송직	34.2	61.2	55.9	10.3	9.6	6.9	0.3	21.6
총 취업인구 중 비율	51.8	44.7	36.6	33.8	10.6	10.0	1.0	11.5
총 노동인구 중 비율	52.7	51.5	35.8	29.7	10.7	8.3	0.8	0.5

출처: Government of Malaysia(1981, 2003), 김종업 · 최종석(2011)

　　말레이시아 공무원 규모는 독립 이후 3배로 증가하였는데, 특히 1970년 이후 연방 차원에서의 증가가 현저하다(Lim, 2009). 현재의 규모는 국제적으로 비교해보았을 때 전체 인구수 대비 매우 높은 수준인 4.8퍼센트 정도로 파악되고 있다(2009년 기준 전체 인구수는 약 2,700만 명, 공무원 수는 약 130만 명). 또한 연방 차원의 공무원 수가 전체의 90퍼센트 정도를 차지하고 있다.

2. 독립과 발전행정

　　이 시기는 1957년 독립부터 1980년까지를 포함한다. 1950년대에 사용되기 시작한 발전행정이라는 용어는 행정이 정책, 프로젝트, 프로그램을 수행함으로써 사회적 · 경제적 여건을 향상시키는 것을 의미한다(Gant, 2006). 말레이시아 역시 독립국가가 되면서 발전행정과 제도형성기를 거치게 되었는데 이를 말레이시아 행정개혁의 첫 단계로 볼 수 있다. 독립 이후 정부는 사회경제적 발전을 위한 역할을 맡게 되었으며 행정은 본질적 임무뿐만 아니라 사회경제적 발전을 위한 정책과 계획의 구상 및 실행을 통해 국가 재건을 견인해야 했다. 그러나 당시의 공무원들은 교육훈련을 받지도 않았고 대규모 개발 프로그램을 구상하고 관리한 경험도 없다는 점이 문제가 되어 행정역량을 향상시키는 것이 중요한 과제가 되었다. 이러한 문제로 인해 행정개혁과 행정의 현대화의 필요성이 절실하게 제기되었다(Siddiquee, 2007).

　　Montgomery 교수와 Esman 교수의 "말레이시아 발전행정(Development Administration in Malaysia)"이라는 1966년의 보고서는 말레이시아 행정체계의 현대화를 강조하였다. Montgomery－Esman 보고서는 행정개혁과 발전을 위해서는 공무원 교육과 훈련을 통해 행정서비스에 있어 프로페셔널리즘을 향상시키는 것이 중요하다고 지적하였다. 보고서는 관료제의 철학과 중점을 전통적인 '체계유지'에서 변화의 기폭제가 될 수 있는 '발전행정'으로 옮겨야 한다는 점을 강조하였다(Siddiquee, 2007).

　　말레이시아 정부는 이 지적을 받아들여 행정개혁과 발전을 담당하는 발전행정부서(Development Administration Unit)를 설치하였다. 또한 보고서의 지적대로 공무원의 훈련과 프로페셔널리즘을 증진시키기 위하여 국립행정연수원(National Institute of Public Administration, INTAN)을 설치하였고 훈련을 통해 행정역량과 효과성을 향상시키는 것을 중요한 목적으로 삼았다. 국립행정연수원은 실제로 상징적 의미에 그치지 않고 관료제 질의 실질적 향상을 가져왔다. 국립행정연수원은 인사행정처(Public Service Department, PSD)에 소속된 기관으로 훈련수요 조사와 교육훈련정책의 수립을 담당하고 각 부처의 교육기관은 보조적 역할을 수행한다. 국립행정연수원은 세계적 수준의 공공분야 교육기관으로서의 비전을 가지고 양질의 교육을 통한 인적 자원 개발을 목적으로 하고 있다. 1959년에 공무원교육기관으로 설립되고 1972년에 국립행정연수원으로 승격되었다. 10개 센터를 갖춘 본원과 6개 분원이 설치되어 있다. 국립행정연수원의 교육훈련의 특징은 전체 공무원의 교육훈련을 집중적으로 담당함으로써 인력과 업무에 있어서 고도의 전문성을 확보하고 있고 교육훈련 외에 각 부처가 필요로 하는 정책사안 전반을 연구함으로써 연수원과 연구원의 기능을 함께 수행하고 있다는 점이다(Siddiquee, 2002: 115).

　　공무원 역량을 향상시키기 위한 또 다른 시도는 앞서 언급한 인사행정처의 설치이다. 가장 중요한 인사부처인 인사행정처는 인사정책의 구상과 실행을 담당하고 행정의 효율성 진작과 국가발전 실현에 대한 공직자의 헌신에 기여하고 있다(Siddiquee, 2006). 모든 측면의 인사관리정책이 인사행정처의 소관 범위에 해당한다. 인사행정처의 기능은 다음과 같다.

① 채용, 임명, 승진, 교육, 퇴임 · 면직 · 징계계획의 수립
② 모든 정부기관의 조직구조와 인력수급의 결정
③ 보수와 복지정책의 수립
④ 근로자에 의해 제기된 소송에서 권리침해를 당한 당사자와의 협상 및 인사소송의 모든 절차에서 정부 대표(노사관계의 조정)
⑤ 모든 정부기관에 적합하고 교육받은 인력의 공급
⑥ 연금과 기타 퇴직수당에 대한 법의 집행과 적용(DPADM · DESA, 2005)

말레이시아의 인사위원회(Public Service Commission of Malaysia, PSC)는 헌법 제139조에 의해 1957년 설치되었다. 이 위원회는 말레이시아 연방 정부의 인사행정을 담당하며 이에 관한 규칙을 제정한다. 위원회는 대부분의 관료에 대한 임명권과 해임권을 가지며 국왕의 임명권 행사에 대한 자문도 수행한다. 위원장과 위원은 헌법 제139조 제4항에 따라 국왕의 재량에 의해 임명된다. 인사위원회는 독립적 기구로서 인력채용을 담당한다. 헌법 제144조는 위원회의 주된 기능을 임명, 승진 및 교육으로 규정하고 있다. 인사정책의 주된 목적은 높은 자질을 갖춘 인재의 충원에 있다. 채용정책과 절차에 대해서는 임명과 승진에 대한 일반명령(General Orders Chapter 'A'(Appointments and Promotions))이 규정하고 있다. 말레이시아의 인력운영은 실적에 기초하고(merit-based) 있다고 하나 부미푸트라를 우대하는 방식으로 운영되고 있다(Lim, 2009).

〈표 7−3〉은 이러한 점을 잘 보여주고 있다. 2010년 기준으로 중국계가 인구구성에서 25퍼센트를 차지하고 있으나 공무원 구성에서는 10퍼센트를 넘지 못하고 있는 반면 부미푸트라는 인구구성에서 67퍼센트를 차지하고 있으나 특히 고위관리그룹과 관리 · 전문그룹의 공무원 구성에서는 80퍼센트를 넘고

있다. 이는 실적이 아니라 부미푸트라에 대한 지나친 우대에 기인하는 것으로
보인다.

표 7-3 공무원 구성(2005년 기준)

인종	고위관리그룹		관리·전문그룹		지원그룹	
	명	퍼센트	명	퍼센트	명	퍼센트
말레이계	1,370	83.95	155,871	81.65	535,495	75.77
중국계	151	9.25	17,896	9.37	66,248	9.37
인도계	83	5.08	9,777	5.12	36,194	5.12
기타 부미푸트라	23	1.41	6,156	3.22	63,649	9.01

출처: Lim(2009: 141)

1960년대를 거치면서 말레이시아가 꾸준한 경제성장을 이루었음에도 불구
하고, 소득격차의 심화는 1969년 민족 간 유혈사태를 야기하였다. 정부는 이를
계기로 정책과 프로그램에 대해 재고하게 되었으며 신경제정책이라고 알려진
제1차 장기발전계획(First Outline Perspective Plan, 1971~1990)이 1971년부터 시행
되었다. 신경제정책은 민족 간 경제적 차이의 완화를 추구하였으며 이를 위해
말레이인들과 다른 토착민들의 경제 분야, 특히 상공업에 대한 참여를 강화하
고자 하였고, 이를 위해 국가의 보다 적극적인 역할이 요구되었다. 이러한 신
경제정책으로 말미암아 공기업과 공공기관의 규모가 늘어나 관료제의 규모도
결과적으로 확대되었다. 공기업과 공공기관의 설립과 관리는 1970년대 국가주
도의 발전에 있어 필수적 요소였으며, 개혁전략의 내용이었다(Siddiquee, 2007).

3. 효율성과 작은 정부

이 시기는 동방정책과 민영화를 강조한 기간으로 1981년부터 1990년까지
를 포함한다. 마하티르 모하마드(Mahathir Mohamad) 총리의 임기가 시작되던
1981년 행정개혁은 새로운 전환기를 맞게 되었다. 마하티르는 개혁의 새로운
정신과 방향성은 효율적이며 효과적인 행정의 발전임을 강조하였다. 그는 특

히 서구국가를 역할모델로 생각하는 기존의 관점에서 벗어나 동방으로 눈을
돌릴 것을 강조하는 이른바 동방정책을 시행하였다. 동방정책을 통해 특히 괄
목할만한 경제적 성장을 이룬 한국과 일본의 경험을 배우자는 것이었다. 실질
적으로 동방정책은 말레이시아 국민들에게 높은 생산성, 고도의 윤리적 기준
과 관리 철학 및 실무를 모방할 것을 강조하였다. 동방정책의 결과는 1983년
의 주식회사 말레이시아 정책(Malaysia Incorporated Policy)이라고 할 수 있다. 이
정책의 목적은 말레이인에 의해 주도되는 정부와 중국인들이 우위를 점하고
있는 사적 부문의 문제점을 인식하고 이를 경제성장을 통해 극복하려는데 있
었다(Sundaram, 2014). 즉, 이 정책의 핵심은 정부와 사적 부문의 협력을 통해
경제성장의 박차를 가하자는 것이었다. 이를 위해 연방과 주의 모든 기관에 자
문기구가 설치되었고 정부는 모든 기관들이 사적 주체들에게 영향을 주는 정
책, 프로그램, 법령의 제정과 관련해 사적 주체들의 의견을 수렴하고 대화하도
록 하였다(Siddiquee, 2007).

　　동방정책의 또 다른 캠페인은 깨끗하고 효율적이며 신뢰할 수 있는 행정
의 구축이었다. 이 캠페인은 관료제에 중요한 의미를 갖는 다양한 변화들을 이
끌어냈다. 관료들에게는 직무에 있어 보다 시간을 엄수하고 근면하며 효율적
일 것이 요구되었다. 1981년 관료의 책임성 강화를 목적으로 이름표가 도입되
었다. 또한 근무시간이 엄격히 준수될 것이 요구되었고 사안에 대한 이해력과
분석력의 제고를 통해 업무의 질의 향상을 도모하였다. 관료제에 윤리와 도덕
에 대한 새로운 인식을 불어넣기 위해 다양한 노력이 동원되었다. 이 시기의
행정개혁 추진에 있어 총리였던 마하티르의 강력한 리더십 또한 중요한 역할
을 하였다(Siddiquee, 2007).

　　그러나 경제위기와 그에 따른 재정적 어려움은 정부로 하여금 국가역할에
대한 재고를 요구하였으며 관료제의 규모와 역할에 대한 문제의식과 함께 효
율성과 경제성장을 추구하는 더 나은 대안으로서 시장메커니즘이 강조되었다.
즉, 국가의 후퇴와 민영화가 주장되었다. 관료제의 거대한 규모와 막대한 예
산, 수출 감소 등으로 인한 재원의 감소 문제로 말레이시아 정부는 관료제의
사회경제적 역할을 축소하는 방안을 선택할 수밖에 없었다. 1983년 민영화 정

책이 추진되었고 이후 민영화는 말레이시아 행정개혁의 주요 전략이 되었다. 민영화는 정부의 행정적·재정적 부담의 축소만을 지향하는 것이 아니라 시장원리의 광범위한 도입을 포함하였다. 또한 부미푸트라의 경제활동 참여를 촉진하고자 하였다(Siddiquee, 2002).

언급한 것처럼 이 시기의 행정개혁은 관료제의 효율성과 효과성을 제고하는 것이 주된 목적이었다. 행정의 새로운 체계와 기술과 절차가 도입되었고 불필요한 절차는 폐지되었다. 특히 비생산적 활동에 대한 엄격한 예산 책정기준이 도입되었다. 정부는 관료제의 효율성을 추구하기 위해 인력을 감축하고 조직의 재구조화 과정을 거쳤으며 민영화를 추진하였다(Siddiquee, 2007).

4. 민관협력과 신공공관리

이 시기는 행정의 질, 행정윤리 및 책임성이 강조된 기간으로 1991년부터 2000년까지를 포함한다. 이전 시기와 달리 1990년대에 들어서면서 관료제는 새로운 개혁의 계기를 맞게 되었다. 먼저 1990년 신경제정책이 마무리되면서 말레이시아는 국가발전에 대한 두 가지 새로운 정책을 수립하게 된다. 국가발전정책(National Development Policy, 1991~2000)과 비전 2020(1991~2020)이 그것이다. 이들 정책은 상호 보완적인 역할을 하며 민간부문의 주도적 역할을 통한 산업화를 발전의 토대로 삼았다. 이들은 투자와 경제성장 촉진의 도구로서 민관협력을 강조하였다(Siddiquee, 2007).

다음으로는 행정개혁의 세계적 경향으로 신공공관리(New Public Management)의 영향을 들 수 있다. 많은 기관과 전문가들이 말레이시아를 방문하여 신공공관리 개혁에 대해 설명하였는데 특히 1992년 Osborne & Gaebler의 "Reinventing Government"라는 책이 큰 영향을 주었다. 1990년대 말레이시아 행정개혁의 주요 내용은 신공공관리에 기반을 둔 것이었다. 다양한 시장 친화적 구상, 질의 강조, 민관협력, 성과중심의 행정 등 서구 공공관리 모델의 내용들이 말레이시아에서도 실행되었다.

이 시기의 개혁은 제도적, 절차적, 인적, 재정적 측면을 모두 망라하였고 이러한 광범위한 개혁은 국제적 경쟁력을 갖춘 관료제, 즉 관료제의 우수성 (excellence)을 궁극적인 목적으로 삼았다. 또한 관료제의 우수성은 가치에 기반을 둔 윤리적 행정을 외면하고는 이뤄낼 수 없는 것이라는 신념에서 몇 가지 기본적 가치를 강조하였다. 이러한 가치들로 생산성, 개혁, 청렴성, 교육, 책임성, 전문성 등이 제시되었다. 이를 위해 높은 성과, 질의 향상 및 시민중심의 관료제를 지향하기 위한 총체적 품질관리(total quality management) 프로그램이 도입되었다(Fei & Rainey, 2003). 이 프로그램은 공공기관이 각각의 목적과 시민의 요구를 달성할 수 있는 체계와 절차를 갖추었는지 자체 평가할 것을 요구하였다(Siddiquee, 2007).

또한 국립행정연수원은 관료가 질 관리 프로그램을 실행하는데 필요한 교육을 제공하였다. 이 시기의 행정개혁에 따라 종래의 A(관리직, 전문기술직), B(집행직, 준전문기술직), C(서기 및 기능직), D(전문보조직) 네 개의 범주로 이루어진 관료의 계층이 3개의 범주로 단순화되었다. 즉, A그룹에 속하는 관리직과 전문기술직을 2개 계층으로 세분화하여 고위관리직과 관리직·전문기술직으로 구분하였고 B·C·D그룹을 사무보조직으로 통합하였다. 이러한 재분류를 통해 국립행정연수원에서는 성적이 우수한 고위관리직에게 200퍼센트 이상의 보수인상이나 특별수당을 제공하는 등 동기부여를 하고 있다. 교육훈련과정의 평가는 보고서 및 주제별 연구 자료를 토대로 이루어지며 개인별 평가결과는 승진이나 앞서 언급한 보수 등과 직결되어 있어서 교육훈련 자체가 성과관리시스템의 일부라고 할 수 있다(중앙공무원교육원, 2007). 말레이시아의 성과평가제도는 매년 월 급여의 산정에 반영된다. 성과평가의 기준으로는 다음의 내용을 언급할 수 있다. ① 지식에 근거한 결과물, 업무의 질, 기한, 관리와 결정 능력, ② 신뢰성 등 좋은 가치, ③ 잠재된 리더십, ④ 평가대상자와 평가기관이 동의한 그 해의 성과목표로 새로운 보수체계 하에서 상급자가 승진에 있어 더 이상 우선권을 갖지 않으며 승진 대상자는 리더십, 혁신성 및 창의성 그리고 자질, 경험, 교육, 성과평가, 국립행정연수원의 법정 과정 이수와 인터뷰 등에 의해서 결정된다(DPADM·DESA, 2005). 총체적 품질관리 프로그램의 목적은 행정의 질과 생산성의 향상이 생활양식이 되는 문화를 형성하는데 있었다.

5. 경제위기와 굿거버넌스

1990년대 후반 아시아의 경제위기는 말레이시아 행정개혁에 새로운 계기를 제공하였다. 경제위기는 정부정책의 결점을 드러내는데 그치지 않고 정부실패, 부패, 정실인사 등의 문제를 노출시켰다. 경제위기로 드러난 문제점들은 행정의 투명성과 개방을 요구하는 계기가 되었으며 2003년 압둘라 바다위(Abdullah Ahmad Badawi) 총리는 취임과 함께 깨끗하고 투명한 정부를 강조하고 굿거버넌스의 형성을 주된 슬로건으로 삼았다. 바다위 총리는 국가청렴계획(National Integrity Plan)을 추진하였으며 반부패아카데미(Anti-Corruption Academy)와 행정의 청렴도를 제고할 수 있는 다양한 수단들을 마련하였다. 그는 장관들에 대한 윤리강령을 도입하였고 부패사례에 대한 조사절차를 명확히 하였다. 이를 통해 전직 총리였던 마하티르 총리의 부패스캔들에 대한 조사가 이루어지는 등의 성과가 나타났으나 부패를 완전히 청산할 정도로 개혁이 이루어지지는 못했으며 여전히 부패는 만연해있는 것으로 평가된다(Siddiquee, 2007).

III. 개혁의 한계와 과제

1. 신공공관리 개혁과 민영화

신공공관리 개혁과 민영화가 말레이시아 행정의 근대화 및 경제성장에 기여한 측면이 인정됨에도 불구하고 다른 국가에서와 마찬가지로 부정적 측면에 대한 평가가 존재한다. 신공공관리 개혁의 측면에서 평가한다면 개혁은 결과적으로 행정의 소극적이고 간접적이며 조력자로서의 역할을 강조하였고 경제활동에 대해 필요한 규제 등을 행할 수 있는 행정의 역량을 저하시켰다. 이는 공익과 복지의 증진을 위한 정부의 능력에 대해 심각한 의문을 야기하였고, 민족 간 소득격차가 심한 말레이시아에서 정부가 이러한 격차를 해소하는 중요한 역할을 수행해왔다는 점을 감안할 때 이는 매우 중요한 문제임이 지적되었

다. 민영화 및 사회복지서비스에 대한 예산삭감은 높은 대학 등록금, 학교시설
에 대한 이용료, 병원비 등 시민들의 부담으로 전가되었다(Siddiquee, 2007).

　　민영화 역시 말레이시아의 경제성장에 기여를 했음에도 불구하고 이에 대
한 다양한 논의들이 존재한다. 민영화가 야기한 중요한 문제로 지적할 수 있는
것은 책임성에 관련된다. 민영화로 인해 시민도 정부도 공공성을 갖는 서비스
를 제공하는 사적 기관에 대해 충분한 통제를 할 수 없게 되었기 때문이다. 또
한 민영화 이후에도 정부는 공공성을 갖는 서비스를 제공하는 사적 기관에 대
해 소프트론의 제공, 조세 혜택, 인허가 등의 특혜를 제공함으로써 오히려 정
부의 재정악화를 야기하는 결과를 초래하기도 하였다(Siddiquee, 2007).

　　물론 이러한 문제점들은 말레이시아에 국한되는 내용들은 아니며, 신공공
관리 개혁과 민영화의 일반적인 결과로서 나타나는 현상들이다. 그러나 국가
마다 이러한 문제들을 해결할 수 있는 여건에 차이가 존재할 것이다. 이들 문
제의 해결을 위해서는 굿거버넌스의 형성이 중요한 의미를 가지는데 관료제의
투명성, 부패, 시민사회와의 관계는 굿거버넌스의 형성에 필수적인 내용들이
다. 이하에서는 말레이시아 관료제의 투명성과 부패 및 시민사회의 관계에 대
해 살펴보고 그 지향점을 제시해보고자 한다.

2. 투명성

　　말레이시아의 행정개혁에 있어 행정의 투명성은 중요한 주제 중의 하나였
다. 그러나 말레이시아 행정의 투명성은 여전히 긍정적으로 평가되지 않는다.
세계사법정의프로젝트(World Justice Project, 이하 WJP)의 열린 정부(Open Government)
평가에서 말레이시아는 2014년 1점 만점에 0.48점으로 전체 99개 대상국 중에
서 42위를 기록했다. 세부적으로 살폈을 때 법의 접근가능성(Accessible Law)에 대
해서는 0.65점, 법의 안정성(Stable Law)에 대해서는 0.60점, 청원권(Right to
Petition)과 참여권(Right to Participation)의 보장에 대해서는 0.46점, 정보권(Freedom
of Information)의 보장과 이용가능성에 대해서는 매우 낮은 점수인 0.21점을 받
았다(WJP, 2014). 즉, 법의 접근가능성과 법적 안정성이라는 법제도의 용이성

측면에서도 높은 점수를 받지는 못했지만 후자의 영역, 즉 청원권과 참여권, 정보권과 같은 국민의 권리가 강조되는 측면에서 더욱 낮은 평가를 받았다. 2015년 평가에서는 0.43점으로 총 102개 국가 중 88위를 기록했다. 전년도에 비해 순위가 더욱 하락하였다. 평가점수를 3분위로 나눴을 때 법제도 측면에서는 상위 점수를, 정보권, 주민참여, 청원 시스템에 대해서는 모두 하위 점수를 기록했다. 즉, 투명한 정부에 대한 국민의 충분한 권리 보장이 여전히 이루어지지 않고 있다.

　　말레이시아가 국민의 정보권 보장과 그에 상응하는 행정의 정보공개 의무에 대한 점수가 낮은 주된 이유는 최근까지 정보공개법이 제정된 주가 없었으며 최근 법률을 마련한 주도 매우 소수이기 때문이라고 볼 수 있다. 연방 차원의 정보공개법이 마련되어 있지 않고 모든 주들이 정보공개법을 두고 있지 않음으로 인해서 말레이시아는 '세계정보권순위평가(Global Right to Information Rating, RTI Rating)'의 평가 대상에서 지금까지는 제외되고 있다.[1]

　　현재 말레이시아의 13개 주 가운데서 두 개의 주, 즉 슬랑오르와 페낭(Penang)만이 정보공개법을 두고 있다. 슬랑오르 주의 경우 2010년 정보공개법(Freedom of Information Enactment)이 제정되어 2011년 4월부터 시행되고 있는데 이 법은 말레이시아 최초의 정보공개법이다. 이에 따라 슬랑오르 주의 주민들은 주 의회와 주정부 그리고 주정부와 관련된 기업의 정보에 대해 접근할 수 있다. 또한 페낭 주의 경우에도 정보공개법(Freedom of Information Bill)이 2011년 4월에 통과되었다. 이 두 개의 주는 야당연합인 인민연맹(Pakatan Rakyat)이 집권하고 있다.

　　이들 주의 정보공개법 제정 이전부터 시민사회에서는 좋은 정보공개법(good FoI)의 제정에 대한 요구가 있었으며 이를 위해서 법률은 다음의 내용들을 담고 있어야 한다고 주장하였다.[2] ① 정보공개 원칙이 규정되어야 한다. ② 공공기관은 통상적이고 규칙적으로 광범위한 범위의 공공정보가 이용 가능

---

1) http://www.rti-rating.org/country-data/
2) http://right2info.wordpress.com/

할 수 있도록 하여야 한다. ③ 법의 집행에 대한 감독기관, 즉 정보공개의 거부에 대해 이의제기를 할 수 있는 독립행정기관이 존재하여야 한다. 이러한 기관의 구성원은 투명한 방법에 의해 선정되어야 하며 시민사회가 포함되어야 한다. ④ 열린 정부(open government)가 촉진되어야 한다. 이는 필요한 교육과 정보관리의 절차 및 정보접근을 방해하는 위법행위에 대한 형사제재를 통해 가능하다. ⑤ 정보공개의 예외 규정, 즉 비공개 대상정보는 명확하게 규정되어야 하며 정당한 사유가 있는 경우로 한정되어야 한다. ⑥ 법률은 정보공개청구절차와 비용을 최소한으로 규정하여야 한다. ⑦ 법률은 공적 회의는 공개되어야 한다는 일반규정을 두어야 한다. ⑧ 법률은 다른 비밀유지에 관한 법률에 우선한다. ⑨ 법률은 내부고발자 보호에 관한 규정을 두어야 한다. ⑩ 법률에 대한 종합적인 보고서를 작성하여야 한다.[3]

말레이시아의 굿거버넌스 연합(Coalition of Good Governance, CGG)은 슬랑오르 주의 정보공개법 제정은 원칙적으로 환영하지만 이 법률이 위에서 언급한 시민사회의 요구를 반영하고 있는지에 대해서는 비판적이다. 즉, 이 법률이 모든 개인이 공공정보에 접근할 수 있는 권리를 보장하고, 주정부는 이에 대한 의무를 부담하는 것을 입법취지로 하고 있으나 이러한 취지를 실질적으로 실현하기 위해서는 여전히 많은 점에서 보완과 개선이 이루어져야 한다고 지적한다. 굿거버넌스연합은 특히 다음의 점들에 대해 비판하고 있다. 첫째, 정보공개청구권이 개인의 권리로서 명확히 인식되지 않고 있다는 점이다. 즉, 이 법률은 모든 개인이 공공정보에 접근할 기회를 가진다고 규정하고 있으며 제5조 제1항에서 이를 '모든 부처에 의해 형성된 공공정보에 대해 접근이 허용된 개인'이라고 표현하고 있다. 즉, 이 규정은 개인의 정보공개청구권을 확고히 하기보다는 정부가 자신의 정보에 대해 개인이 접근하도록 허용해준다는 인식이 바탕이 된 것이라고 보여 진다. 둘째, 예외규정이 너무 광범위하다는 점이다. 법률은 정보공개의 한계를 공무기밀법(Official Secrets Act)과 관련하여 규정하고 있으며 주에 의해 설립된 공적 기능을 가지는 기관을 정보공개법의 적용

---

3) http://www.petitiononline.com/foiMsia/petition.html

대상에서 제외함으로써 공익과 관련되는 수많은 사법상 계약들이 공개대상에
서 제외되고 있다. 셋째, 정보공개청구절차가 정보공개청구권의 실현에 부정
적 영향을 줄 수 있다는 점이다. 즉, 정보공개청구에 대한 과도하게 많은 규정
들은 이 법률의 취지를 약화시킬 수 있고 잠정적으로 정보공개의 거부가능성
을 확대하는 결과를 낳을 수 있다. 예컨대 이 법 제6조 제2항 d목은 정보공개
를 요구하는 개인은 정보공개청구의 이유와 목적을 밝히도록 하고 있는데 이
는 행정기관의 판단에 따라 정보공개청구자격을 상실시킬 수 있는 가능성을
내포하고 있다. 또한 정보를 보유한 기관은 정보공개청구에 대해 응답하지 않
을 수 있으며 제7조에 규정된 기간 내에 응답하지 않으면 이것은 정보공개의
거부로 간주된다. 또한 이 법은 정보획득에 필요한 비용에 대해 규정하고 있지
않은데 이는 정보를 공개하지 않을 수 있는 가장 손쉬운 방법 중 하나이다. 넷
째, 통제기관이 충분히 독립적이지 않다는 점이다. 이 법은 통제기관의 구성원
을 주가 임명하도록 하고 있으며 통제기관의 장은 결정에 대해 광범위한 권한
을 갖도록 하고 있다. 따라서 구성원의 선정 기준과 임명절차가 공개되고 투명
하게 이루어질 필요성이 있다는 비판이 제기되고 있다.[4)]

　　이처럼 슬랑오르 주와 페낭 주의 정보공개법 제정 이후에도 이 법률들이
여전히 많은 한계를 가지고 있다는 지적이 일반적이다.[5)] 무엇보다 연방 차원
의 정보공개법이 제정되는 것이 필요하며, 공무기밀법과의 관계 설정이 필요
하다. 즉, 공무기밀법에 따라 어떤 문서가 기밀문서로 분류되면 이 문서는 일
반 국민의 접근이 허용되지 않고 사법심사에서 배제된다.

　　또한 인쇄출판법(Printing Presses and Publications Act)도 정부의 투명성과 관
련하여 문제가 되고 있는데, '미디어를 통한 국가 건설'이라는 목표 아래 1971
년 말레이시아는 인쇄매체에 대한 운영허가제를 도입하였으며 이는 1984년 인
쇄출판법에 규정되었다. 이 법률에 따라 말레이시아에서는 어떤 형태의 신문
사라도 매년 국가로부터 출판허가를 받도록 되어 있다. 허가취소에 대해 신문

---

4) http://right2info.wordpress.com/
5) http://www.transparency.org/country#MYS

사는 법원에 제소할 수 없으며 신문사 폐쇄 후 새로운 출판허가를 신청하는
방법 밖에 없다. 또한 말레이시아의 주요 미디어는 정부에 의해 직접적으로 혹
은 정부와 관련 있는 인사나 기관에 의해 소유 혹은 운영되고 있다.[6]

3. 부패통제

말레이시아의 정부 관료제는 사회경제적 발전을 선도하는데 중요한 역할을
하였음에도 불구하고, 부패에 관해 대중의 비판으로부터 벗어나지 못하고 있
다. 언론과 시민사회, 지식인들 그리고 정치적 반대자들은 끊이지 않는 부패 스
캔들을 관료제의 낮은 성과와 책임성의 결여를 비판하는데 성공적으로 활용하
고 있다. 정부의 책임성을 강화하고 부패를 근절하기 위하여 수많은 법령이 마
련되었고 개혁을 통해 행정의 다양한 측면에 많은 교육프로그램이 도입되었으
며 관료의 재교육도 이루어지고 있다. 그러나 계속되는 부패 스캔들은 말레이
시아 관료제가 여전히 부패와 부조리에 휩싸여 있음을 보여주고 있다(Siddiquee,
2007). 말레이시아는 국제투명성기구의 2015년과 2016년 부패인식지수에서 176
개국 중 55위를 기록하였다(Transparency International, 2015, 2016).

부패는 말레이시아의 정치자금과도 관련된다. 정치자금과 관련하여 말레
이시아에서는 기업과 개인의 정당과 후보자에 대한 지원이 제한되지 않는다.
또한 정당은 선거기간 동안 자금의 사용을 보고할 법적 의무가 없다. 이러한
정치적 환경으로 인해 말레이시아의 집권 여당은 55년 이상 다른 정당에 비해
파격적으로 높은 지원을 받았다. 연방선거나 주선거에서 나타나는 불공정성은
민주적 정치 시스템의 전반적인 기능을 저해하고 있다.[7]

부패와 관련하여 공공부문과 민간부문의 관계를 또한 들 수 있다. 말레이
시아에서는 개인이 민간 영역과 공공 영역을 넘나들며 일할 수 있다. 회전문
(revolving door)이라고 일컬어지는 이러한 환경은 경제에 대한 정부의 적극적인

---

6) http://www.transparency.org/country#MYS

7) http://www.transparency.org/country#MYS

참여를 허용하고 부패의 위험을 높이며 민관 상호 간의 관계설정을 어렵게 한다. 이러한 불명확성은 말레이시아의 경우 정당이 기업을 소유하는 것을 제한하지 않는 매우 찾아보기 어려운 국가라는 점에서도 나타난다.[8]

부패 문제에 대처하기 위해 독립기관인 반부패위원회(Malaysian Anti-Corruption Commission, MACC)가 설치되어 있다(윤동호, 2002). 말레이시아의 부패방지제도는 비교적 일찍 시작되어 이미 1961년에 부패방지법(Prevention of Corruption Act)이 제정되었다(Ho, 1999). 이후 1967년 수상실 직속기관으로 반부패처(Anti-Corruption Agency)가 설치되었고 1973년 국가조사처법(National Bureau of Investigation Act)이 제정되면서 반부패처의 명칭은 국가조사처(National Bureau of Investigation)로 변경되어 그 역할과 권한이 확대되었다. 이후 1982년에 반부패처법(Anti-Corruption Agency Act)으로 다시 명칭이 변경되면서 반부패처라는 이름으로 돌아오게 되었다. 이러한 명칭의 변경은 이 기관의 주된 기능과 목적이 부패방지에 있음을 의미하는 것이라 볼 수 있다(윤종설·정우성, 2005; 전태희, 2010).

반부패처의 독립성과 투명성을 강화하자는 여론이 높아지면서 2009년 반부패위원회법(Malaysian Anti-Corruption Commission Act)이 제정되고 그 명칭이 반부패위원회로 변경되었다. 반부패위원회는 수상실 직속으로 설치되었고 위원장은 수상의 추천을 받아 국왕이 임명하고 있다. 수도인 쿠알라룸푸르에 본부를 두고 연방과 주에 각각 1개소씩 사무소를 두고 있다. 반부패위원회법은 범죄가 되는 부패행위의 유형과 내용, 반부패위원회의 조사권, 내부고발자 등 신고자의 보호 및 처벌에 관한 내용을 매우 상세하게 규정하고 있다(윤종설·정우성, 2005; 전태희, 2010).

반부패위원회는 부패에 대한 사전적 대응으로 부패와 권력남용의 폐해에 대하여 공무원과 국민에 대한 홍보 및 교육기능을 수행하고, 사후적 대응으로 실제 부패관련 범죄행위에 대한 조사권을 행사하고 있다. 이를 실질적으로 뒷받침하기 위해 반부패위원회에 준사법기관으로서의 권한을 부여하고 있다. 구체적으로 반부패위원회법 제7조는 반부패위원회의 수사관이 자신의 지위와 권

8) http://www.transparency.org/country#MYS

한에 상응하는 경찰의 권한을 갖는다고 규정함으로써 수사권을 실질적으로 보장하고 있다. 또한 이 법률이 다른 형사법률보다 우선하여 적용된다고 명시하고 있다(전태희, 2010). 반부패위원회는 부패와의 전쟁을 위해 2011년 뇌물수수를 이유로 900명을 체포하였다. 위원회는 다수의 주지사, 전 의원, 주 의원, CEO, 중요 회사의 관리자와 심지어 고위검사까지 체포하여 재판에 회부하였다. 위원회는 2012년 기준 74퍼센트라는 높은 유죄 판결률을 이끌어내고 있다. 반부패위원회의 이러한 성공적인 운영은 정부가 부패 척결이라는 명확한 방향을 제시하였고 내각 수상의 직속기관이라는 점에 기인하는 것으로 보인다. 또한 위원회는 유죄판결을 받은 범죄자의 명단을 공개하도록 하고 있다. 뇌물을 준 혐의가 인정된 회사의 경우 블랙리스트에 기재되고 이는 반부패위원회의 데이터베이스에 등재되며, 공식 웹사이트에서 확인할 수 있다. 이처럼 부패에 대한 엄중한 통제가 계속되고 있으며 부패에 대한 관용이 더 이상 있을 수 없다는 인식이 말레이시아에서 높아지고 있다.[9] 또한 반부패위원회는 다양한 홍보와 교육을 통해 반부패위원회에 대한 소개, 부패행위의 유형 및 처벌의 내용, 신고자보호제도 등을 알리고 있다. 이를 통해 국민에게 부패범죄가 되는 행위의 유형을 명확히 인식시킴으로써 부패예방 효과와 부패행위의 적발가능성을 높이는 효과를 기대하고 있다(전태희, 2010).

이처럼 부패방지를 위한 법제와 기구가 마련되어 있음에도 불구하고 말레이시아 관료제는 부패에 여전히 취약하다고 할 수 있다. 이는 법제의 문제가 아니라 프로페셔널리즘과 관료제의 완결성에 부정적 영향을 주는 말레이시아 정치문화와 행정문화에 기인한다고 볼 수 있다(Siddiquee, 2007). 이러한 문제는 의회의 통제, 옴부즈만 제도의 효과적 실행, 반부패위원회의 독립성과 권한 강화 등을 통해 계속하여 해결해갈 수밖에 없을 것이다.

부패방지를 위한 최근의 긍정적인 법제 변화를 살펴보면 먼저 2010년에 내부고발자보호법(Whistleblower Protection Act)이 제정된 것을 들 수 있다. 다음으로는 2011년에 정부가 사기업에 대한 부패방지 원칙, 즉 공정하고 투명하며

---

9) http://www.thechoice.my/the-issues/63235-the-rule-of-law-in-malaysia

부패가 없는 비즈니스 환경을 구축하자는 원칙을 확립하였다는 점이다. 기업은 자율적인 부패방지프로그램을 개발하는데 협력하며 헌신하겠다는 서약에 서명하여야 하는데 2013년 4월 기준 150개의 기업이 서약서에 서명하였다.

또한 대형부패를 근절하기 위하여 모든 부패사건은 일년 내에 처리한다는 원칙(prosecution of grand corruption)이 마련되었다. 구체적으로는 2013년부터 2016년 사이에 매년 부패사건의 85퍼센트, 90퍼센트, 95퍼센트, 100퍼센트를 처리하는 것을 목표로 하였다.[10]

4. 법치와 시민참여

관료제의 환경 변화와 관련해 주목할 만한 것은 제한적이지만 법치의 확대와 시민사회의 성장이다. 말레이시아는 수하캄(Suruhanjaya Hak Asasi Manusia Malaysia, SUHAKAM)이라고 알려진 국가인권위원회를 두고 있다. 그러나 말레이시아는 시민적·정치적 권리에 관한 국제협약(International Covenant on Civil and Political Rights)과 고문방지협약(Convention against Torture and Other Cruel, Inhuman or Degrading Treatment or Punishment)에는 가입하지 않았다. 이 두 협약은 법의 지배와 관련하여 매우 중요한 내용을 담고 있으며 국민의 정치 참여에 있어서도 중요한 의미를 갖는다.

국가인권위원회 수하캄의 설치는 중요한 의미를 가지지만 법률은 위원회의 권한을 제한하고 있다. 인권위원회법(Human Rights Commission of Malaysia Act 1999)은 위원회의 권한을 다음과 같이 규정하고 있다. 인권에 대한 인식증진과 교육, 정부의 입법과 행정절차에 대한 자문과 지원, 정부의 인권협약준수에 대한 권고, 인권침해에 대한 진정사안의 조사이다. 이러한 목적을 달성하기 위하여 수하캄은 다음과 같은 권한을 갖는다. 워크숍과 세미나의 개최, 정부와 관련 기관에 대한 자문, 인권침해 검증을 위한 연구수행, 구치소 방문과 조언, 인권에 대한 공보 발행 등이다. 그러나 수하캄이 이러한 활동을 하고 정부

---

10) http://www.transparency.org/country#MYS

에 대해 조언과 권고를 하더라도 실질적인 영향력을 갖지 않는다(Human Rights Resource Centre, 2011).

개인과 단체의 정치적 자유를 제한하는 근거로 적용되는 법률들로는 먼저 현재는 폐지된 국가보안법을 들 수 있다. 1960년에 제정된 국가보안법은 국가 안전과 조직적인 폭력의 예방에 그 목적이 있었으나, 실제로는 정치탄압의 근거로 활용되기도 하였다(박은홍, 2003). 마하티르 정부는 국가보안법을 적용하여 야당 정치인과 반정부 사회세력을 체포하였다(Case, 2002). 2011년 9월 국가보안법 폐지 시점에 국가보안법과 긴급조치 위반 등으로 구금된 사람은 6,000여 명이 되는 것으로 알려졌다. 수하캄은 국가보안법 전면 재검토를 계속하여 요구하였고 나집 라작 총리는 2008년 총선 공약으로 보안법 개정을 약속하였으며 2011년 전격폐지를 선언했다.

정치적 자유의 제약이 여전하지만 시민사회의 성장은 주목할 만하다. 좋은 예는 '깨끗하고 공정한 선거를 위한 연합'이라는 이름으로 조직된 버르시(BERSIH, Coalition for Clean and Fair Elections)의 활동이다. 1998년부터 1999년 총선에 이르기까지 수십만의 시민들이 정치개혁을 요구하며 집회에 참여하는 초유의 사태가 발생하였다. 1999년 총선 이후에는 야당이나 시민사회 주도의 개혁은 다시 주춤해졌으나, 압둘라 바다위 정부의 출범 이후 보다 조직적·체계적인 정치개혁 운동이 시민사회단체에 의해 주도되었다(이재현·황인원, 2008). 버르시는 2005년 시민사회단체와 야당이 개최하는 선거개혁을 위한 워크숍을 시작으로 하여 2006년 약 67개 단체들이 참여하는 운동조직으로 공식 출범하였다. 이후 2007년 보궐선거에서 선거감시운동, 같은 해 11월의 대규모 집회의 조직 등을 통해 버르시는 대중을 상대로 하는 선거개혁운동을 본격적으로 전개하였다(이재현·황인원, 2008). 버르시는 시민사회의 정치참여 확대에 중요한 역할과 기여를 하였다(이재현·황인원, 2008). 시민사회의 성장 및 야당세력의 부상은 독립 이후 지속된 일당 독주체제 하에서 정치화된 말레이시아 관료제가 직면한 주요한 환경변화라고 할 수 있다.

Ⅳ. 맺는말

말레이시아 관료제는 말레이시아가 다민족국가라는 점과 그로 인한 정치적·사회적 문제와 밀접하게 관련되어 있다. 즉, 관료제의 영역뿐만 아니라 말레이시아의 정치, 경제, 사회 전반에 사회통합의 문제가 계속하여 제기되고 있다. 그동안 말레이시아의 행정개혁은 이러한 문제의 해결과 행정개혁의 세계적 경향에 부응할 목적으로 이루어졌으며 말레이시아의 사회경제적 발전에 실질적으로 기여를 하였으나 여전히 많은 과제들을 남기고 있다.

말레이시아의 관료는 그동안 말레이시아의 개발을 주도해 온 엘리트 계층이며 현재의 교육훈련시스템과 성과평가시스템 역시 말레이시아 발전, 특히 Vision 2020의 수행에 관료가 주도적 역할을 할 수 있도록 설계되어 있다. 그러나 인사관리시스템은 부미푸트라 우대정책과 병존하는 것이기 때문에 말레이시아 관료제가 얼마나 객관적인 성과에 근거한 평가를 통해 운영되고 있는지에 대해서는 의문이 있다. 사회통합이 매우 중요한 의미를 갖는 말레이시아의 현실에서 부미푸트라 우대정책에 대한 비판적 검토가 필요하다.

이 장에서는 말레이시아 행정개혁의 과제를 크게 관료제의 투명성, 부패, 법치와 참여의 문제로 나누어 살펴보았다. 말레이시아는 아직까지 연방 차원의 정보공개법이 마련되어 있지 않은 상황이다. 또한 13개 주 가운데 2개 주만이 최근 정보공개법을 제정하였으나 그 법률의 내용에 대해서도 여전히 비판이 제기되고 있다. 비판의 핵심에는 무엇보다 연방 차원의 정보공개법이 제정되는 것이 필요하다는 것이며 공무기밀법과의 관계 설정 문제도 지적되고 있다. 또한 인쇄출판법 등을 통한 미디어에 대한 제약 역시 관료제의 투명성을 저해하는 요소로 지적되고 있다.

또한 부패방지를 위한 법제와 독립기구가 설치되어 있음에도 계속된 고위공직자의 부패 스캔들이 나타나고 있다. 그러나 내부고발자법의 제정과 자율적인 부패방지프로그램의 운영 및 부패사건의 조속한 처리 등 정부의 부패근절 의지는 확고한 것처럼 보인다. 부패 문제는 의회의 통제, 옴부즈만 제도의 효과적 실행, 반부패위원회의 독립성과 권한 강화 등을 통해 지속적으로 대처할 수밖에 없을 것이다.

말레이시아는 정치적 자유에 대한 제한이 아직까지 강한 편이며 이로 인해 시민사회의 성장도 제한되고 있다. 국가보안법의 폐지 이후에도 평화집회법, 사회단체법 등은 모두 개인과 시민단체의 정치적 자유를 제한하고 있다. 그러나 그럼에도 불구하고 버르시의 활동 등 시민사회의 활동과 영향력은 계속하여 확대되고 있다.

말레이시아 관료제는 법의 지배와 민주적 문책성에 대한 시민의 요구로 과거와는 다른 정치사회적 환경에 직면해 있으며 더 나은 거버넌스를 위한 선택의 기로에 서있다고 할 수 있다.

참고문헌

김동엽 (2005). 말레이시아의 정치경제: 경제위기와 마하티르를 넘어 신자유주의 국가로. 동
    아연구, 48: 100-138.

김종엽·최종석 (2011). 말레이시아 종족간의 갈등 원인과 현황 연구: 신경제정책(The New
    Economic Policy, NEP)과의 연관성을 중심으로. 사회과학논집, 42(1): 39- 63.

박은홍 (2003). 개방경제 발전국가 그리고 민주주의. 한국정치학회보, 37(5): 353-371.

윤동호 (2002). 국제사회의 반부패동향과 한국의 부패방지시스템 진단. 형사정책연구원 연
    구총서 02-13.

윤종설·정우성 (2005). 말레이시아 반부패청(Anti-Corruption Agency)의 기능과 성과.
    한국부패학회보, 10(1): 105-128.

이재현·황인원 (2008). 2008년 말레이시아 총선 분석과 정치적 함의. 신아세아, 15(4): 64-
    92.

전태희 (2010). 주요국 공직자비리수사기구의 현황과 시사점. 국회입법조사처 현안보고서
    제98호.

중앙공무원교육원 (2007). 교수요원 정책연수보고서: 베트남, 싱가포르, 말레이시아. 과천:
    중앙공무원교육원.

홍재현 (2008). 말레이시아 종족폭동과 화교와의 관계에 대한 고찰. 중국인문과학, 40: 619-
    935.

Ahmad, A. S., Mansor, N. & Ahmad, A. K. (2003). The Malaysian bureaucracy.
    Selangor: Pearson Prentice Hall.

Case, W. (2002). Politics in southeast asia: democracy or less. UK: Curzon Press.

DPADM·DESA (2005). Malaysia Public Administration Country Profile. http://unpan1.un.
    org/intradoc/groups/public/documents/un/unpan023317.pdf.

Fei, T. L. K. & Rainey, H. G. (2003). Total quality management in Malaysian
    government agencies: Conditions for successful implementation of organizational
    change. International Public Management Journal, 6(2): 145-172.

Gant, G. F. (2006). The concept of development administration. In E. Otenyo & N.
    Lind (eds.), Comparative public administration: Research in public policy

analysis and management (pp. 257-285). Emerald Group Publishing Limited.

Government of Malaysia (1981). Fourth Malaysia plan, 1981~1985.

Government of Malaysia (2003). Mid−term Review of the eighth Malaysia plan, 2001~2005.

Ho, K. L. (1999). Bureaucratic accountability in Malaysia: control mechanisms and critical concerns. In Wong, H. K. & Chan, H. S. (eds.), Handbook of comparative public administration in the Asia−pacific basin. New York: Marcel Dekker.

Human Rights Resource Centre (2011). Rule of law for human rights in the ASEAN region: A base−line study. Depok: Human Rights Resource Centre.

Lim, H. (2009). "Malaysia." In Kim P. S. (ed.), Public Administration and Public Governance in ASEAN Member Countries and Korea. Seoul: Daeyoung Munhwasa.

Milne, R. S. (1967). Government and politics in Malaysia. Boston: Houghton Mifflin Company.

Siddiquee, N. A. (2002). Administrative reform in Malaysia: Recent trends and developments. Asian Journal of Political Science, 10(1): 105-130.

Siddiquee, N. A. (2006). Administrative reforms and innovations in Malaysia: An historical overview. The International Conference for the 50th Anniversary of KAPA.

Siddiquee, N. A. (2007). Public service innovations, policy transfer and governance in the Asia−Pacific region: The Malaysian experience. JOAAG, 2(1): 81-91.

Siddiquee, N. A. & Suryadinata, L. (1981~1982). Bumiputra and Pribumi: Economic nationalism (indiginism) in Malaysia and Indonesia. Pacific Affairs, 54(4): 662-687.

Sundaram, J. K. (2014). 'Malaysia Incorporated': Corporatism a la Mahathir. International Journal of Institutions and Economies, 6(1): 73-94.

Tilman, R. O. (1964). Bureaucratic transition in Malaya 21. Duke University Press.

Transparency International (2016~2017). Corruption Perceptions Index 2015~2016.

Vere Allen, J. de (1970). Malayan civil service, 1874~1941 colonial bureaucracy/ malayan elite. Comparative Studies in Society and History, 12(2): 149-178.

World Justice Project (2014). WJP Rule of Law Index 2014. https://worldjusticeproject.

org/sites/default/files/files/wjp_rule_of_law_index_2014_report.pdf.

World Justice Project (2015). WJP Open Government Index 2015 Report. https://
worldjusticeproject.org/sites/default/files/ogi_2015.pdf.

제8장

몽골 관료제
: 모순과 공존

최용선

I. 서 론

몽골은 아시아에서 6번째, 세계에서 19번째로 큰 나라이지만 인구는 겨우 3백만 명으로 인구밀도가 세계에서 가장 낮은 나라이다.[1] 1920년부터 70여 년 간 '리틀 소비에트'라고 불릴 정도로 소련과 밀접하게 연관되고 의존해왔던 몽골에서 소련의 개혁개방과 붕괴는 필연적으로 탈사회주의화를 야기하였다. 1988년 신츠렐(shinechlel) 정책[2]을 통해 몽골의 탈사회주의화 과정이 촉진되었고 1990년 세력 간의 합의에 의해 체제전환이 시작되었다(Namnansuren, 2013).

세계에서 두 번째로 오래된 공산주의 국가인 몽골은 1990년 민주주의로 전환하였다. 몽골 정부는 변화가 퇴색되지 않도록 충격요법 전략을 활용하였는데(Roland, 2002), 그 결과 일당 중심의 정치체제가 다당제 체제로 대체되었고 중앙통제의 계획경제가 시장경제로 전환되었다. 선거민주주의와 신자유주의 이념에 입각한 이러한 변화들은 몽골의 공공부문 관리에 있어 근본적 개혁을

---

1) 넓은 영토에 분산되어 거주하는 국민에게 공공서비스를 제공해야 하는 상황은 필연적으로 공공조직의 규모와 관료들의 숫자를 증가시켰다(Badarch, 2013).
2) 신츠렐(쇄신) 정책은 경제 활성화 및 코메콘 경제권에서 탈피하여 시장경제를 도입함으로써 국제적 경제관계를 개선하고자 하는데 목적을 두었다.

위한 도전과 과제를 던져주었다.

　민주화 이후 1990년부터 1996년까지 몽골 정부는 일본, 한국, 독일로부터 영감을 얻어 전통적인 행정체제를 정착시키고자 하였다. 이 시기에 몽골은 경력 중심의 공직체계, 공직분류·보수·인사결정의 중앙통제, 안정적인 신분보장 등을 확립하는데 있어 상당한 진전을 이루었다. 그러나 다른 탈공산주의 국가들처럼 국가공무원법 등 관련 법제는 행정의 불안정성, 예측가능성 및 정치화의 문제를 충분히 해결해주지 못하였다(Verheijen, 2003). 1997년에 들어서는 시장경제를 정착시키려는 아시아개발은행 및 기타 지원국들이 제시한 개혁수단을 통해 행정체제를 발전시키려는 노력이 지속되었다. 2000년에는 유엔개발기구의 굿거버넌스 프로젝트를 통해 참여적 거버넌스를 추진하였고 시민사회 집단을 포함한 이해관계자들을 정책과정에 참여시키려는 개혁에 착수하였다. 1992년부터 2002년까지 몽골 정부는 보다 민주적인 과정을 도입하기 위하여 법제 개혁에 착수하였고 특히 2002년부터는 뉴질랜드 방식의 신공공관리 모형을 집행하면서 전통적 행정체제를 개선하고자 하였다. 그러나 이러한 일련의 개혁 노력들은 여러 가지 이유로 가시적인 성과를 보여주지는 못했다. 이러한 한계에 직면하여 몽골 정부는 2011년 새로운 예산법을 통해 지방정부의 자율성과 시민들의 참여를 보장하는 뉴거버넌스 개혁을 추진하였다.

　이렇게 기존의 공공부문 체제를 유지하면서도 재구조화를 추구하였던 몽골은 신공공관리와 뉴거버넌스 모형을 적용하려고 하였다. 이러한 시도를 통해 국가이익에 공헌하는 공공서비스 개념에서 국민이익에 공헌하는 공공서비스 개념으로의 변화를 도모하였다. 그리고 민주적 변화가 시작된 이래 책임성, 투명성, 참여, 효과성, 효율성과 같은 새로운 가치들을 강조하였다. 전통적인 행정체제와 신공공관리와 같은 새로운 접근을 조화시키기 위해 몽골은 중앙통제 기제를 통한 분권화, 규제 기제를 통한 탈규제, 지속성을 통한 유연성, 계층제를 통한 참여를 추구하는 역설적 경로를 걷고 있다. 몽골의 전환기적 상황은 개혁에 대한 혼합모형(mixed model)을 추구하게 만들었다. 따라서 도입된 모형과 관련된 다양한 요소들을 조화시키는 것이야말로 몽골의 관료제 개혁의 가장 큰 도전이라고 할 수 있다.

이 장에서는 정치적 및 경제적 체제전환을 경험한 몽골이 변화의 압력 속에서 공공부문의 개혁을 어떻게 추진해왔는지를 기술하고 그 과정에서 몽골이 직면한 다양한 도전을 분석하고자 한다. 구체적으로는 몽골의 정치행정체제에 영향을 미친 전통과 역사적 유산을 서술하고 1990년 이후 몽골이 직면한 정치적·경제적 도전 그리고 몽골이 보여준 개혁의 노력과 그 과정에서 나타난 긴장과 갈등을 다루고자 한다.

II. 전통과 유산

1. 공산주의 지배 이전

공산주의 지배 이전의 역사적 전통과 유산에서 주목할 만한 것은 훈누(Khunnu)제국과 대몽골국 시기에 발견된다. 몽골의 국가 혈통으로 간주되고 있는 훈누제국은 기원전 2~3세기 동안 거대한 권력을 구축하였으며 유목민족들의 연합을 이끌어냈다. 제국의 국가구조는 군대식 구조와 유사하였는데 이러한 중앙집권적 통제는 독립적인 혹은 느슨하게 연계된 유목집단들을 공통의 목표를 위해 통합시키는 것을 가능케 하였다. 자문을 통한 의사결정 방법은 지방과 중앙 모두에서 이루어졌는데 특히 국가수준에서 귀족과 왕자들이 모여 군사적·정치적 사안들을 논의하였다.

대몽골국은 1206년 테무진(Temüjin)이 전쟁 중인 부족들을 통합시키고 칸(Khaan)의 자리에 오른 다음 쿠릴타이에서 제국의 성립을 선포하면서 형성되었다. 쿠릴타이는 칸을 선출하고 군사적·정치적 사안들을 결정하기 위해 만들어진 일종의 자문기구라고 할 수 있다. 쿠릴타이의 존재는 13세기 몽골에 민주적 중앙집권주의가 존재하였음을 의미한다. 특히 쿠릴타이는 칭기스 칸의 대법전이라고 할 수 있는 성문법인 야사(Yasa)를 선포하였다. 야사는 실적에 기반을 둔 시스템을 통해 종교, 인종, 계급, 부족 등을 차별하지 않으려 했으며 권력이나 영향력 있는 직위에 대한 임용은 오로지 능력에 따라 이루어지도록 했다.

칭기스 칸은 한편으로는 몽골 사회를 부흥시키고 다른 한편으로는 군대를 효율적으로 동원하면서 질서와 규율을 유지하기 위해 십진법에 의한 조직화 방식을 사용하였다. 즉, 10개의 아랍트(aravt)는 하나의 조오트(zuut)를 구성하고, 10개의 조오트는 하나의 미얀가트(myangat)를 구성하며, 10개의 미얀가트는 하나의 툼트(tumt) 혹은 만 명의 군대를 구성하였다. 칭기스 칸은 모든 신하들이 어떠한 방식으로든 국민을 위해 봉사하도록 하였는데 전쟁에 나가지 않은 자들은 특정 시즌에 공공시설에 대한 업무 혹은 국가를 위한 공적업무에 수일 동안 종사해야만 했으며 일주일 중 하루는 특별히 황제를 위한 국무에 종사하도록 하였다. 보편적으로 적용되었던 이러한 의무의 원칙은 평등의 원칙과도 결부되었다.

쿠빌라이 칸의 통치기간(1260~1294)은 합리적인 정부가 들어섰던 시기로 일컬어진다. 민간인에 의한 계급 관료제가 구축되었기 때문이다. 쿠빌라이는 군대를 민간영역과 구분하려고 시도하였는데 군대에 몸담고 있는 자들이 민간인들을 감독하지 못하도록 하였고 일반관료로 있는 자들이 군대를 감독하지 못하도록 하였다(Endicott-West, 1986). 또한 쿠빌라이 개혁의 일환으로 자문을 통한 의사결정을 강화시켜 나가기 위해 각급 지방정부 상위직에 이중인사 시스템(a system of dual staffing)을 적용하였다. 이러한 아이디어는 정복시기 이전의 몽골에 그 뿌리를 두고 있다. 두 명의 관리는 일상 모임에 모두 참여하였는데 실제로 원(元) 시기 내내 지방정부의 관리들은 모든 일상 모임에 참여하도록 요구받았고 이 모임에 참여하지 않으면 관직 박탈 등의 처벌을 받았다(Endicott-West, 1986). 그러나 대몽골국 이후 통치 권력을 둘러싼 왕자들 간의 갈등으로 내분이 나타났던 시기에는 이상의 국가적 전통이 약화되기 시작하였다. 이러한 상황은 만주족의 지배 하에 놓였던 시기 동안 계속 악화되어 결국 몽골의 국가적 전통은 더 이상 지속되지 못했다.

2. 공산주의 지배와 민주화

1911년 중국에서 신해혁명이 일어나자 보그드 칸의 지배 하에 있던 외몽

골은 이를 청의 지배로부터 벗어날 수 있는 기회로 보고 소련의 지원 아래 그
해 12월 혁명을 일으켜 독립을 선언하였다(몽골 제1차 혁명). 그리고 1919년 러시
아의 10월 혁명 이후 하급관료, 지식인 등은 반중국·민족해방을 목표로 몽골
인민혁명당을 결성하고 소비에트 적운의 원조를 얻어 중국군과 소련 백위군을
축출한 후 신정부를 수립하고 독립을 쟁취하였다(몽골 제2차 혁명). 1924년에 몽
골인민공화국이라는 정식 국명이 정해졌으나 이 혁명으로 몽골은 사실상 그들
의 장래를 소련과 함께 하게 되었다. 이후 코민테른이 직접적으로 개입하게 되
면서 몽골은 정치·사상적 측면에서 소련의 영향 아래 있게 되었으며 사회주
의적 소비에트 모델이 몽골인민공화국의 공식 정책으로 채택되었다(Tsatsralt,
2012).

　　1924년 헌법이 몽골인민공화국의 독립을 선포했던 국가최고회의에서 통과
되었다. 국가권력의 최고기관은 단원제인 국가최고회의(Great Hural)였다. 국가
의 최고집행·행정기관은 각료의 업무를 조정·지시하고 국가경제계획을 감
독·집행하며 아이막(aymag)과 솜(sum)의 행정을 지휘하는 각료회의(Council of
Ministers)였다. 헌법은 몽골인민공화국의 경제생활이 국가생산력의 지속적인
성장과 발전을 위해 오로지 국가경제계획에 의해 결정되고 추진되어야 한다고
규정하였다.

　　한편 몽골인민혁명당(Mongolian People's Revolutionary Party)은 1921년부터 민
주화 이전까지 국가를 지배하였던 유일한 정당이었다. 몽골인민혁명당은 사회
세력뿐만 아니라 국가 전체를 지배하고 통제하였다. 당이 정책을 결정하였고
모든 자원을 중앙통제 하에 배분하였으며 국가수준의 공직 리스트에 따라 인
사를 결정·분배하였고 모든 활동과 국가조직들을 통제하고 감시하였다. 의사
결정을 위한 사회민주주의와 중앙집권적 계획의 관점에서 위로부터의 통제와
재분배는 일반적인 특징이었다. 당은 중앙집권적 통제기제를 통해 중앙정부와
지방행정기관에 정치적 통제력을 부여하였다.

　　당이 공무원의 선발 및 배치와 관련하여 결정적인 역할을 수행하였기 때
문에 정부 핵심간부에 대한 인사관리 책임을 보유한 공식조직은 설치되지 않
았다. 당은 개인적 배경(대개의 경우 사회적 지위를 고려), 충성도, 정직성, 정치의

식, 업무관련 지식, 조직능력 등에 기초하여 업무에 적합한 사람을 결정하였다. 당에 의한 임명과 배치는 사람들로 하여금 국가 전체의 이익보다는 당의 정책을 집행하는데 몰입하도록 만들었다. 민주적 중앙집권주의의 조직운영 원리는 정치만이 아니라 행정에 있어서도 일반적인 현상으로 나타났다. 당의 상층부에 의사결정 권한과 권력의 집중이 이루어지면서도 모든 이슈와 정책들이 당 내에서 자유롭게 논의되었고 최종 결정이 이루어진 후에는 더 이상의 이견을 허용하지 않고 집행하였다.

그러나 1980년대 소련의 페레스트로이카와 글라스노스트는 몽골의 정치 · 경제생활에 지대한 영향을 미쳤다. 보다 개방적이고 자유로운 사회 · 정치체제가 소개되면서 몽골의 사회 · 정치체제의 르네상스에 대한 열망을 불러일으켰다. 그 결과 모든 사회 · 정치적 활동에서 참여가 증가하였다.

1986년 몽골은 페레스트로이카에 입각한 재구조화 프로그램에 착수하였다. 이 프로그램의 목적은 경제적 · 사회적 발전을 가속화시키고 생산에 대한 과학기술적 혁신을 도모하며 국영기업의 관리와 계획구조를 개혁하는데 있었다. 이러한 노력들은 한편으로는 기업을 위한 경제적 자율성을 다른 한편으로는 개인, 집단 그리고 사회이익 간에 적절한 균형을 꾀하는데 있었다. 협동조합이 새롭게 구성되었고 재정 효과성을 위한 아이디어, 시장과 유사한 아이디어가 처음으로 소개되었다.

1990년 몽골의 정치는 평화적인 민주주의 혁명으로 나아가게 되었다. 다당제 시스템과 자유시장경제가 소개되었고 이러한 변화는 이념적 통제의 제거, 자유로운 매스 미디어의 발전, 외부세계에 대한 개방, 국제협력의 확대를 가져왔으며 사회변화의 시작을 알리는 계기가 되었다. 그리고 서구식 신공공관리 모형과 뉴거버넌스 모형이 시도되기에 이르렀다. 그러나 당에 의한 인사 관행이 다당제 민주주의가 구축된 이후에도 여전히 남아있어 오래 지속되어온 공산주의 지배의 유산을 보여주고 있다.

Ⅲ. 개혁의 정치

권위주의 체제의 붕괴를 가져온 비폭력 민주화 운동은 몽골의 특권층 자손들로부터 비롯되었다. 이들 상당수는 소련에서 페레스트로이카와 글라스노스트를 경험했으며 이러한 사상을 고국에 정착시키고자 했던 세력이었다. 당시 개혁가들의 주요 목적은 1990년대 초반까지 다당제 선거를 통해 국가최고회의를 구성하고 기본 인권(언론의 자유, 연설의 자유, 여행의 자유, 종교의 자유 등)이 새로운 수정헌법에 반영될 수 있도록 하는데 있었다.

그러나 도시지역을 중심으로 한 소수의 개혁가들만으로는 민주주의의 열망을 실현시킬 수 없다고 인식하였기 때문에 지지기반을 대중으로 점차 확대시켜 나가고자 하였다. 이에 대해 정부는 억압적 수단을 사용하지 않았는데, 그 이유는 개혁가들이 엘리트 계층에 속해 있었고 소련이 반체제 인사에 대한 탄압을 지지하지 않았기 때문이다.3) 뿐만 아니라 1980년대에 걸쳐 온건파들이 점차로 정부에 들어가 있게 된 것도 또 다른 이유라고 볼 수 있다. 그 결과 몽골의 국내 정치 상황은 교착상태에 빠지게 되었는데 정부와 개혁세력 간의 폭력사태가 중국의 개입을 초래할지도 모른다는 우려 속에 당국은 결국 개혁세력의 제안을 수용하게 되었다.

그러나 정부로부터 공정한 자유선거를 얻어냈음에도 불구하고 개혁운동은 분열되기 시작하였다. 개혁가들은 민주적 사회주의자에서부터 시장경제 원리주의자에 이르기까지 광범위한 스펙트럼을 대표하고 있었다. 시장 원리주의자들의 주요 목표는 시장경제를 활성화시키고 계획경제의 자취를 제거하는데 있었다. 반면에 민주적 개혁가들의 주요 목표는 민주주의를 촉진시키는데 있었으며 사회민주주의 개혁가들의 주요 목표는 권위주의와 일당지배체제를 제거하고 공산주의 시스템의 좋은 특징들은 유지시키고자 하는데 있었다. 결국 개

---

3) 당시 소련 공산당 서기장 미하일 고르바초프가 몽골 정부로 하여금 폭력을 피할 것을 경고하였다는 루머가 떠돌았다(Rossabi, 2005).

혁가들은 민주주의 개혁을 표방하는 몽골민주당(Mongolian Democratic Party), 사회민주주의를 표방하는 몽골사회민주당(Mongolian Social Democratic Party), 시장경제를 표방하는 국가진보당(National Progressive Party)으로 분열되었다. 이러한 분열은 총선거에서 여당인 몽골혁명당이 압승하는 결과를 가져다주었다. 몽골의 새로운 개혁모델이 무엇이어야 하는가에 대한 세력 간의 복잡한 이해관계는 1990년 평화적 체제전환을 이룩한 몽골에 있어 새로운 과제로 떠올랐다.

한편 소비에트 블록의 무역과 투자에 대한 몽골의 의존성은 1980년대 후반부터 공산권에 불어 닥친 정치적·경제적 격변으로 취약해졌다. 특히 소비에트 블록의 해체와 몽골의 일당체제의 붕괴는 상당한 경제적 동요를 야기하였다. 그 결과 무역의 붕괴, 투자 감소, 연료와 원자재 부족, 공장폐쇄, 실업률 증가, 생필품 부족 등의 문제가 나타났다. 따라서 몽골은 소련의 원조를 대체할 대안이 필요해졌다. 물론 민주주의를 옹호하였던 일부 개혁세력들은 해외 원조에 대한 의존이 자립경제와 경제발전에 오히려 악영향을 미친다고 주장하기도 하였다. 그러나 대부분의 개혁세력들은 소련의 원조 중단 그리고 소련과의 무역 감소가 경제위기를 유발하는 상황에서 다른 국가의 원조와 새로운 무역 파트너가 필요하다는 점을 인식하였다. 이러한 인식에서 몽골 정부는 자본주의 국가와의 연대를 강조하는 정책을 추진하기 시작하였다.

시장경제 옹호자들은 계획경제를 비효율적이고 비생산적이며 권위적인 것으로 비판하였다. 이들은 계획경제의 구조적 개혁을 요구하였는데 이러한 개혁에는 공공자산의 민영화, 국가보조금의 제거, 경제에 대한 정부개입 최소화 등이 포함된다. 이들은 시장의 힘이 강력한 경제를 낳고 이를 통해 사회복지 차원의 문제도 해결해 줄 수 있다고 믿었다. 이들 중 많은 수는 민주주의를 시장경제와 동일시하기도 하였다. 이러한 상황에서 아시아에서 처음으로 공산주의에서 민주주의로 이행한 몽골은 시장경제의 실험실이 되었다.

1990년 미국 국무장관의 방문 이후 2년 동안 다양한 국제원조기구와 정치적 성격의 조직들이 몽골의 변화를 촉진시키기 위해 울란바토르에 사무소를 개설하였다. 1991년 국제통화기금, 아시아개발은행, 세계은행이 몽골의 회원국 지위를 인정함으로써 몽골은 차관과 보조금을 제공받을 수 있는 자격을 갖추게 되었다. 이들 국제금융기관들은 몽골에서 강력한 영향력을 갖게 되었는데 이들의 지원이 무조건적으로 제공된 것이 아니라 급격한 변화를 조건부로 해서 이루어졌기 때문이다. 예를 들면 가격의 자유화, 정부보조금의 제거, 균형예산, 국가자산과 은행의 민영화, 조세시스템의 개혁, 인플레이션 예방을 위한 긴축신용정책, 해외무역 규제의 감소(혹은 제거), 공공분문의 규모 감소와 재구조화 등이 그것이다. 이렇게 해외원조기관들은 몽골로 하여금 경제자유화뿐만 아니라 공공부문의 합리화를 도모하도록 압력을 가하였다(Steiner-Khamsi & Stolpe, 2004). 따라서 1990년대 경제개혁을 위한 프로그램은 몽골에 있어서는 최고의 우선순위 중 하나였다.

Ⅳ. 공공부문의 개혁과정

민주화 이전에는 몽골인민혁명당이 주도적으로 정책과 계획을 만들었고 모든 자원을 중앙집권적 방식으로 배분하였으며 공직 리스트에 따라 공무원을 선발·동원하였고 국가의 모든 기업과 조직들의 활동을 통제·감시하였다. 따라서 민주화 이후 당이 행정으로부터 분리되기 시작했던 시기에는 정책개발·계획·통제의 영역에서 행정의 역량이 취약할 수밖에 없었다. 이러한 상황에서 공공부문을 개혁하기 위해 몽골의 맥락에 가장 부합하는 모방대상을 탐색하는 것은 몽골 정부에 있어서 중요한 도전이었다. 1990년대 초반 이후 몽골의 공공부문은 가장 주목할 만한 선진국의 선례들을 선정해 이를 실험하는 개혁을 추구하여 왔다.

몽골의 공공부문 개혁은 크게 세 단계를 거쳐 추진되어 왔다고 볼 수 있다. 1단계(1990~1996) 개혁은 국가구조에 대한 새로운 시스템을 구축하고 점진적 변화를 통해 기존의 시스템을 유지하는데 초점을 두었다(Tsedev & Pratt, 2005). 이 시기에는 전통적인 중앙집권적 경력 시스템을 강조하면서도 다른 한편으로는 행정적·재정적 분권화를 추진하였다. 2단계(1997~2011) 개혁은 공공부문에 신공공관리 모형을 적용하는데 주안점을 두었다. 특히 성과관리, 계약관리, 행정권한의 분권화와 같은 요소들을 담고 있는 뉴질랜드모형을 도입하였다. 3단계(2012~현재) 개혁은 시민지향적 거버넌스에 주안점을 두었다. 1단계 개혁이 정부구조의 재배열과 행정체제의 구축을 강조했다면 2·3단계 개혁은 재정, 예산, 인사 등 운영관리에 초점을 두었다고 할 수 있다.

1. 전통적 행정체제의 구축

민주화 이전 몽골은 계층적 정부구조를 통해 규칙에 의해 지배되고 당에 의해 통제되며 중앙집권적으로 운영되는 관료제를 유지하여 왔다. 또한 당이 정책을 통제하고 모든 것을 감시기구에 직접 책임지도록 하였다. 그러나 공산주의 정권의 몰락은 행정시스템을 변화시켜야 할 필요성을 낳았다. 이와 관련하여 두 가지 선택이 가능했는데 하나는 전통적인 관료제의 형태로 변화시키는 것이었고 다른 하나는 보다 유연하고 참여적인 행정체제로 변화시키는 것이었다.

전환과정의 초기에는 민주적 행정양식에 대한 지식이 부족해 몽골의 사회적·정치적 조건에 부합하는 모형을 찾는데 주안점을 두었다. 1990년 계층제, 집권적 권한, 규칙의 중요성, 일관성과 안정성 그리고 평등과 같은 행정의 주류 개념들이 등장하였는데 이는 권위주의 체제의 전통을 가진 사회에서 보다 잘 수용될 것이라는 기대에 입각한 것이었다. 물론 신공공관리의 아이디어가 매력적이었기는 하지만 몽골의 경우 아무도 이 새로운 접근법에 대한 지식을 갖고 있지 못했다. 공산주의 시기에는 자본주의 사회의 행정체제에 대한 연구가 금지되어 있었으며 이를 알고 있는 소수의 사람들조차도 소련을 통해 간접적으로 알고 있었을 뿐이었다. 베버주의 행정체제는 이해하기가 쉽고 몽골의 사회적·문화적 조건에 부합하며 민주행정에 대한 경험이 전혀 없는 국가에서 적용하기가 용이하다는 이유로 몽골은 초창기부터 베버주의 체제를 발전시켜 나가기로 결정하였다.

이러한 필요성에 입각하여 정부는 법과 규칙 및 규정을 정비하였다. 1992년 몽골의 새로운 헌법이 채택되었는데 이는 국가구조 개혁의 법적 토대가 되었다. 신헌법은 몽골을 이원집정부제의 민주주의 국가로 전환시켰으며 입법부, 행정부, 사법부의 삼권을 분리시키고 견제시켰다. 또한 다당제가 구축되었고 지방차원에서는 분권화와 권한이양이 이루어졌다. 신헌법은 몽골의 국가활동의 주요 원칙으로 민주주의, 정의, 자유, 평등 그리고 국가통합과 법의 존중 등을 제시하였다. 신헌법은 계층적 권한과 규칙을 강조하면서 국민에게 봉사하는 공공조직은 법에 따라 행동해야 하고 관료들은 국가의 목적과 역할을 오직 법이 정한 테두리 안에서 집행해야 한다고 공언하였다. 정치적으로 중립적인 공직시스템을 구축하고 유지하기 위해 신헌법은 특정 범주의 국가관료는 정당가입이 유보되어야 하고(16조 10항), 국가관료의 업무조건과 사회적 보장은 법에 의해 결정되어야 한다고 규정하였다(46조 3항).

한편 전환시기의 경제적·정치적·사회적 요구에 부응하여 1993년 몽골 정부는 '관리발전 프로그램(Management Development Program)'을 공표하였다. 이 프로그램은 유엔개발기구와 스웨덴, 영국, 덴마크, 네덜란드, 독일, 일본, 오스트레일리아 등의 지원으로 개발되고 집행되었다. 정부는 이 프로그램에서 6가지 전략목표를 제시하였다.[4] 프로그램의 목표는 몽골의 상황에 적용할 수 있는 선진국의 사례를 소개·연구하고 민간부문의 활성화를 지원하기 위해 정부의 리더십 역량을 강화하며 지방정부를 분권화시켜 역량을 강화시키는데 있다고 볼 수 있다.

1994년 국가공무원법(Law on Government Service)이 승인되었고 이는 공직시스템의 법적 환경의 토대가 되었다. 국가공무원법은 공무원의 법적 지위, 임무와 권리, 책임, 유인, 과업과 관리의 조건 등을 규정하였으며 중앙기구로서 정부서비스위원회를 설치하였다.[5] 국가공무원법의 기본원칙은 실적과 경력중심

---

4) 6가지 전략목표는 세 가지 차원에서 구분할 수 있다. 첫째 공공부문의 개혁과 관련해서는 ① 공공행정과 공직시스템의 개혁, ② 분권화와 지방행정 역량강화를, 둘째 민간부문의 발전과 관련해서는 ③ 민영화와 기업의 재구조화, ④ 민간부문의 촉진을, 셋째 관리역량 강화와 관련해서는 ⑤ 관리역량개발제도의 강화, ⑥ 관리역량 개발정책과 지원시스템 강화를 포함하였다.

5) 1995년 정부서비스위원회는 행정의 전문성과 안정성을 구축하고 향상시키기 위해 행정직 시험제도를 채택하였고 1996년부터 행정직 공무원들은 이 제도를 통해 충원되었다. 현재

의 시스템을 개발하는데 있다고 볼 수 있다. 다시 말해 국가공무원법은 정부서
비스가 전문적이면서도 민주적인 가치와 아이디어를 구성하는 7개 원칙에 의
해 이루어질 수 있도록 하는데 그 의의가 있다.[6] 이를 위해 국가공무원법은
관료들이 권한을 행사할 때 정치적 중립성을 유지해야 할 의무를 지도록 했으
며 정부관료로 하여금 정당의 활동에 참여하지 못하도록 규율하였다(13조 1항,
15조 8항). 또한 공직을 설계하고 자원을 할당하며 보수와 기타 운영비용을 계
산하고 결정하기 위해 공직분류시스템을 적용하고자 하였다. 전통적인 경력중
심의 공직체계를 추구한 이 법은 공공부문 개혁의 새로운 개념들을 설명하기
위해 수차례 수정되었으나 공직에 대한(계급과 직위분류, 보상, 기타 인사에 대한 결정
등) 전통적인 중앙집권적 통제시스템은 그대로 유지하고 강화시켜 나가고자 했
다. 이러한 방식으로 국가공무원법은 이후에 논의될 여타 다른 개혁 정책의 집
행에 영향을 미쳤다고 할 수 있다.

　　한편 사회경제적 압력, 재정적 압력 그리고 관리역량의 압력에 부응하여
1996년 몽골 의회는 '정부절차·일반구조체계개혁정책(Mongolian State Policy on
Reforming Government Processes and the General System of Structure)'(이후 정책문서)을
승인했다. 이 정책문서는 유엔개발기구의 지원으로 작성되었고 몽골의 행정개
혁을 위한 공식적인 가이드라인이 되었다. 이 정책문서의 목적은 정부절차에
대한 지침을 재규정하고 리엔지니어링을 통해 일반구조시스템을 간소화하며
민주주의와 시장경제에 적합한 관리방법을 소개하고 정부의 리더십 역할을 향
상시켜 공공기관의 비용을 줄이고 효율성을 높이는데 있었다. 이 정책문서는
행정의 모든 측면에서 매우 광범위하고 종합적인 접근을 취하였다. 정책문서

　　는 행정직의 충원을 조직화하고 자격요건을 검증하는 중앙시험위원회와 20개의 산하기관
　　이 있다. 뿐만 아니라 정부서비스위원회는 관료의 전문성을 강화하고 기술을 향상시키기
　　위하여 중앙집권적으로 계획된 훈련제도를 도입하였다.
　6) 7개 원칙은 다음과 같다. ① 공정한 집행, ② 투명성, ③ 대중에 공헌, ④ 법에 규정된
　　조건과 절차에 따라 모든 시민들이 공직에 참여할 수 있는 공평한 기회, ⑤ 고도의 자격
　　조건과 안정성을 갖춘 공직, ⑥ 관료들의 권한행사에 대한 보증과 조건을 정부가 제공하
　　는 것, ⑦ 관료들이 법적 권한을 행사하는 과정에서 이루어진 잘못된 행동의 결과로 초래
　　된 손실에 대하여 정부가 보상하는 것 등이다.

는 관리주의를 강조하였는데 정부는 서비스 제공에 있어서 직접적인 제공자보다는 지도자 혹은 촉진자 역할을 해야 한다는 것이었다. 즉, 정부는 적절한 책임의 틀 내에서 관리자들이 유연하게 관리할 수 있도록 보장해주어야 한다는 것이다. 행정개혁을 통해 관리주의의 가치가 정부 전반에 걸쳐 확산되도록 하는데 궁극적인 목적이 있었던 것이다.[7]

한편 정책문서는 중앙정부를 위한 새로운 조직구조를 정의하였다. 정부구조가 성과기능에 따라 정의되었고 정부의 기능과 권한이 재규정되었다. 구체적으로는 정책결정 기능을 서비스공급 기능으로부터 분리시켰고 이와 동시에 중앙기관의 정책·기획기능과 일선기관의 부문별 정책·기획기능을 구분하는 조직구조가 제안되었다. 이와 같이 정책문서는 다운사이징, 책임성 강화 그리고 재정관리 시스템을 통한 통제 등 정부의 비용 감소 정책을 담고 있다. 정책문서에 대한 기대는 몽골의 민주주의와 시장경제를 지원하고 정부의 비용을 감소시키며 효율성과 효과성을 증가시키고 책임성과 통제를 보장하며 정부의 이미지와 신뢰를 향상시키는데 있었다(Batbayar, 1998).

2. 신공공관리의 적용

이전 개혁은 정부의 절차 및 구조와 행정업무에 대한 일반적인 시스템에 초점을 맞추었으나 몽골이 경제적·재정적 압력에 직면하면서 예산과정과 공공지출 관리에 대한 개혁이 요구되었다. 아시아개발은행의 성과평가 보고서에 자세하게 논의되었듯이 몽골의 재정적 어려움은 다양한 요인에 의해 악화되었다고 할 수 있다.[8]

---

7) 제시된 관리주의의 가치는 다음과 같다. ① 소비자 지향의 서비스, ② 강한 업무 파트너십 관계, 신뢰 및 존경, ③ 리더십과 비전, ④ 강하고 혁신적이고 창조적인 관리, ⑤ 지속적 발전과 실험, ⑥ 충성, 헌신 및 질과 가치에 대한 전념, ⑦ 전문가주의, 진실성, 판단, 자유재량, 및 탁월성 등이다.

8) 취약한 예산관리와 보고 및 통제 시스템, 전략적 우선순위에 대한 고려 없이 하위기관에 대해 이루어지는 지출책임의 부여, 취약한 수입관리, 부적절한 국고통제, 전반적인 재정 규율을 유지해나가는데 있어서의 정치적 의지와 관료들의 몰입 부족, 예산조직과 국영기

　　재정자원의 과다지출과 공공조직의 부채가 지속적으로 악화되는 상황에서 예산에 대한 규율은 몽골 정부에 있어서 최우선 순위가 되었다. 1997년 몽골 정부와 국제통화기금·세계은행 간에 '확대구조조정융자제도(Enhanced Structural Adjustment Facility)' 협정이 승인되었고 1999년 몽골 정부와 아시아개발은행 간에 '제1단계 거버넌스개혁프로그램(First Phrase of Governance Reform Program, GRP I)'이 승인되었다. GRP I 는 재정계획, 투명성 및 책임성을 향상시키기 위한 제도적 장치를 도입함으로써 공공부문의 재정관리를 향상시키는데 일조하기 위한 것이었다. 그 결과 예산상의 권한은 중앙집권화 되었고 국고단순회계제도(Treasury Single Account System)가 도입되었다. 이러한 변화는 공공기관의 모든 회계를 재무부의 권한 아래 귀속시키도록 하는 것이었다. 결과적으로 모든 공공조직들은 자신들의 재정권한을 상실하였으며 재무부는 모든 재정자원을 감독할 수 있게 되었을 뿐만 아니라 과다지출을 예방할 수 있게 되었다.

　　재정적자를 감소시키기 위한 추가적인 노력의 일환으로 몽골 정부는 신자유주의적 이념에 입각한 뉴질랜드모형을 적용하기로 결정하였다. 개혁의 기본적인 아이디어는 공공부문으로 하여금 보다 효율적이고 효과적이며 책임을 지게 하는 기제로서 성과관리 계약뿐만 아니라 산출지향적 예산을 도모하도록 하는데 있었다. 이러한 아이디어는 두 가지 개혁의 개념이 제시되면서 바로 적용이 이루어졌다. 하나는 국고단순회계제도가 모든 재정상의 권한을 재무부 하에 두어 중앙집권화 했다는 것이고 다른 하나는 권한을 하위기관에 위임했다는 것이다.

　　1999년 5개 시범기관에 뉴질랜드모형을 실험하면서 몽골 정부는 '공공부문관리·재정법(Public Sector Management and Finance Law, PSMFL)'의 초안을 의회에 제출하였고 수많은 논쟁과 수정을 거친 후 2002년 통과되었다. 이렇게 해서 GRP I 는 공공부문에 산출예산과 성과계약을 위한 법적 토대를 구축하고자 했던 애초의 기대를 달성할 수 있었다.

　　2003년 아시아개발은행의 승인 하에 공공부문의 책임성과 효율성을 향상

업에 의해 이루어지는 취약한 운영상·재정상의 관행 등이 그것이다(ADB, 2008).

시키는데 주안점을 둔 제2단계 거버넌스개혁프로그램(GRP II)이 실시되었다. 이 프로그램은 한편으로는 재정상의 거버넌스 규범을 강화시키고 특히 보건·교육·복지 분야에서 전략기획과 산출예산을 위한 PSMFL 관련 수단들을 포함하고 다른 한편으로는 거버넌스 개혁을 주류의 흐름에 편입시키는데 목적을 둔 다양한 조치도 담고 있었다(ADB, 2005).

　　PSMFL은 2003년부터 점진적으로 집행되기 시작했다. 이 법에 따르면 장관은 부서 혹은 산하기관 및 기타 공급자와 연간 성과계약을 맺도록 하고 있으며 예산은 투입 혹은 활동보다는 기대산출에 근거하여 배정되도록 하였다. 그리고 성과평가는 모든 수준에서 산출을 구체화하는 연간 보고서에 근거하도록 하였다. 이러한 노력은 관리자들이 한편으로는 예산지출에 대한 권한을 부여받으면서도 다른 한편으로는 이들이 생산하는 재화와 서비스에 대해 책임을 져야 한다는 것을 의미하는 것이다. 이렇게 재화와 서비스의 구매자로서의 정부 혹은 장관과 재화 및 서비스의 공급자로서의 부서 혹은 기타 공급자 간의 계약관계를 통해 공공부문의 책임성을 향상시키고자 하였다. PSMFL는 예산조직과 관료들이 준수해야 할 재정관리 원칙을 설정하였다.9) 그러나 아시아개발은행의 성과평가보고서에 언급되었듯이 산출예산과 성과관리 개혁을 완전하게 집행하기 위해서는 PSMFL에 의해 직·간접적으로 영향을 받는 40여개의 법률 수정이 필요했지만 집행이 이루어진지 5년 후에도 단지 1개 법률만 수정되었을 뿐 그 성과는 지지부진하였다.

　　한편 몽골 정부는 2000년 '인간 안전보장을 위한 좋은 정부 프로그램(Good Government for Human Security Program)'이라고 하는 신공공관리 개혁을 추진하였다. 이 프로그램의 아이디어는 정책형성과 집행에 대한 사회적 소유(societal ownership)를 촉진시킴으로써 부문 간, 중앙정부와 지방정부 간, 정부와 시민

---

9) 원칙에는 ① 매년 초 달성해야 할 목적과 결과를 분명히 확인하는 것, ② 회계연도의 산출을 계약에 기초하여 제공하고 이에 따라 예산을 제공받는 것, ③ 관료를 공개경쟁채용절차를 통해 지식, 교육, 자격요건, 경험 및 전문성에만 근거하여 임용하고 이들의 업무성과를 공정하게 평가하는 것, ④ 재정과 예산을 효율적으로 관리하고 수취채권(receivables)과 부채를 발생시키지 않도록 하는 것 등이 포함되었다.

간 광범위한 협력이 이루어질 수 있도록 하는데 그 목적이 있었다. 따라서 NGO, 민간부문, 매스미디어, 학계 그리고 시민들에 의해 이루어지는 활동을 일관성 있게 조직화하기 위한 특별한 배려가 이루어졌다. 이 프로그램은 11가지의 기본 목표를 포함하고 있는데 거버넌스의 위기를 제거할 뿐만 아니라 굿 거버넌스를 구축하는 것이 주요 목표 중 하나였다. 이러한 목적에서 몇몇 정책들이 추진되었는데 ① 기업방식으로 정부제도의 운영을 촉진하는 것, ② 성과관리, 재정과 계획, 보고 및 책임성을 위한 기제를 향상시키는 것, ③ 지방의 자율 거버넌스와 행정을 위한 분권화 및 권한부여를 통해 자율적 발전에 우호적인 환경을 만드는 것, ④ 국가조직의 내부·외부 감시를 위한 적절한 기제를 구현하는 것 등이 포함되었다.

이와 더불어 정부의 정보와 서비스를 보다 개방시키고 시민들이 보다 쉽게 접근할 수 있도록 몽골 정부는 '전자몽골국가프로그램 2005~2012(E-Mongolian Nation Program 2005~2012)'과 '전자정부마스터플랜 2005~2012(E-government Master Plan 2005~2012)'을 제시하였다. 이러한 프로그램의 가장 큰 이점은 정부로 하여금 시민들에게 보다 가까이 다가갈 수 있도록 하고 공공서비스를 시민들에게 보다 편리하게 제공하며 정부와 기업 간의 관계뿐만 아니라 정부와 시민 간의 관계에서 보다 활발한 상호작용이 이루어질 수 있도록 하는데 있었다. 이에 따라 2005년부터 한국의 정보통신산업진흥원(National IT Industry Promotion Agency of Korea)으로부터 채택한 정보통신 기반의 행정개혁이 몽골에 도입되기 시작하였다. 이 프로그램은 정부와 기업, 정부와 시민, 정부와 정부의 세 가지 영역을 포함하고 있다.

그 결과 몽골 정부는 2006년부터 시민과 기업의 접근성을 향상시키기 위해 공개포털 및 기타 정부 웹사이트를 통해 정보와 서비스를 온라인으로 제공할 수 있게 되었다. 특히 공개포털은 전자정보(e-information), 전자참여(e-participation), 전자협의(e-consultation), 전자조달(e-procurement)에 대한 링크를 제공하고 있다. 정부의 공개포털은 규제 문서, 의회의 결정과 방침, 지방정부의 결정, 법률의 초안, 수정을 요하는 규제 등의 정보를 포함하고 있는 법적인 공간이라고 할 수 있으며 시민으로 하여금 자신들의 의견을 자유롭게 개진할 수 있는 공간이기도 하다. 또한 재무부는 전자조달 링크를 통해 전체 시민과 기업 커뮤니티를 대상으로 공개조달을 위한 입찰계획을 발표한다. 게다가 공개포털은 계획된 예산과 집행 보고서 및 각 정부기관에 의한 회계감사 정보를 알려주는 기능도 담당한다. 이러한 측면에서 몽골의 전자거버넌스(e-governance)는 공공서비스의 투명성과 책임성을 위한 커다란 발걸음이라고 할 수 있다.

　　몽골 정부는 '몽골 밀레니엄발전목표기반 국가발전종합정책(National Development Comprehensive Policy Based on Millennium Development Goals of Mongolia)'을 2021년까지 집행하는 것을 계획하였다. 이 국가발전종합정책의 6가지 우선순위 중 하나는 국가구조와 행정의 발전과 관련되어 있는데 이는 보다 민주적이고 투명하며 책임성 있고 법의 지배와 시민의 이익에 부합하며 효과적인 정부가 될 수 있도록 거버넌스의 구조를 개선하고 촉진시키는 것을 목적으로 하고 있다. 이를 위해 성과기반 관리, 시민의 의사결정 참여 증대, 지방 거버넌스 제도의 역량 개발 등을 강조하고 있다.

3. 참여적 거버넌스의 도입

　　2002년의 예산법은 예산의 구성요소와 분류방식 및 재정의 범위를 규정하였다. 그러나 이 법은 국제기준과 방법론에 부합하지 못했다. 한편 PSMFL이 예산과정과 그 관계를 규제하였지만 예산과정에 참여하는 기관들은 이 법에 대해서도 불만을 갖고 있었다. 그 이유로서 불분명한 경비 할당, 조직에 대한 과도한 규제, 성과계약의 미흡한 집행, 재정관리의 부재 등을 들 수 있다. 뿐만 아니라 예산과정에서 지방정부가 자신들의 발전·투자 계획을 추진할 수 없도록 하는 수직적 행정관행으로 예산은 지역의 정책 우선순위와 부합하지 못했고 지역의 요구가 예산에 반영되지 못했다는 점도 한계로 지적되었다. 실제로 공공투자에 대한 결정은 예산과정에서 중앙집권적으로 이루어졌을 뿐만 아니라 중앙정부에 의해 필요에 따라 이루어졌다. 따라서 지역의 예산시스템에 대한 법적 환경을 개선하는 것은 해결되지 않은 하나의 과제였다.

　　이러한 한계에 직면해 정부는 2002년의 예산법과 PSMFL를 연계하여 예산관계를 규제하기 위한 통합법을 제정하기로 결정하였다. 2011년 의회에서 새로운 예산법이 통과되었고 2013년부터 효력을 발생하면서 행정개혁의 과정도 변화를 겪게 되었다. 새로운 예산법의 목적은 중복과 모순을 교정하고 예산의 원칙·시스템·구성요소·분류방식을 확립하며 특별한 재정적 요구조건들을 강제하는데 있었다. 뿐만 아니라 예산과정에 참여하는 조직의 권한·역할·책임을 규정하고 예산의 편성·승인·지출·회계기록·보고·감사와 관련하여 발생하는 여러 측면을 규제하는데도 그 목적이 있었다.[10] 기존의 예산법은 오직 예산의 계획·승인·집행·보고와 관련된 측면만을 규제하고 있어 PSMFL에 의해 규제되는 인사정책과 운영관리는 예산법의 규제대상이 되지 못했다.

이와 더불어 '일반관리자(general manager)', '최종생산물(product)'과 같은 용어들이 새로운 용어로 대체되었다. PSMFL에서는 성과계약에 기초해서 공공조직의 일상적인 관리에 책임을 지고 있는 관료들에게 일반관리자의 명칭을 부여했으나 예산법에서는 '예산운영자(budget governor)'라는 용어로 대체되었다. 이는 자신의 권한 영역 내에서 예산을 계획하고 승인된 예산을 할당·감독·관리·보고할 책임이 부여된 관료를 의미한다. 또한 '최종생산물(product)'이라는 용어는 '프로그램(program)'과 '활동(activity)'이라는 용어로 대체되었다. 이러한 새로운 용어의 등장은 개혁의 아이디어가 관리주의(managerialism)에서 거버넌스(governance)로 이동하였음을 나타내는 것이다.

그럼에도 불구하고 정부는 행정에 성과관리를 적용하고자 하는 노력을 지속하였다. 예산법에서도 언급되었듯이 일선의 예산운영자와 중앙의 예산운영자는 회계연도가 시작되기 전에 각각 상위 수준의 예산운영자와 성과협약을 맺어야 한다. 성과협약은 기관의 프로그램과 활동, 예산, 기대결과, 평가기준 등을 반영한다. 그리고 투입에 기초한 예산은 프로그램에 의해서 편성된다. 또한 성과협약은 매년 상위수준의 예산운영자에 의해서 평가되고 성과협약의 내

---

10) PSMFL은 재정관리의 원칙으로 산출지향 예산, 중기계획, 조세체계의 안정성, 재정관리의 효율성, 중기적 예산균형 등을 강조하였으나 새로운 예산법은 재정의 안정성과 투명성, 예산의 포괄성과 정확성, 효율적인 재정·예산관리, 책임성 등을 예산의 원칙으로 재규정하였다.

용이 얼마나 완수되고 진척되었는지에 따라 평가자는 보상 혹은 제재를 부여
할 수 있다.

　　예산법과 관련하여 인사위원회(Civil Service Commission)는 기존의 규제조항
들을 수정하고자 하였다. 수정된 규제조항에 따르면 성과협약은 예산운영자와
기관장 간, 더 나아가 모든 관료들을 적용의 대상으로 삼았다. 그리고 성과협
약과 더불어 기존의 평가등급시스템도 거의 변화 없이 적용시키고자 하였다.
따라서 개인별로 성과평가가 이루어지는 한 관료들은 자신들의 업무결과에 따
라 등급을 부여받게 된다. 그러나 개정된 규제조항에서 성과결과는 성과보상
과 강력하게 연계되지 못했다. 심지어 성과결과와 성과보상 간의 관계조차 거
의 언급되지 않았다. 따라서 성과관리와 인적자원관리 간의 연계와 관련하여
문제가 제기될 수 있었다. 몽골 정부는 여전히 관료들의 책임성, 효과성, 효율
성을 증진시키기 위한 대안을 찾아야 할 과제를 떠안고 있다.

　　그러나 2011년의 예산법은 프로그램 예산(Program Budgeting), 공공투자 프
로그램(Public Invest Program, PIP), 공사파트너십(Public Private Partnership, PPP), 시
민참여와 같은 새로운 요소를 도입함으로써 중앙정부, 지방정부, 시민, 기업,
비정부조직 등 이해당사자들을 위한 성장의 기회를 제공하고 있다. 우선 이 예
산법은 지방정부의 재정적 자율성을 개선시켜주는데 초점을 맞추고 있다. 이
러한 변화는 지방정부가 보다 많은 자원을 보유하게 되었음을 의미하는 것이
다. PPP와 더불어 지방재정 자율성의 개선은 보다 많은 공공기능을 민간위탁
시킴으로써 지역의 기업과 비정부조직들을 위한 성장기회를 제공해주고 있다.
또한 PIP의 도입은 지방정부로 하여금 지역의 사회경제적 이슈를 다룰 수 있
도록 자신들의 발전·투자 계획을 수립할 수 있게 함으로써 투자예산이 지역
의 요구와 정책 우선순위에 부합할 수 있도록 하였다. 예산과정에 대한 시민참
여는 새로운 예산법에 도입된 가장 중요한 변화 중 하나라고 할 수 있다. 이러
한 변화는 지역의 공공재에 대한 주민들의 선호를 반영할 수 있는 기회를 제
공하고 지방정부가 정확한 정보를 주민들에게 제공해줌으로써 지역의 정치인
과 행정 관료들을 통제할 수 있는 가능성을 제공하여 준다. PPP, PIP, 시민참
여의 성공적인 집행은 지방의 서비스 제공을 개선시키고 투자계획과 프로젝트

의 효율성을 향상시키며 지방정부, 주민, 기업, NGOs의 이익을 위한 정치적·재정적 책임을 확보할 수 있도록 할 것이다.

V. 개혁의 한계와 과제

1. 개혁의 한계

몽골의 공공부문 개혁은 구조와 절차를 변화시키는데 중점을 두었다(World Bank, 2009). 그러나 여러 이유에 의해 선진국에서 발견되는 결실을 만들어내지는 못했다(Tsedev, 2002). 대부분의 체제전환 국가에서 그러하듯이 개혁은 법제 및 정부체제의 변화와 더불어 이루어지며 급진적인 정치적·경제적 위기로 인해 촉발된다. 몽골의 경우 개혁은 단순히 행정관리의 효과성과 효율성을 향상시키는 문제가 아니라 민주주의의 기본 원칙에 입각하여 기존의 시스템을 개혁하는 문제라고 볼 수 있다. 몽골 정부는 적절한 개혁모형을 찾아 이를 실험하고자 하였지만 개혁모형들이 강조하는 요소들 간의 충돌 및 역사와 전통의 영향으로 한계를 드러내고 있다.

1) 문화적 차원

유목민족의 전통을 가진 몽골의 사회조직은 지역주의(localism)의 토대라고 할 수 있는 씨족(clan)에 기초하고 있다. 씨족 구성원들 간에 이루어지는 상호협력관계는 몽골인들 사이에 광범위하게 나타나는 현상으로 이는 강력하고 지속적인 연대를 가능하게 한다. 이렇게 관계성이 지배하는 시스템 하에서 도덕적·윤리적 규범과 가족 및 사회집단에 대한 의무·책임은 법과 규칙 이상의 의미를 가지고 있다. 법과 규칙이 우선되지 않는 상황에서 비정치적이고 중립적인 공직시스템을 집행하는 것은 어려운 일이라고 할 수 있다. 따라서 공공서비스의 질은 급격한 변화를 보여주지 못했으며 보수의 차이는 유인구조를 만들어낼 수 있을 만큼 크지도 못했다.

경험적 증거는 사람들이 아직도 사회주의 국가 시기의 생활양식에서 벗어나지 못하고 있음을 보여주고 있다. 사회주의 신념과 가치는 여전히 일상적인 업무패턴에 깊이 배태되어 있으며 일반 사람들은 생활보장을 제공해주는 독재자(big brother)를 기대한다. 이들은 사회주의 국가 시기에 그러하였듯이 일상생활에 대한 결정을 상부로부터 받기를 원한다. 이는 개인적 책임이 결여되어 있음을 반영하는 것이라고 볼 수 있다.11)

한 조사는 권위주의 정부에 대한 선호가 증가한 반면 민주주의에 대한 선호 혹은 만족도는 감소하였음을 보여주고 있다. 이는 대부분의 몽골인들이 민주화 이후 10년이 지난 뒤에도 여전히 권위주의로부터 크게 벗어나지 못하고 있음을 보여주는 것이다(Ganbat, 2004).

2) 구조적 차원

사회주의 국가 시기에는 모든 것이 정치화되어 있었다. 특히 관료들은 정치적으로 활동적이었고 만사를 이념 렌즈를 통해 보았다. 공무원들은 이념적 기준을 이용하여 선발되었고 특히 고위관료는 중앙집권적으로 임용·평가·승진되었다. 상급 직위에 결원이 생겨도 공개적으로 발표되지 않았고 이를 위한 경쟁시험은 2003년 중반까지도 조직화되지 못했다. 민주화 이후에도 국가행정의 탈정치화는 진전이 없었다.

정당에 대한 충성, 조직에 대한 충성, 개인적 관계를 식별하기 어렵게 만드는 비공식적 관계가 나타나면서 모든 수준에서 정치와 행정은 밀접한 연계를 갖게 되었다. 몽골에서 어떠한 활동이 정치적인가에 대한 명확한 정의가 존재하지 않았기 때문에 정당에 대한 관료들의 충성은 그대로 이어졌다. 관료들 사이에 나타나는 정당가입에 따른 파벌은 중앙정부에서 지방정부에 이르기까지 행정기능을 수행하는데 갈등을 야기하였다(Tsedev & Pratt, 2005). 선거로 선출된 이전의 고위관료를 상급관료로 채용하는 일이 일상적으로 이루어졌는데

---

11) 공공조직들이 고객만족 설문조사, 인터뷰, 피드백 박스, 공청회 등을 통해 시민들을 참여시키고 서비스 질을 향상시키려고 하였지만 시민들은 피드백을 제공하는데 있어 열정적이지 않았다(Government Service Council, 2005).

이는 한편으로는 필요한 선택이기도 하였다. 정당가입에 따른 채용과 해고는 개혁과정을 좌초시켰으며 족벌정치나 정실인사를 정착시키는 이유가 되었다. 그리고 일단 공직에 채용되면 정치적 기반 위에서 신분을 보호받았다.

정당과 정치인들은 공직을 자원으로 활용하였고 특히 고위관료들은 정당의 이익을 위해 업무를 수행했다. 대부분의 고위관료들은 주요 정당의 최고의 결기구 구성원들이었다. 정당이 소집되면 마치 관료들이 소집된 것 같은 상황을 연출할 정도였다. 한 신문(Daily News, 2007.12.11)에 따르면 35명의 고위관료들이 몽골인민혁명당의 상임위원이고 20명의 고위관료들이 민주당의 상임위원이었다. 핵심 정부 관료들이 선거기간 동안 후보자들을 위해 적극적으로 홍보하는 것은 일상적인 일이었다.

국가공무원법은 당시 여당이었던 몽골인민혁명당 당원들이 시험이나 평가 없이 공직선서를 하면 공무원이 될 수 있는 길을 허용하였다. 이는 실적 시스템에 부정적인 영향을 미쳤다. 1996년 선거에서 승리한 민주연합(Democratic Union and Coalition)은 새로운 행정시스템을 더욱 악화시켰다. 이전의 오류를 시정하기 보다는 기존의 관료들을 자신들의 사람으로 대체해 나갔다. 관료들은 새로운 구조의 원칙과 정신에도 불구하고 해고되었고 다른 직위로 배치되었다. 상위직급의 경우 선발, 시험, 임명, 시보기간, 성과평가 등의 공직임용절차가 생략되었고 선서식은 정치적으로 임용된 공무원에게 핵심적인 지위를 부여해주기 위해 사용되어졌다. 하위직급의 경우 절차를 이용하는 모양새를 취했으나 경쟁을 피하기 위해 임시임용과 같은 방법을 사용하였다. 뿐만 아니라 지방정부에서 정치적으로 임용된 공직자들, 예를 들어 지방의회의 의장, 울란바토르 시위원회의 의장 그리고 수도, 주, 소규모 도시, 타운 내에 존재하는 하부 행정단위의 장 역시 중앙정부 혹은 상부에 의해 임명되었다.

공직이 정치적 간섭으로부터 취약할 경우 선거가 이루어진 다음 해에 공직에 대한 후견주의적 임용이 광범위하게 이루어지기 때문에 높은 수준의 공직교체율을 보이게 된다. 몽골의 경우 상위 3개 계급에 해당되는 행정직 관료들의 75퍼센트에서 90퍼센트가 4년 이내의 임기를 보이고 있는데 이는 고도의 공직교체율을 나타낸다(World Bank, 2009). 실제로 2004년 총선거가 이루어진 그 다음 해인 2005년 상급직위에 임용된 공직자 수가 그 전년도에 비해 3배 이상 증가하였다(Government Service Council, 2007). 특히 임명직 관료의 규모는 정권교체에 따라 급격한 변화를 보여주는데 연립정부가 구성된 2008년 이후 공무원 규모의 급격한 증가가 이를 뒷받침하고 있다.[12]

한 조사(Academy of Management, 2005)에 따르면 행정직 공무원의 33퍼센트 는 상급관료 중에 친지나 지인이 있는 자가, 28퍼센트는 정당에 가입한 자가 승진하게 될 것이라고 믿고 있으며 오직 10퍼센트만이 자격요건을 그리고 단 7퍼센트만이 좋은 성과를 승진의 요인으로 꼽았다. 또 다른 조사(Academy of Management, 2006)에 따르면 핵심 공무원의 29퍼센트만이 관료들이 국민에게 충분히 봉사하고 있다고 믿고 있으며 오직 15퍼센트만이 자신들이 투명하다고 생각하고 있었다. 그리고 공무원들의 41~47퍼센트는 평등, 투명성, 법에 대한 존경과 같은 원칙들이 제대로 작동되지 않는다고 믿고 있었으며 약 20퍼센트 는 후견적 도움을 통해 공무원이 되었다고 인정하였고 개인적 이익을 위해 공직을 이용하는 것이 이득이 된다고 답변하였다. 또한 70퍼센트의 시민들은 공무원의 행태를 부정적으로 평가하고 있는데 공직자들을 매우 관료적이고(32%), 정직하지 못하며(23%), 연고주의에 입각한(19%), 부패한(13%) 존재로 평가하고 있다. 이러한 조사결과는 공직자들의 태도와 행태와 관련해서 긍정적인 변화가 이루어지지 못했음을 보여준다.

이러한 부정적인 관행을 척결하고 공무원의 정치적 중립성, 전문성 및 안정성을 강화시키기 위하여 2007년 대통령은 국가공무원법 수정안을 의회에 제출하였고 2008년 수정안이 통과되었다.[13] 그러나 이러한 노력이 불안정성, 낮

---

12) 중앙공무원 수는 2008년 45,385명에서 2011년 52,873명으로 4년간 무려 7,488명이 증가하였고 지방정부 공무원 수는 2008년 71,531명에서 2011년 77,901명으로 6,370명이 증가하였다(Civil Service Council, 2011).
13) 이 개정 법률의 주요 내용은 ① 정당가입을 중단시키고 핵심공무원의 선거참여를 금지시키며 정치적으로 임명된 직책의 수를 감소시킴으로써 정치적 중립성을 촉진시키는 것, ② 임시직을 금지시키고 핵심직위를 증가시키며 조직개편 과정에서 관료들을 보호하고 상급직위에 대한 자격요건을 확립하며 공직을 떠난 자들의 경우 재시험을 치르도록 함으로써 전문성과 안정성을 강화시키는 것, ③ 독립성을 향상시키고 지부를 신설하며 불법적으로

은 예측성, 정치화 등의 문제를 해결해 새로운 행정시스템의 발전으로 이어지
지는 못했다. 오히려 정치·행정 엘리트들은 계약 혹은 면허, 고가의 정부조달
사업, 높은 자리 등을 정당에 가입한 사람들에게 보상으로 제공함으로써 자신
들과 피후견인들의 이익을 도모하고 있다.[14] 이는 부패를 증가시키는 원인이
되고 있다.

3) 행태적 차원

공공부문의 개혁이 몽골의 공공관리에 많은 변화를 초래했다는 점은 분명
한 사실이다. 그러나 개혁에 대한 사회적 인식이나 수용성은 매우 미흡했다고
볼 수 있다. 정부조직에서 이루어진 성과계약에도 불구하고 공공부문의 성과
향상에 대한 효과는 그다지 주목할 만한 것이 못되었다. 특히 산출에 대한 비
용과 투입에 대한 비용을 어떻게 식별할 것인가는 관료들에게도 분명하게 다
가오지 못한 측면이 있었다. 때문에 성과계약의 신뢰성은 의문의 여지가 있었
다. 결과적으로 예산과 관련하여 거의 언제나 항목별(line-item-based) 통제가 이
루어졌고 공공조직의 관리자들은 예산상의 자율성을 부여받지 못했다. 게다가
계약은 기대만큼 효율적이지 못했고 성과계약의 개발 및 평가와 관련된 형식
성은 업무량을 가중시키기만 하였다. 즉, 서비스의 질을 향상시키는 대신에 서
류업무의 양만을 증가시킨 것이다.

투입과 산출의 구분은 인사상의 성과평가에도 문제를 야기하였다. 명확하
게 구체화되지 못한 산출은 불분명한 성과평가 기준, 주관적 평가 및 공정하지

판명된 행정적 결정과 상급관리자의 임명에 대해 감독권한을 부여하여 줌으로써 정부서
비스위원회의 권한을 향상시키는 것, ④ 국가공무원법의 위반에 대한 처벌을 보다 강하게
집행하고 원칙대로 처리하는 것 등을 포함한다.
14) 한 설문조사에 따르면 공직자의 87퍼센트는 공익에 공헌하기 위해 공무원이 되었다고 응
답하였고 82퍼센트는 지방 혹은 국가수준의 의사결정과정에 참여하기를 원한다고 응답하
였다(Academy of Management, 2005). 그러나 또 다른 설문조사에 따르면 핵심공무원의
43퍼센트만이 공익에 봉사하는 것을 최우선순위로 고려하였고 60퍼센트는 개인적인 혹은
집단적인 이해관계에 우선순위를 두어야 한다고 응답하였다(Academy of Management,
2006).

못한 보상을 낳았다. 2007년 공무원 센서스 데이터가 보여주었듯이 성과평가의 적용은 몽골의 모든 정부조직에서 공평하게 적용되지 못했다. 관료의 33퍼센트가 성과평가를 받지 못했고 평가를 받은 관료의 21퍼센트는 A(매우 양호)를, 35퍼센트는 B(양호)를 받았으며 평가를 받은 관료 중 11퍼센트만이 양호보다 낮은 점수를 받았다. 일반적으로 B(양호) 이하의 점수를 부여하지 않고 보상을 관료 모두에게 공평하게 배분하려는 경향이 존재하였다고 볼 수 있다. 이러한 경향은 임금, 보상, 승진이 업무결과와 강력하게 연계되어 있지 않다는 것을 보여주는 것이다. 따라서 산출예산, 전략계획 그리고 성과와 인사관리를 통한 산출지향적 개혁 혹은 효율성 증진개혁이 애초에 의도한 바대로 집행되지 못했음을 시사한다.

시민참여와 관련해서 단기적인 성과가 있었지만 신공공관리 개혁 이후 여전히 참여가 활발히 이루어지지 못하고 있다. 여러 연구들은 지방정부 뿐만 아니라 많은 공공조직에서 이루어지는 예산결정 과정에 시민, NGO, 이익집단들의 참여가 이루어지지 않는다고 밝히고 있다(HLSP, 2004). 지방정부와 기타 공공조직의 예산편성과 집행은 오직 일반관리자, 회계담당자 그리고 경제적·재정적 지식이 있는 관료들에 의해 이루어지고 있다는 것이다. 한 연구에 따르면 시민들의 80퍼센트가 예산결정과 집행과정에 참여한 적이 없다고 답변하였고 90퍼센트는 예산정보가 대중들에게 보다 공개되어야 한다고 응답하였다(HLSP, 2004).

2. 관료제 개혁의 전망: 조화의 모색

공산주의 정권의 몰락은 몽골에게 유연한 거버넌스를 구축할 수 있는 기회를 제공하였다. 안정성과 예측가능성을 추구하기 위해 규칙 중심의 전통적 행정시스템을 발전시키기도 하였고 최근에는 효율성과 책임성을 촉진시키고자 관리주의 접근을 수용하기도 하였다. 이는 실적 중심의 중앙집권적인 공직시스템을 추구하는 동시에 산출지향적인 계약 중심의 시장모형을 추구하고자 하였음을 의미한다. 몽골은 법과 질서를 확립하기 위해 새로운 규칙과 규정을 만들고 모든 의사결정 수준에서 투명성과 시민들의 참여를 촉진시키기 위해 굿거버넌스 프로그램을 추진하였다.

신공공관리 개혁은 전통적인 행정 시스템을 대체하는 것이 아니라 전통 시스템을 성과와 결과 중심으로 개선하고자 하는 것으로 간주되었다. 신공공관리는 전통적 행정시스템에서 나타난 문제를 해결하기 위한 대안으로서 제시되었다. 이와 동시에 중앙집권적 조정, 강력한 규제, 명령준수의 책임과 같은 전통적 시스템의 요소들이 개혁모델에서 드러난 문제, 즉 조정, 성과관리, 책임성, 재규제(규제완화 후 다시 규제) 등을 해결하기 위해 유지되었다.

이러한 상황에서 부조화와 모순의 문제가 불가피하게 발생하였다. 새로운 시스템의 구축과 개혁을 서로 연계하기 위하여 몽골은 역설적으로 고도로 중앙집권적인 기제를 통한 분권화, 고도로 규제적인 기제를 통한 탈규제, 안정적 시스템을 통한 유연성, 계층제를 통한 참여 등을 구현하고자 하였다. 이러한 시도는 책임성, 고객지향성과 같은 신공공관리의 개혁목표뿐만 아니라 모든 'E(economy, efficiency, effectiveness, ethics, equalities, and equity 등)'를 총망라하는 것이다.

몽골은 신공공관리 접근을 성공적으로 집행하기 위한 필수적인 조건들을 갖추고 있지 못하다(Sarker, 2006). 체제전환 국가들은 전통적 시스템을 구축하지 않은 상황에서 신공공관리를 적용하기 어렵기도 하지만(Sarker, 2006), 글로벌 환경 하에서 오직 전통적 시스템만을 추구하기도 어려운 상황이다. 최근의 정책문서들은 몽골 정부가 중앙집권적인 경력 시스템과 성과중심의 인사관리 간의 균형을 추구하고 있음을 보여주고 있다(State Great Hural, 2004). 이러한 개혁정책의 결과는 경쟁적인 모델들의 요소들을 어떻게 조화시켜 나갈 것인지를 구체화하는 노력에서 판가름 날 것이다.

전환기를 맞이한 몽골에서 개혁의 믹스는 여전히 변화하고 있으며 구체적이고 명확하지도 않다. 일부 선진국과 개도국은 다양한 개혁철학의 믹스를 보여주고 있다. 예를 들어 Light(2006)은 개혁의 속도가 증가할수록 경쟁적인 개혁철학들의 믹스도 마찬가지로 증가한다고 주장한 바 있다. 몽골의 경우도 예외는 아니다.

    전환기를 맞이한 많은 국가에서 개혁은 정부구조 속에 존재하는 여러 요
소들 간에 적절한 균형점을 찾는 지속적인 과정으로서 간주되어 왔다(Peters,
2001). 개혁에 대한 최적의 대안으로서 한 가지 방향을 선택하는 대신 몽골은
갈등관계에 있는 요인들 간의 균형점을 찾고자 하는데 주력했다(Pratt, 2002). 이
러한 하이브리드 모형은 아직까지는 만족할만한 결실을 보여주지는 못하고 있
다. 상반된 변화의 특징들을 분명히 하고 이들 간에 적절한 균형을 찾는 것이
개혁을 위한 중요한 과제라고 할 수 있다. 다양한 개혁철학의 공존을 보여줄지
아니면 긴장과 갈등이 심화된 믹스를 보여줄지 몽골은 중요한 제도선택의 기
로에 서 있다고 볼 수 있다.

참고문헌

Namnansuren(남낭수렝), L. (2013). 몽골의 민주주의. 사회과학연구, 52(1): 65-121.

Tsatsralt(차츠랄), B. (2012). 체제전환국가의 인사행정체제 변화에 대한 연구: 몽골을 중심
      으로. 서울대학교 박사학위논문.

Academy of Management (2005). Civil servants motivation and analyses of its
      determining factors. Research Report of the Academy of Management.
      Ulaanbaatar: Government of Mongolia.

Academy of Management (2006). Civil service principles and ethics: Analyses and
      discussions. Research Report of the Academy of Management. Ulaanbaatar:
      Government of Mongolia.

ADB (Asian Development Bank) (2005). Mongolia: Second phase of the governance
      reform program.

ADB (Asian Development Bank) (2008). Mongolia: Governance reform program (First
      phase).

Badarch, K. (2013). Integrating new values into Mongolian public management.
      Potsdam: Universitätsverlag Potsdam.

Batbayar, B. (1998). Problems and perspectives of public administration reform: The
      case of the executive branch of the Government of Mongolia. Working Paper
      Series No. 273. Institute of Social Studies, The Netherlands.

Civil Service Council of Mongolia (2011). Statistical bulletins from 2008 to 2011.
      Ulaanbaatar.

Endicott－West, E. (1986). Imperial governance in Yüan Times. Harvard Journal of
      Asiatic Studies, 46(2): 523-549.

Ganbat, G. (2004). The mass public and democratic politics in Mongolia: A
      comparative survey of democracy, governance and development. Working
      Paper Series No. 29. Asian Barometer Project Office, Taipei.

Government Service Council (2005). Social audit: Best practice Mongolia. Ulaanbaatar:
      Government Service Council and UNDP Mongolia.

Government Service Council (2007). Statistics on government employees structure and movement 2007. Ulaanbaatar: Government Service Council of Mongolia.

HLSP(Household Livelihoods Support Programme) (2004). Fiscal decentralisation (RFP: 3657 MOG/2020−04V6), Research Report of the HLSP. Ulaanbaatar: Household Livelihoods Support Programme Office of Mongolia.

Light, P. C. (2006). The tides of reform revisited: Patterns in making government work, 1945~2002. Public Administration Review, 66(1): 6-19.

Peters, B. G. (2001). The future of governing. Kansas: University of Kansas Press.

Pratt, R. (2002). Public institutions and public service education in a globalizing world: Where have we been, Where are we going? Paper presented at the conference on "Globalisation and Development in Mongolia", Academy of Management and University of Hawaii, July 4th.

Roland, G. (2002). The political economy of transition. Journal of Economic Perspectives, 16(1): 29-50.

Rossabi, M. (2005). Modern Mongolia: From Khans to Commissars to Capitalists. Berkeley: University of California Press.

Sarker, A. E. (2006). New public management in developing countries: An analysis of success and failure with particular reference to Singapore and Bangladesh. The International Journal of Public Sector Management, 19(2): 180-203.

State Great Hural (1992). The Constitution of Mongolia, Ulaanbaatar: The State Great Hural of Mongolia.

State Great Hural (2004). Civil service reform−Medium term strategy 2004. Ulaanbaatar: Resolution #24 of the State Great Hural of Mongolia.

Steiner−Khamsi, G. & Stolpe, I. (2004). Decentralization and recentralization reform in Mongolia: Tracing the swing of the pendulum. Comparative Education, 40(1): 29-53.

Tsedev, D. (2002). Globalisation and the reform of Mongolian civil service, its experiences and lessons learned. Paper presented at the conference on "Globalisation and Development in Mongolia", Academy of Management and University of Hawaii, July 5th.

Tsedev, D. & Pratt, R. (2005). Institutional change in Mongolia: Balancing waves of reform. Network of Asia−Pacific schools and institutes. Beijing.

Verheijen, A. J. G. (2003). Public administration in post—communist states. In B. G.
        Peters & J. Pierre (eds.), Handbook of public administration. London: Sage.

World Bank (2009). Mongolia towards a high performing civil service. The World
        Bank Report No. 50767—MN.

제9장

동아시아 국가 관료제
: 전통과 도전

박종민

　앞의 각 장이 보여주는 것처럼 20세기 종반부터 동아시아 국가들은 굿거 버넌스를 위한 제도개혁의 도전에 직면해 있다. 동아시아 대부분의 국가들은 20세기 전반 식민지배를 경험한 후 제2차 세계대전 종전과 함께 독립하였으 며 중반 이후 개발도상국으로 미소 냉전구조 속에서 산업화를 추구하였고 종 반부터 탈냉전과 더불어 민주화 및 글로벌화의 세계적 물결에 휩쓸려 있었다. 이러한 거시적 변화가 순차적 혹은 병렬적으로 정부제도의 환경을 변화시키면 서 국가 관료제는 지속적으로 개혁의 대상이 되어 왔다(Burns & Bowornwathana, 2001; Cheung & Scott, 2003; Raadschelders et al., 2007).

　근대화가 법적 합리성에 근거한 관료제를 구축하는 개혁 패러다임을 강조 한다면 민주화는 관료제에 대한 정치적 통제를 강화하는 개혁 패러다임을 강 조하고 글로벌화는 관료제에 대한 시장적 규율을 강화하는 개혁 패러다임을 강조한다. 이 장에서는 근대화, 민주화 및 글로벌화와 관련된 제도적 환경의 변화를 경험하고 있는 동아시아 국가 관료제의 모습을 다룬다. 이를 위해 현재 는 과거의 산물이라는 역사적 제도주의의 시각을 고려해 동아시아 국가의 행 정전통을 기술하고 비교한다. 또한 현재의 정치체제와 사회구조가 관료제의 주요한 거시적 환경을 구성한다는 점에서 이와 관련한 동아시아 국가들의 차 이를 기술하고 비교한다. 그리고 민주화 및 글로벌화 이전과 이후 동아시아 국가 행정기구의 특징을 비교하고 정부제도의 질을 분석한다. 이를 통해 근대화, 민주화 및 글로벌화의 맥락에서 동아시아 국가들이 직면한 굿거버넌스를 위한 제도개혁의 도전과 한계를 살펴본다.

I. 전 통

여기서는 제2차 세계대전 이후 신생독립국으로 국가발전과 산업화를 추구하기 이전 시기에 형성된 행정전통을 살펴본다. 여기에는 전근대의 고유한 전통만이 아니라 식민지 유산이 포함된다. 동아시아 대부분의 국가들은 식민지배를 통해서든 아니든 서구열강에 뿌리는 둔 근대행정모형의 영향을 받았다. Painter & Peters(2010)는 행정전통에 관한 연구에서 행정유산을 공유하는 9개의 국가군을 구분하였다.[1] 이들 가운데 식민지배 혹은 근대화 과정에서 동아시아 국가군의 경우 모방·이식한 근대행정모형은 영미모형, 유럽대륙모형(프랑스와 독일) 및 소비에트모형이라 할 수 있다.[2]

그들이 제시한 이들 행정모형의 특징을 간단히 기술하면 첫째, 영미 행정전통에서는 국가와 사회 간의 경계가 분명하지 않고 시장과 시민사회가 주요한 역할을 한다. 다원주의적 사회관이 지배적이며 국가중심주의에 대해 적대

---

[1] 이들 국가군은 영미, 나폴레옹, 독일, 스칸디나비아, 남미, 남아시아-아프리카, 동아시아, 소비에트, 이슬람이다.

[2] Painter & Peters(2010)는 행정전통의 분류기준으로 국가-사회관계, 관료제-정치관계, 법-관리중심 및 문책성을 제시하였다. 첫째, 국가-사회관계는 계약적 시각과 유기체적 시각으로 구분된다. 계약적 국가관은 국가를 사회계약의 산물로, 유기체적 국가관은 국가를 자율적이고 초월적 존재로 본다. 둘째, 관료제-정치관계는 관료제 혹은 행정의 (탈)정치화, 즉 행정에서 전문성 혹은 정치성이 강조되는지, 관료제가 정치엘리트의 근원인지, 관료제가 정책결정에 관여하는지와 관련된다. 셋째, 법-관리중심은 행정의 본질을 법의 집행으로 보는지 혹은 관리로 보는지와 관련된다. 끝으로 문책성은 관료제에 대한 통제 기제로 행정법원 등을 통한 법적 통제를 강조하는지 의회 등 정치적 통제를 강조하는지와 관련된다. 이렇게 보면 행정전통은 국가-사회중심주의, 관료제의 정치화-탈정치화, 법규-관리중심주의, 사법-정치통제주의에 따라 분류될 수 있다.

적이다. 영미의 보통법계는 판례법주의를 특색으로 하며 절차적 접근에 기반을 둔다. 문책성의 기제로 법률적 접근보다 정치적 접근을 강조한다. 영국과 미국 간에도 차이가 있는데 미국의 경우 권리를 강조해 법원에 의한 행정심사를 중시하나 영국의 경우 의회역할을 강조해 행정심사를 제한한다. 행정은 법보다 관리 및 정책과 관련되는 것으로 본다. 영국과 미국 모두 정도상의 차이는 있지만 정치를 중립적인 행정으로부터 분리하는 것을 강조한다.

둘째, 프랑스(나폴레옹) 행정전통에서 법은 사회개입을 위한 국가의 도구이다. 공법체계가 국가와 시민 간의 관계를 규제한다. 행정이 법과 밀접하게 연결되어 있으며 법과 규칙이 모든 행정행위의 범위와 내용을 규정한다. 행정재량이 행사되면 사법심사에 의해 검토된다. 프랑스의 행정계급은 소수 핵심 교육기관에서 훈련받고 충원되며 이들 엘리트는 정치엘리트의 풀을 형성한다. 선출직이든 임명직이든 모든 공직은 법률적이고 국가중심주의 전통에 의해 형성된다.[3]

셋째, 프랑스와 더불어 유럽대륙의 주요 모형으로 간주되는 독일 행정전통도 공법을 강조한다. 독일의 법치국가는 국가중심주의를 반영하는데 모든 행정영역을 규율하는 강력하고 포괄적인 공법체계를 갖고 있다.[4] 법률적 훈련이 공직의 필수 자격조건이며 법률주의가 모든 행정에 담겨져 있다. 공무원들만이 공익이 무엇인지를 규정할 능력과 권리가 있다고 생각한다.

끝으로 소비에트 행정전통은 일당독재와 단일관료국가가 결합된 것이다. 일당의 지배는 모든 국가기관에 대한 정치적 통제를 강제한다. 민주적 집중주의의 원리는 권력분립을 허용하지 않는다.[5] 통제기제는 당의 감독체계에 의존한다. 행정의 모든 수준과 모든 단위에서 당세포가 의사결정 권한을 행사한다. 정치적 역할과 행정적 역할 간 구분이 엄격하지 않다. 사상이 전문성보다 더 중요해 간부관료제 체계에서 정치적 훈련, 당 이념과 노선에 대한 헌신과 충성

---

3) 필리핀을 식민지배한 스페인은 프랑스 행정전통의 영향을 받았다.

4) 인도네시아를 식민지배한 네덜란드는 독일 행정전통의 영향을 받았다.

5) 일당독재체제인 중국과 베트남에서는 물론 민주화된 몽골에서도 소비에트 행정모형의 영향이 남아있다.

이 중요한 자격조건이 된다.

이러한 구분을 배경으로 그들은 토착적인 행정전통 및 초기 근대화 혹은 식민지화 과정에서 이식된 서구의 근대행정모형을 구분해 〈표 9-1〉에 제시된 것처럼 동아시아 국가들의 행정체제를 구분하였다(Painter & Peters, 2010). 그들은 근대 이전의 토착적인 행정전통을 유교적 전통과 비유교적 전통으로 구분하였다.[6] 비유교적 전통은 유교적 전통의 특징적 요소가 결여되어 있는 잔여범주로 볼 수 있다. 이식된 근대행정모형은 유럽대륙(프랑스와 독일)모형과 영미모형으로 구분하였다.[7]

유교적 전통이 있는 나라들 가운데서 일본, 한국, 대만, 중국, 베트남의 경우 유럽대륙모형이 이식되었다. 일본은 직접, 한국과 대만은 일본의 식민지배를 통해 독일모형이 이식되었다. 베트남은 식민지배를 받은 프랑스의 모형이 이식되었다. 청조 몰락 이후 중국은 유럽대륙의 영향을 받았다. 그러나 중국과 베트남 모두 공산혁명 이후 소비에트모형이 이식되었다. 몽골은 소련의 위성국가로 독립한 이후 소비에트모형이 이식되었다. 한편 유교적 전통이 있는 나라들 가운데서 홍콩과 싱가포르는 영국의 식민지배를 통해 영미모형이 이식되었다.[8]

비유교적 전통이라는 잔여범주는 모호하다. 인도네시아와 말레이시아는 이슬람, 태국은 불교, 필리핀은 가톨릭의 전통이 강한 국가로 이들 국가가 공유하는 고유의 전통이 무엇인지 명확하지 않다.[9] 비유교적 전통의 국가 가운

---

6) 유교적 행정전통은 유학과 중국 왕조의 행정관행이 결합된 것이다. 유교적 전통의 핵심적 특징은 실적주의(meritocracy)이다. 관인을 충원하기 위해 황실시험을 사용하였고 이러한 제도는 학인관료 계급을 형성하였다. 시험제도는 인문적 기술과 텍스트에 대한 상세한 지식을 검증하기 위해 설계되었다. 유교적 행정전통이 강한 곳에서는 실적주의 전통이 강하다고 할 수 있다.

7) 공산화된 국가들이 소비에트 행정모형을 이식하였기 때문에 이식된 근대행정모형으로 유럽대륙과 영미전통만 포함하는 것은 한계가 있다.

8) 동아시아에서 영국 식민지배의 유산은 싱가포르, 말레이시아, 홍콩에서 발견된다. 이들 국가에는 영국 식민지배를 통해 실적주의, 법률주의, 정치적 중립성, 제너럴리스트 행정가를 강조하는 근대관료제가 도입되었다(Berman, 2011).

9) 근대 이슬람 제국을 통합시킨 것은 표준화된 법전과 실적에 근거한 중앙관료제였다

데서 오랫동안 네덜란드의 식민지였던 인도네시아의 경우 유럽대륙모형이 이식되었다. 태국은 식민지배를 피하였지만 프랑스의 제도가 영향을 주었다. 영국의 간접 식민지배를 받은 말레이시아에는 영미모형이 이식되었다. 스페인과 미국의 식민지배를 순차적으로 받은 필리핀의 경우 유럽대륙과 영미전통이 혼재되어 남아 있지만 미국의 식민지배가 보다 최근이라 영미모형의 영향이 더 강하다고 할 수 있다.10) 이처럼 동아시아의 행정전통은 복잡하고 다양하다.

표 9-1 동아시아 국가의 행정전통

이식된 근대행정모형	고유전통	
	유교적 전통	비유교적 전통
유럽대륙모형	일본, 한국, 대만, 중국, 베트남	인도네시아, 태국
영미모형	홍콩, 싱가포르	필리핀, 말레이시아

출처: Painters & Peters(2010)

전술한 분류에 기초해 동아시아 국가들의 행정전통의 특징을 비교하면 유교적 전통이 계약적 국가관보다 유기체적 국가관을 반영한다는 점에서 유교적 전통이 강한 국가들은 초월적 존재로서 국가의 자율성을 옹호하는 전통이 강하다고 할 수 있다. 여기에는 중국, 일본, 한국, 대만, 싱가포르, 홍콩이 포함된다. 한편 유교적 전통이 강한 동아시아 국가들 가운데서 유럽대륙모형을 이식한 한국, 대만, 일본의 경우 유기체적 국가관이 더 지배적이라고 할 수 있다. 반면 유교적 전통이 강하지만 계약적 국가관에 바탕을 둔 영미모형을 이식했던 싱가포르와 홍콩의 경우는 관념적으로는 유기체적 국가관이, 제도적으로는 계약적 국가관이 강할 것으로 보인다. 그리고 유교적 전통이 유기체적 국가관

(Painter & Peters, 2010). 이슬람 국가군이 공유하는 전통이 있다면 이는 계층적이고 집중화된 국가의 역할이라고 할 수 있다. 이런 점에서 이슬람 전통을 가진 인도네시아와 말레이시아의 경우 국가중심주의가 강하다고 할 수 있다.

10) 식민지 시기 미국이 자신의 제도를 필리핀에 실제로 구축하였는지는 명확하지 않지만 필리핀에 실적과 경쟁시험의 가치가 수용되어 있는 것은 미국 식민지배의 영향으로 지적된다(Reyes, 2011).

을 반영한다는 점에서 한국, 대만, 일본의 경우 유럽대륙모형을 이식하는 것이 용이했을 것이다. 반면 싱가포르와 홍콩은 유기체적 국가관을 강조하는 유교적 전통 속에 계약적 국가관에 기반을 둔 행정모형의 이식이 쉽지 않았겠지만 직접 식민지배가 이를 가능하게 했을 것으로 보인다. 유교적 전통이 없는 국가들의 경우 태국은 프랑스의 영향으로 국가중심주의의 유기체적 국가관이 비교적 강할 것으로 보인다. 반면 말레이시아는 영국의 간접 식민지배로 홍콩이나 싱가포르보다는 약하지만 계약적 국가관의 유산을 물려받았을 것으로 보인다. 한편 유럽대륙 전통이 강한 스페인으로부터 오랫동안 식민지배를 받았던 필리핀은 유기체적 국가관의 전통이 강하지만 미국의 식민지배로 그 영향이 약해졌을 것으로 보인다(Endriga 2001).11)

　　동아시아 국가들의 행정전통은 법치국가와 공익모형으로도 구분될 수 있다(Pollitt & Bouckaert, 2011; Pierre, 1995). 법치국가(Rechtsstaat)모형에서 국가는 사회에서 중심적인 통합세력이며 국가의 주 관심은 법을 제정하고 집행하는 것이다. 행정법 체계가 존재하며 고위공무원들은 법학 교육과 훈련을 받는다. 공무원들은 규칙과 선례를 준수하는 입장이고 공무원들의 행동은 법적 테두리 안에서 이루어지며 행정통제와 감독을 위해 행정법원이 존재한다. 법치국가모형에서 강조되는 가치는 법 권위에 대한 존중, 선례의 중시, 법 앞의 평등이다. 독일과 프랑스의 행정전통은 이러한 모형을 반영한다. 반면 영미의 공익(public interest)모형에서 정부(국가)역할은 덜 광범하고 덜 지배적이다. 정부는 필요악으로 간주되어 정부의 권력이 필요보다 커져서는 안 되고 장관과 공직자들은 의회 등을 통해 항상 문책되어야 한다고 본다. 법이 통치에 본질적 요소이긴 하지만 법치국가모형에서처럼 지배적이지 않다. 고위공무원들은 법학교육이나 훈련을 받지 않으며 공무원들은 정부조직을 위해 일하도록 고용된 사람들일 뿐이다. 통치과정은 정책과 사업에 대해 공공의 합의를 이끌어내는 과정이며 여기서 정부는 공정한 심판의 역할을 수행할 것으로 기대된다. 공익

---

11) 필리핀의 공무원체제가 미국에서처럼 정치화되어 있는 것은 그러한 영향의 일부라 할 수 있다.

모형에서 강조되는 가치는 기술성이나 합법성보다 실용성과 유연성이다.

　　이렇게 보면 독일 행정전통의 영향을 받은 일본, 한국, 대만의 거버넌스, 프랑스 행정전통의 영향을 받은 태국의 거버넌스, 네덜란드 행정전통의 영향을 받은 인도네시아의 거버넌스는 모두 법치국가모형에 가깝다고 할 수 있다. 반면 영국 혹은 미국의 영향을 받은 싱가포르, 홍콩, 말레이시아, 필리핀의 거버넌스는 공익모형의 영향이 남아있다고 할 수 있다.

　　이처럼 동아시아 국가들의 행정전통에 주목하는 것은 현재가 과거의 산물이라는 역사적 제도주의의 시각에서 보면 이러한 전통이 근대화, 민주화 및 글로벌화와 관련된 개혁 패러다임에 대한 각국의 해석과 대응에 차이를 줄 수 있기 때문이다.

II. 환경: 정치와 사회

1. 정　치

　　과거 역사만이 현재에 영향을 주는 것은 아니다. 비교행정 연구자들이 강조하는 관료제의 구조와 행태에 영향을 주는 요인들 가운데 하나는 정당·정치체제의 유형이다(Shefter, 1994). 정당·정치체제는 정치적 행위자와 관료제 간의 관계에 영향을 주는 제도적 맥락을 구성한다. 특히 권력을 위한 복수정당경쟁과 자유공정선거를 허용하는 체제인지 아닌지는 관료제의 구조와 행태에 주요한 차이를 준다.

　　〈표 9-2〉가 보여주는 것처럼 동아시아 사례국가들의 정치·정당체제 및 법제의 유형은 다양하다.[12] 일본, 대만, 한국, 필리핀, 인도네시아, 몽골은 정

---

12) Freedom House 평가에 따르면 1990~2015년 전 기간 동안 비민주주의로 분류된 동아시아 국가는 중국, 싱가포르, 말레이시아, 베트남이다. 전 기간 동안 민주주의로 분류된 국가는 일본과 한국이다. 몽골은 1991년부터, 대만은 1996년부터, 인도네시아는 1999년부터 각각 민주주의로 분류되어 현재까지 그 지위를 유지하고 있다. 필리핀은 1990~2006

권을 위해 복수정당이 경쟁하는 선거민주주의이다. 반면 중국과 베트남은 일
당독재체제이다. 말레이시아와 싱가포르는 정권을 위해 복수정당이 경쟁하지
만 '기울어진 운동장'으로 경쟁이 공정하지 않은 복수정당 비경쟁체제이며 유
사민주주의 혹은 경쟁적 권위주의체제로 분류된다. 일본, 한국 및 대만은 독일
의 시민법 전통을, 인도네시아와 필리핀은 프랑스의 시민법 전통을, 말레이시
아, 싱가포르, 홍콩 및 태국은 영국의 보통법 전통을, 중국, 베트남 및 몽골은
사회주의법 전통을 갖고 있다.

표 9-2 동아시아 국가의 정치적 및 법적 환경

국가	정치체제	정당체제	법제
중국	권위주의	일당독재	사회주의
홍콩	경쟁적 권위주의	복수정당비경쟁	영국
인도네시아	민주주의	복수정당경쟁	프랑스
일본	민주주의	복수정당경쟁	독일
한국	민주주의	복수정당경쟁	독일
몽골	민주주의	복수정당경쟁	사회주의
말레이시아	경쟁적 권위주의	복수정당비경쟁	영국
필리핀	민주주의	복수정당경쟁	프랑스
싱가포르	경쟁적 권위주의	복수정당비경쟁	영국
대만	민주주의	복수정당경쟁	독일
태국	권위주의	복수정당비경쟁	영국
베트남	권위주의	일당독재	사회주의

출처: 법제 자료는 La Porta et al.(1999)

년 민주주의로 분류되었지만 2007~2009년 비민주주의로 분류되었다가 2010년부터 민주
주의의 지위를 회복하여 현재까지 유지하고 있다. 태국은 1990년 민주주의로 분류되었으
나 1991년 비민주주의로 분류되었고 1992년 민주주의의 지위를 회복하여 2005년까지 유
지하나 2006~2010년 비민주주의로 분류되었고 2011~2013년 민주주의의 지위를 회복하
나 2014년부터 비민주주의로 분류되었다.

　복수정당 경쟁체제의 경우 관료제의 정치적 중립성이 옹호되고 전문성에 기초한 관료제의 자율성이 중시된다. 따라서 관료제의 정치화가 억제되거나 제한적이다. 복수정당 비경쟁체제의 경우 전문성에 기초한 관료제의 자율성이 중시되면서도 관료제와 지배정당 간의 연계가 구축되어 관료제의 정치화가 비공식적으로 이루어져 있다고 할 수 있다. 일당독재체제의 경우 관료제는 공식적으로 당의 기구로 존재하고 전문성보다 당에 대한 충성을 강조해 관료제의 정치화가 가장 극단적으로 이루어져 있다고 할 수 있다. 중국과 베트남의 경우 일당독재체제로 국가와 당이 일체화되어 있고 관료제가 정치에 예속되어 있다. 일본, 한국, 대만의 경우 복수정당이 경쟁하는 선거민주주의로 행정의 정치적 중립이 강조되고 공무원의 정치참여는 제한적이다.[13] 몽골의 경우 현재는 복수정당이 경쟁하는 선거민주주의이지만 당−국가 일체의 전통으로 공식제도와는 달리 관료제가 여전히 정치화되어 있다. 인도네시아, 필리핀의 경우도 복수정당이 경쟁하는 선거민주주의로 공무원의 정치적 중립이 강조되지만 정당정치와 사회구조의 영향으로 관료제가 상당히 정치화되어 있다. 싱가포르와 말레이시아의 경우 지배정당이 국가의 일부를 구성하는 것은 아니지만 관료제가 정치엘리트의 주요 공급원이 되면서 정치화가 상당히 이루어져 있다. 태국은 주기적으로 군부 엘리트와 관료 엘리트 간의 연합에 의해 지배될 정도로 관료제의 정치화는 내재적이라고 할 수 있다.[14]

　민주화는 정당체제의 변화, 즉 일당독재체제 혹은 복수정당 비경쟁체제로부터 복수정당 경쟁체제로의 전환을 수반한다. 따라서 민주화가 정치행위자, 특히 정당과 입법부 및 관료제 간의 관계를 재설정한다고 해도 과언이 아니다. 여기서 주목할 것은 민주화의 시점이다. 민주화 이전에 관료제가 구축된 경우 관료제의 정치화에 한계가 있다. 반면 관료제가 구축되기 이전에 민주화가 된 경우 관료제의 탈정치화에 한계가 있다. 복수정당 경쟁체제에서는 공무원의

---

13) 대만의 경우 국가와 당이 구분되지 않은 권위주의 체제를 오랫동안 유지했기 때문에 정치화된 관료제의 전통이 한국이나 일본보다 강하다고 할 수 있다.

14) 태국은 군과 민간의 관료 엘리트가 왕정을 무너뜨리고 의회군주제를 구축했을 정도로 군관연합지배의 전통이 있다.

정치적 중립이나 정치적 개입으로부터 공무원의 보호와 같은 개념이 발전되어
있다. 그러나 일당독재체제에서나 복수정당 비경쟁체제의 경우 그러한 개념이
그다지 유용하지 않다. 정부형태도 관료제의 자율성과 정치화에 영향을 준다.
민주화 이전에 관료제가 구축된 경우 연립정부 형태는 다수당정부 형태보다
관료제의 정치화를 제한시키고 자율성과 권한을 더 부여할 수 있다. 반면 민주
화와 더불어 관료제가 태동하는 곳에서 연립정부 형태는 오히려 관료제의 정
치화를 조장할 수 있다. 민주화는 정당체제만이 아니라 입법부의 역할과 문책
기능을 강화시켜 관료제에 대한 정치적 통제를 추구한다. 또한 민주화는 입헌
주의의 원리와 사법부의 독립을 강조하며 관료제에 대한 법적 통제를 추구한
다. 민주화는 선거, 정당, 입법부, 사법부 등 수직적 및 수평적 문책제도를 통
해 관료제에 대한 정치적 및 법적 통제를 강화하여 거버넌스의 질에 주요한
영향을 준다고 할 수 있다.

2. 사회구조

사회구조는 관료제의 구조와 행태에 영향을 미치는 주요한 환경적 요소이
다. 사회가 다원화되고 분화되어 이질성이 높을수록 관료제와 사회행위자들
간의 관계는 복잡해진다. 사회구조의 영향과 관련하여 주목하는 것은 근대국
가의 핵심적 특징인 관료제의 공적 성격의 구축이다. 관료제가 사회의 특정 계
층이나 집단의 이익을 대표하고 그에 봉사할 때 관료제의 공적 성격은 훼손되
고 근대국가의 정당성은 약화된다.[15] 관료제가 사회를 구성하는 유력 계층이
나 지배 집단의 이익을 초월해 국가 전체의 이익, 공공의 이익을 대변할 때 관
료제의 공적 성격이 강화된다고 할 수 있다.

---

15) 농업사회의 유력한 세력인 지주계급은 국가 관료제의 공적 성격을 훼손하고 자율성을 침
    식할 수 있다. 농지개혁은 그들의 권력기반을 약화시켜 근대관료제의 구축에 도움을 준
    다. 동아시아에서 일본, 한국, 대만 등은 농지개혁이 성공한 국가로 평가받는 반면 필리핀
    은 실패한 국가로 간주되고 있는데 이는 관료제의 구조와 행태에 차이를 주는 것으로 보
    인다.

　　산업화, 도시화, 교육확대 등으로 직업구조가 분화되고 사회계층이 다양해
지거나 혹은 종교·인종·민족·언어 등 원초적 정체성을 중심으로 사회가 분
할되어 있을 때 국민국가의 관료기구가 특정 사회계층이나 정체성집단과 연계
되면 국가의 합리성과 근대성을 담보하기 어렵다. 이러한 맥락에서 실력과 능
력을 갖춘 모든 국민에게 공직을 개방하는 것은 가산관료제가 근대관료제로
전환하는데 결정적인 요소라 할 수 있다. 특정 사회계층이나 정체성집단이 지
배하는 사회에서 국가 관료제가 그런 계층이나 집단에 포획되면 국익·공익
추구를 위한 자율성을 상실하고 가산주의와 후견주의의 행태를 보인다. 사회
구조가 평준화되어 있으면 국가 관료제가 사회 전체의 이익을 위해 봉사하도
록 합리화시키는 것은 용이하다. 근대화가 국가의 합리성과 대표성을 지향하
는 것이라면 분할성과 이질성이 높은 국가들은 제도개혁의 이중적 과제를 안
고 있다고 할 수 있다. 즉, 한편으로는 실적기반 충원의 개방성을 보장하면서
다른 한편으로는 관료기구의 대표성을 확보해야 하는 것이다.

　　동아시아의 경우 특히 정체성집단이 관료제의 구조와 행태에 영향을 줄
수 있다는 점에서 민족적, 언어적 및 종교적 분할수준의 국가 간 차이는 주목
할 만하다. 〈표 9-3〉에 제시된 것처럼 민족적 이질성이 가장 높은 국가는 인
도네시아였고 그 다음은 태국, 말레이시아, 싱가포르, 몽골의 순이었다. 반면
가장 낮은 국가는 한국이었고 그 다음은 일본, 홍콩, 중국의 순이었다. 둘째,
언어적 이질성이 가장 높은 국가는 필리핀이었고 그 다음은 인도네시아, 태국,
말레이시아, 대만의 순이었다. 반면 가장 낮은 국가는 또 다시 한국이었고 그
다음은 일본, 중국의 순이었다. 끝으로 종교적 이질성이 가장 높은 국가는 대
만이었고 그 다음은 말레이시아, 중국, 한국, 싱가포르의 순이었다. 반면 가장
낮은 국가는 몽골이었고 그 다음은 태국이었다. 종교보다 더 원초적 연대를 나
타내는 민족과 언어를 통합한 분할수준을 보면 가장 높은 국가는 필리핀이었
고 그 다음은 인도네시아, 말레이시아의 순이었다. 반면 가장 낮은 국가는 한
국이었고 그 다음은 일본, 몽골의 순이었다.

| 표 9-3 | 동아시아 국가의 민족적, 언어적 및 종교적 분할 |

국가	민족분할	언어분할	종교분할	민족·언어분할
중국	0.1538	0.1327	0.6643	0.2333
홍콩	0.0620	0.2128	0.4191	0.2368
인도네시아	0.7351	0.7680	0.2340	0.6906
일본	0.0119	0.0178	0.5406	0.0099
한국	0.0020	0.0021	0.6604	0.0000
몽골	0.3682	0.3734	0.0799	0.0737
말레이시아	0.5880	0.5970	0.6657	0.6104
필리핀	0.2385	0.8360	0.3056	0.7238
싱가포르	0.3857	0.3835	0.6561	0.3215
대만	0.2744	0.5028	0.6845	0.2551
태국	0.6338	0.6344	0.0994	0.3569
베트남	0.2383	0.2377	0.5080	0.1176

출처: Alesina et al.(2003); 민족·언어통합분할 점수는 La Porta et al.(1999)

국가 관료제의 공적 성격을 담보하기 위해서는 충원의 객관성과 공정성을 유지하면서 구성의 대표성을 제고하는 것은 중요하다. 전자가 실적주의의 강화를 추구한다면 후자는 할당주의의 도입을 정당화한다. 필리핀, 인도네시아, 말레이시아 등 사회가 이질적이고 분할되어 있을수록 실적주의를 강화해 합리성을 높이거나 할당주의를 통해 대표성을 제고하는 것이 중요한 개혁과제라 할 수 있다. 문제는 실적주의를 강화하면 대표성이 떨어질 수 있고 할당주의를 강화하면 능력이 떨어질 수 있다는 것이다. 보다 궁극적으로는 관료제가 특정 사회세력에 예속되지 않도록 자율성을 강화하는 것이 근본적인 제도개혁의 과제라 할 수 있다.

III. 패턴: 지속과 변화

다음은 동아시아 국가들의 행정전통, 정치체제, 사회구조의 차이에 유념하면서 전문가 조사 자료를 활용해 이들 국가 관료제의 모습과 거버넌스의 특성을 기술하고 비교하고자 한다. 이를 통해 근대화, 민주화 및 글로벌화와 관련된 개혁 패러다임 속에서 동아시아 관료제가 하나의 모형으로 수렴하고 있는지 혹은 행정전통과 제도적 및 환경적 맥락을 반영하면서 여전히 차이를 보이면서 변화하고 있는지 살펴본다.

1. 근대관료제의 수준

여기서는 동아시아 국가들의 행정기구가 베버가 기술한 근대관료제의 특징을 어느 정도 구현하고 있는지를 살펴본다. 이를 위해 Evans & Rauch(1999) 및 Rauch & Evans(2000)에서 사용된 전문가 조사데이터를 활용하였다. 그들은 1970~1990년을 평가대상 기간으로 설정하고 35개 개발도상국 경제부처의 관료적 구조에 대한 전문가 조사를 실시하였다. 그들은 베버 관료제의 주요 특징을 실적, 경력 및 보상으로 구분하고 각 특징을 측정하는 지표,16) 그리고 전체

---

16) 실적지표는 다음의 2개 항목으로 구성되었다. ① 시험을 통해 공직에 들어온 고위공무원들의 비율을 측정하였다(1=30% 미만, 2=30~60%, 3=60~90% 및 4=90% 이상). ② 시험을 통하지 않고 공직에 들어온 사람들 가운데서 대학 이상의 학위 소지자 비율을 측정하였다(1=30% 미만, 2=30~60%, 3=60~90% 및 4=90% 이상). 경력지표는 다음의 5개 항목으로 구성되었다. ① 조사대상 기관에서 정치적으로 임명되는 직위를 측정하였다(1=없음, 2=기관장만, 3=기관장과 부기관장, 4=상위 2~3 수준의 고위직 모두). ② 이들 직위에 정치적으로 임명된 사람들 가운데서 이미 고위공무원인 사람들의 비율을 측정하였다(1=30% 미만, 2=30~70%, 3=70% 이상). ③ 상위 2~3 수준의 고위직에 있는 사람들 가운데서 내부 승진된 사람들의 비율을 측정하였다(1=50% 미만, 2=50~70%, 3=70~90%, 4=90% 이상). ④ 조사대상 부처 혹은 기관에서 전형적인 고위공무원이 보낸 근무연수를 측정하였다(1=1~5년, 2=5~10년, 3=10~20년, 4=전 경력기간). ⑤ 초임 직급과 기관장의 직급 사이 6단계가 있다고 가정했을 때 고등시험을 통해 공직에 들어온 사람들이 기대할 수 있는 승진전망을 측정하였다(2='성과가 탁월하면 정치적 피임명자들 바로 아래까지 몇 단계 올라가는 것은 불합리한 기대가 아님' 혹은 '몇 단계 오르고 난 후 정치적으로 임명되어 상층으로 오르는 경우가 소수 있음' 및 '대부분의 경우 한 두 단계 오르고 이 이상 오르지 못함' 혹은 '대부분의 경우 3~4단계 오르지만 정치적 피임명자들 바로 아래까지는 가지 못함'에 체크한 응답자, 1=그렇지 않은 응답자). 보수지표는 다음의 2개 항목으로 구성되었다. ① 교육훈련과 책임이 비슷한 민간부문 관리자

를 통합한 베버주의(Weberianness) 척도를[17] 개발하였다.

〈표 10−4〉는 35개국 가운데 동아시아 7개국의 결과를 제시한 것이다. 첫째, 신규임용이 실력기반(meritocratic)인 정도를 반영하는 실적지표 점수를 보면 대만이 가장 높았고 그 다음은 싱가포르, 홍콩, 태국, 한국, 말레이시아, 필리핀의 순이었다. 35개국 전체평균은 0.58(최고치=1, 최저치=0.04)인데 동아시아 7개국 모두 이보다 높아 다른 지역의 국가들과 비교해 실적기반 관료제화의 수준이 평균 이상임을 볼 수 있다. 그리고 이들 동아시아 국가 간 차이는 유교적 전통이 강한 국가일수록 실적기반 임용이 높음을 보여주고 있다.

둘째, 내부충원과 경력안정성을 반영하는 경력지표 점수를 보면 태국이 가장 높았고 그 다음은 대만, 한국, 싱가포르, 말레이시아, 홍콩, 필리핀의 순이었다. 35개국 전체평균은 0.44(최고치=0.78, 최저치=0.08)인데 동아시아 7개국 가운데서 홍콩과 필리핀을 제외하고 모두 전체평균보다 월등히 높았다. 그리고 이들 동아시아 국가 간 차이는 유럽대륙모형이 이식된 국가일수록 내부충원과 경력안정성이 높음을 보여주고 있다. 흥미로운 것은 동일하게 영국의 직접 식

와 비교한 고위공무원의 합법적 보수를 측정하였다(1=50% 미만, 2=50~80퍼센트, 3=80~90퍼센트, 4=유사하다, 5=더 높다). ② 평가기간인 1970~1990년 민간부문의 보수와 비교한 공무원의 보수의 변화를 측정하였다(1=극적으로 하락했다, 2=다소 하락했다, 3=비슷하다, 4=개선되었다).

17) 베버주의 척도는 실적, 경력, 보수 지표를 구성하는 항목과 중복되지만 다소 차이가 있다. 실적충원을 반영하는 2개 항목은 ① 시험을 통해 공직이 들어온 고위공무원의 비율을 측정한 항목, ② 공무원이 되는데 있어 시험의 중요성에 대한 전문가 평가를 종합한 항목(0=거의 중요하지 않다, 1=확실하지 않다, 2=중요하다)을 사용하였다. 생애경력을 반영하는 3개 항목은 ① 조사대상 기관에서 고위공무원이 보낸 근무연수를 측정한 항목, ② 고등시험을 통해 공직에 들어온 사람들이 기대할 수 있는 승진전망을 측정한 항목, ③ 민간·공공부문 활동을 번갈아 하면서 민간부문의 경력을 쌓는 관행을 측정한 항목(1=보통, 2=보통은 아니나 종종, 3=흔치 않음, 4=거의 없음)을 사용하였다. 경력보상을 반영하는 4개 항목은 ① 교육훈련과 책임이 비슷한 민간부문 관리자와 비교한 고위공무원의 합법적 보수를 측정한 항목, ② 뇌물이나 기타 비합법적 부수입을 포함했을 때의 고위공무원의 보수를 측정한 항목, ③ 평가기간인 1970~1990년 민간부문의 보수와 비교한 공무원의 보수의 변화를 측정한 항목, ④ 일류대학 졸업생 가운데서 공공부문 경력의 선택가능성을 측정하는 항목(1=최선의 선택, 2~3=상황에 따라 다르다, 4=차원의 선택)을 사용하였다.

민지배를 받았던 홍콩이 싱가포르와 달리 내부충원과 경력안정성이 낮았다는 것이다.

셋째, 관료적 보상의 상대적 수준과 변화를 반영하는 보상지표 점수를 보면 싱가포르가 가장 높았고 그 다음은 홍콩, 한국, 대만, 말레이시아, 필리핀, 태국의 순이었다. 35개국 전체평균은 0.27(최고치=0.80, 최저치=0)인데 태국은 이보다 낮았고 필리핀은 거의 비슷하였다. 반면 나머지 국가들은 모두 전체평균보다 높았다. 동아시아 국가 간 차이는 유교적 전통이 강한 국가일수록 관료적 보상이 더 경쟁적임을 보여주고 있다.

표 9-4 동아시아 국가 경제부처의 관료제화

국가	실적지표	경력지표	보상지표	베버주의 척도
홍콩	0.83	0.40	0.62	11.0
한국	0.72	0.68	0.50	13.0
말레이시아	0.72	0.57	0.35	10.5
필리핀	0.67	0.29	0.28	0.60
싱가포르	0.85	0.67	0.80	13.5
대만	0.96	0.72	0.47	12.0
태국	0.83	0.78	0.06	0.80

출처: Evans & Rauch(1999); Rauch & Evans(2000).

실적기반 임용과 관련해 특히 관심을 끄는 것은 공직진입에서 시험의 중요성에 대한 전문가 평가이다. 조사결과 홍콩, 한국, 필리핀, 대만에서는 시험이 중요하다고 평가된 반면 태국에서는 별로 중요하지 않다고 평가되었다. 한편 말레이시아와 싱가포르에서의 평가는 이 두 그룹 사이에 있는 것으로 분류되었다. 고위공무원 가운데서 시험을 통해 공직에 들어온 비율은 필리핀이 가장 낮았고 그 다음으로 한국이었다.[18] 가장 높은 국가는 대만이었고 그 다음

---

18) 한국의 경우 1970~1990년 평가기간 군 출신 유신사무관의 임용으로 점수가 낮은 것으로 보인다.

은 싱가포르, 태국, 말레이시아, 홍콩의 순이었다. 이 두 지표를 결합해 본다면 시험의 중요성은 대만이 가장 높았고 그 다음은 홍콩, 싱가포르, 한국, 말레이시아, 필리핀, 태국의 순이었다. 유교적 전통이 강한 국가일수록 시험임용이 더 지배적임을 보여주고 있다.

베버주의 척도 점수는 동아시아 국가들의 관료제화의 수준을 종합해서 보여준다. 베버주의 점수가 가장 높은 국가는 싱가포르였고 그 다음은 한국, 대만, 홍콩, 태국, 필리핀의 순이었다. 35개국 전체평균은 7.16(최고치=13.50, 최저치=1.00)인데 필리핀만 제외하고 동아시아 국가들 모두 이보다 높아 다른 지역의 국가들과 비교해 근대관료제의 핵심 특징이 더 강한 것으로 보인다. 35개국 가운데서 점수가 제일 높은 5개국은 싱가포르, 한국, 대만, 홍콩, 파키스탄(11.0)으로 4개국이 모두 동아시아에 속한다. 다른 동아시아 국가의 경우 말레이시아는 6위, 태국은 16위, 필리핀은 22위를 각각 차지하였다. 주목할 만한 것은 최상위 그룹에 있는 싱가포르, 한국, 대만, 홍콩은 식민지 시기 이식된 근대행정모형이 다르지만 모두 강한 유교적 전통을 갖고 있다는 공통점이 있다는 것이다. 이들의 경우 실적에 토대를 둔 충원과 승진예측이 가능한 경력단계를 특징으로 하는 국가 관료제가 공고한 것으로 보인다.

2. 관료제의 구조와 행태

QoG Expert Survey Ⅱ 데이터는 앞서 살펴본 1970~1990년을 평가대상 기간으로 한 전문가 조사결과와 비교하여 현재 동아시아 국가 관료제의 구조와 행태를 파악할 수 있는 정보를 제공하고 있다.[19] 이 조사에는 공공부문의 질을 평가할 수 있는 여러 차원의 평가항목이 포함되어 있다(Dahlström et al., 2015). 여기서는 관료제의 구조와 행태를 파악할 수 있는 개별 항목을 선별해 동아시아 국가 관료제의 특징을 살펴보고자 한다(Dahlström et al., 2012).

---

19) QoG Expert Survey는 전 세계 국가를 대상으로 공공관료제의 조직설계와 관료제의 행태에 대한 자료를 수집한다. 여기서 분석된 자료는 2014년에 실시된 QoG Expert Survey Ⅱ에서 나온 것이다.

1) 충원방식과 경력

　〈표 9-5〉는 충원과 경력 등에 대한 전문가 평가를 보여준다.[20] 첫째, 충원할 때 지원자의 기량과 실력을 보고 하는지에 대한 평가에서 싱가포르가 7점으로 가장 높았고 그 다음 일본, 한국, 홍콩은 6점이었다. 대만과 필리핀은 중간점수보다 높은 5점이었다. 반면 몽골과 베트남은 중간점수보다 낮은 3점을 받아 최하위였다. 말레이시아, 인도네시아, 태국, 중국은 모두 중간점수인 4점을 받았다. 시험을 통해서 결정하든 경력이나 학력 혹은 자격증이나 면허증을 고려하든 지원자의 기량과 실력을 보고 충원하는 것이 실력주의(meritocracy)라면 유교적 전통이 강한 싱가포르, 한국, 일본, 홍콩이 실적임용에서 선두에 있는 것은 놀랍지 않다. 흥미로운 것은 유교적 전통이 있는 베트남에서 실적임용의 수준이 낮은 것은 정치체제의 유형 및 공산화 이후 이식된 소비에트모형과 관련되는 것으로 보인다. 유교적 전통도 없고 소비에트모형의 유산이 강한 몽골에서 실적임용의 수준이 낮은 것은 의외가 아니다.[21]

　둘째, 충원할 때 지원자의 정치적 관계를 보고 하는지에 대한 평가에서 일본, 한국, 싱가포르, 홍콩은 모두 2점을 얻어 정치임용의 수준이 낮았다. 대만도 중간점수보다 낮은 3점을 얻어 정치임용의 관행이 제한적이다. 반면 몽골과 베트남은 모두 6점으로 정치임용의 수준이 높은 것으로 나타났다. 말레이시아와 중국도 모두 중간점수보다 높은 5점으로 정치임용의 수준이 비교적 높았다. 인도네시아, 필리핀, 태국은 모두 중간점수인 4점으로 정치임용의 수준이 낮지도 높지도 않았다. 일당체제인 베트남과 중국 그리고 복수정당 비경쟁체제인 말레이시아의 경우 공무원 충원에서 정치적 기준이 고려되는 것은 이해할 만하지만 몽골의 경우 민주화 이후에도 여전히 정치임용의 관행이 지속되는 것은 당-국가체제의 유산을 보여준다. 흥미로운 것은 말레이시아와 유사하게 영국의 식민지였고 현재 복수정당 비경쟁체제인 싱가포르의 경우 정치

---

20) 평가점수는 최소 1점(거의 그렇지 않다)에서 최대 7점(거의 항상 그렇다)이다.
21) 몽골의 경우 조사에 참여한 전문가의 수가 3인을 넘지 못해 신뢰성에 문제가 있다.

충원의 관행이 극히 제한적이다. 관료제가 지배정당과 밀접하게 연계되어 있지만 신규충원은 탈정치화되어 있는 것으로 보이며 이는 싱가포르의 유교적 문화에 뿌리를 둔 실력주의 전통과 무관하지 않다고 할 수 있다. 실적충원 평가와 정치충원 평가를 동시에 고려하면 싱가포르는 +5점, 일본, 한국, 홍콩은 +4점으로 실적충원이 압도적이고 대만은 +2점, 필리핀은 +1점으로 실적충원이 우세한 반면 몽골, 베트남은 −3점으로 정치충원이 상당히 우세하고, 중국과 말레이시아는 −1점으로 약간 우세한다. 한편 태국과 인도네시아는 0점으로 실적충원과 정치충원이 혼재되어 있다고 할 수 있다.

셋째, 정실 혹은 연줄인사는 실적충원뿐만 아니라 (정당기반) 츠과도 구분된다. 충원할 때 지원자의 사적 관계를 보고 하는지에 대한 평가에서 일본, 한국, 싱가포르, 대만, 홍콩은 모두 2점으로 정실충원의 관행이 거의 사라진 것으로 나타났다. 반면 베트남은 6점으로 정실충원이 여전히 지배적인 것으로 보인다. 몽골도 중간점수보다 높은 5점으로 정실충원의 수준이 높게 나타났다. 말레이시아, 필리핀, 태국, 인도네시아, 중국은 모두 중간점수인 4점으로 정실충원의 수준이 높지도 낮지도 않았다. 한국, 일본, 싱가포르, 대만, 홍콩에서는 충원이 사적 정실주의로부터 벗어나 있음을 보여준다. 반면 베트남과 몽골은 물론 말레이시아, 필리핀, 인도네시아, 중국의 경우 충원의 근대화가 여전히 중요한 과제임을 시사한다. 실적충원 평가와 정실충원 평가를 동시에 고려하면 싱가포르는 +5점, 일본, 한국, 홍콩은 +4점, 대만은 +3점으로 실적충원이 정실충원을 압도하고 있고 필리핀은 +1점으로 실적충원이 다소 우세하다. 반면 베트남은 −3점, 몽골은 −2점으로 정실충원이 실적충원보다 더 우세하다. 한편 말레이시아, 태국, 인도네시아, 중국은 모두 0점으로 실적충원과 정실충원이 혼재되어 있다고 할 수 있다.

전체적으로 보면 일본, 한국, 싱가포르, 홍콩, 대만에서는 실적충원이 정치충원이나 정실충원보다 확연하게 우세하다. 이들 국가는 이식된 근대행정모형이 다르고 정치체제도 다르지만 모두 유교적 전통을 공유하고 있다는 점이 주목된다. 필리핀의 경우 혼합 형태를 보이지만 실적충원이 다소 우세하다. 반면 베트남과 몽골의 경우 정치충원과 정실충원이 실적충원보다 우세하다. 말레이시아와 중국의 경우 실적충원이 정실충원보다 우세하지만 정치충원보다는 다소 열세이다. 인도네시아와 태국의 경우 실적충원, 정실충원, 정치충원이 혼재되어 있다. 행정전통이 소비에트모형의 영향을 반영하는 국가들이나 혹은 비유교적 전통의 국가들에서는 대체로 실적충원이 두드러지지 않는다. 주목할 것은 후견주의 정치문화가 강한 동남아시아 국가들에서 실적충원이 우세하지 않다는 것이다.

　넷째, 공개경쟁시험은 실적임용의 한 형태라 할 수 있다. 물론 이것만이 실적임용을 담보하는 것은 아니다. 시험을 통해 지원 자격이 부여되더라도 실제 임용은 지원자의 정치적 관계나 사적 관계를 고려해 이루어질 수 있다. 그리고 시험을 통하지 않더라도 경력, 학력, 자격증 등 실력과 능력을 고려해 선발하는 것 역시 실적임용의 또 다른 주요한 형태라고 할 수 있다. 그러나 공개경쟁시험을 통한 선발이 전형적인 베버 관료제의 특징이라는 점에는 이의가 없다.

　시험을 통해 공무원이 선발되는지에 대한 평가에서 실적충원이 지배적인 일본, 한국, 대만은 최고점수인 7점을 받아 시험방식에 거의 의존하는 것으로 나타났다. 실적충원이 취약한 것으로 나타난 필리핀, 인도네시아, 베트남도 6점을 받아 적어도 외견상 시험방식이 지배적임을 보여준다. 흥미로운 것은 실적충원이 압도적인 싱가포르의 경우 중간점수인 4점을 얻어 시험방식에 대한 의존도가 높지도 낮지도 않았다. 실적충원이 취약한 몽골도 중간점수인 4점을 얻었는데 이는 시험제도가 존재함에도 불구하고 실제 임용은 지원자의 정치적 혹은 사적 관계에 의해 영향을 받고 있음을 시사한다. 홍콩, 말레이시아, 태국, 중국도 중간점수보다 높은 5점을 얻어 시험선발이 우세하지만 지배적인 방식은 아닌 것으로 보인다. 실적충원 평가와 시험선발 평가를 동시에 고려하면 싱가포르와 홍콩은 실적충원이 시험임용보다 더 우세하다. 이는 영미행정모형이 이식된 이들 국가의 경우 시험이 아닌 다른 방식의 실적충원이 이루어지고 있는 것으로 보인다. 반면 일본, 한국, 대만은 시험선발이 실적충원보다 더 우세하다. 이는 독일행정모형이 이식된 이들 국가의 경우 시험선발이 객관적이지만 지원자의 기량과 실력을 측정하는데 한계가 있는 것으로 보인다. 말레이시아, 태국, 인도네시아, 몽골, 베트남, 중국의 경우도 모두 시험선발이 실적충원보다 우세한데 여기서도 시험제도가 실적임용과 반드시 연계되어 있지 않는 것으로 보인다.

다섯째, 베버 관료제의 또 다른 주요한 특징은 충원의 폐쇄성이다. 특히 고위공무원의 경우 외부로부터의 신규임용보다 내부로부터의 승진임용이 지배적이라면 이는 인적자원 동원체제의 폐쇄성을 보여준다. 고위공무원의 충원이 내부에서 이루어지는지에 대한 평가에서 동아시아 국가들 대부분이 중간점수보다 높은 점수를 얻어 고위직 충원제도가 폐쇄적임을 보여준다. 베트남과 말레이시아 모두 최고점수인 7점을 받아 가장 패쇄적이었고, 중국, 인도네시아, 싱가포르, 홍콩, 대만, 일본은 모두 6점, 한국, 필리핀, 태국은 모두 5점으로 폐쇄성의 수준이 높았다. 흥미로운 것은 몽골의 경우 중간점수인 4점을 얻어 폐쇄성의 수준이 높지도 낮지도 않았는데 이는 민주화 이후 정권이 교체될 때마다 나타난 엽관임용의 결과로 보인다. 내부승진이 고위공무원을 충원하는 지배적인 방식이라는 것은 경력단계에 따른 보직관리의 중요성을 시사한다. 동아시아 대부분의 국가들에서 고위직 충원이 주로 외부 신규임용보다 내부 승진임용으로 이루어지고 있어 관리주의 개혁 패러다임에도 불구하고 내부 노동시장에 대한 의존성이 그대로 유지되고 있는 것으로 보인다.

여섯째, 개방적인 신규임용이 이루어지는 직급의 수준은 충원의 폐쇄성을 판단하는 또 다른 주요한 기준이다. 공무원의 신규임용이 최하위 수준에서만 개방되어 있는지에 대한 평가에서 베트남은 최고점수인 7점, 인도네시아는 6점을 얻어 측면진입(lateral entry)이 거의 없는 것으로 나타났다. 일본과 몽골도 중간점수보다 높은 5점으로 측면진입이 제한적이었다. 홍콩, 싱가포르, 말레이시아, 태국, 중국은 모두 평균점수인 4점으로 측면진입이 제한적이지도 개방적이지도 않았다. 반면 대만은 2점으로 측면진입이 가장 개방적이었고 한국과 필리핀도 모두 3점으로 측면진입이 비교적 개방적인 것으로 나타났다.

끝으로 베버 관료제의 또 다른 특징은 종신고용이다. 일단 공무원으로 임용되면 평생 공무원으로 남아 있는지에 대한 평가에서 한국, 일본, 대만, 홍콩은 물론 인도네시아, 베트남도 모두 6점을 얻어 종신고용의 관행이 지배적이었다. 또한 말레이시아, 태국, 중국도 중간점수보다 높은 5점으로 종신고용이 우세한 것으로 보인다. 반면 싱가포르와 필리핀은 중간점수인 4점으로 종신고용의 수준이 높지도 낮지도 않았다. 관리주의 개혁 패러다임이 공무원 '철밥통'을 비판하고 고용의 유연성을 강조하지만 동아시아 대부분의 국가들에서 종신고용의 관행이 여전히 강한 것으로 보인다.

표 9-5 관료제의 질: 충원방식과 경력

아래 일들이 얼마나 자주 일어납니까?	한국	일본	대만	홍콩	싱가포르	말레이시아	필리핀	태국	인도네시아	몽골	베트남	중국
공무원을 충원할 때 지원자의 기량과 실력을 보고 결정한다.	6	6	5	6	7	4	5	4	4	3	3	4
공무원을 충원할 때 지원자의 정치적 관계를 보고 결정한다.	2	2	3	2	2	5	4	4	4	6	6	5
공무원을 충원할 때 지원자의 사적 관계(친척, 지인)를 보고 결정한다.	2	2	2	2	2	4	4	4	4	5	6	4
공무원 임용은 공식시험제도를 통해 이루어진다.	7	7	7	5	4	5	6	5	6	4	6	5
고위공무원의 충원은 내부에서 이루어진다.	5	6	6	6	6	7	5	5	6	4	7	6
공무원의 신규임용은 최하위 수준에서만 개방되어 있다.	3	5	2	4	4	4	3	4	6	5	7	4
공무원으로 임용되면 평생 공무원직에 남아있다.	6	6	6	6	4	5	4	5	6	3	6	5

* 점수는 1=거의 그렇지 않다; 7=거의 항상 그렇다. 기재된 수치는 각 문항에 답한 응답자들의 점수를 합하여 평균한 것이다.
출처: QoG Expert Survey II.

　　고위직의 내부충원, 개방임용의 제약 및 종신고용의 관행을 고려하면 동아시아 대부분의 국가들은 다소의 차이는 있지만 베버 관료제의 특징인 폐쇄적 경력모형을 유지하는 것으로 보인다. 즉, 공무원의 신규임용은 주로 최하위 수준에서 이루어져 측면진입이 제한적이고 종신고용이 지배적이며 고위직 공무원의 충원도 외부임용보다 내부승진으로 이루어진다는 것이다.

2) 보수와 임용조건

〈표 9-6〉은 보수와 임용조건 등에 대한 전문가 평가를 보여준다. 공직이 현직자에게 유일한 직업이 되려면 공무원의 보수는 생계를 유지할 수 있는 수준이 되어야 한다. 보수가 낮아 부업으로 혹은 공직에서 나오는 부수입으로 생계를 유지해야 한다면 이는 합리적인 근대관료제를 구축하는데 장애가 된다. 공무원의 보수가 생계를 유지할 수 있는 수준인지에 대한 평가에서 싱가포르는 최고점수인 7점을 얻었고 일본과 홍콩은 6점, 한국과 대만은 5점을 얻어 중간점수보다 높았다. 이들 국가에서는 직업 관료제를 유지시킬 만큼 보수 수준이 되는 것으로 보인다. 반면 나머지 국가들은 모두 중간점수 이하였다. 말레이시아, 태국, 중국은 모두 중간점수인 4점을 얻어 엇갈린 평가를 받았다. 반면 필리핀, 인도네시아, 몽골은 3점 그리고 베트남은 2점을 얻어 이들 국가의 경우 생계를 유지시킬 만큼의 보수가 지급되지 않아 공직부패의 가능성과 더불어 근대적인 직업 관료제의 구축에 한계가 있음을 시사한다.

둘째, 보수와 더불어 퇴직 이후 연금보장 역시 직업 관료제의 구축에 중요한 조건이라 할 수 있다. 퇴직 후 공무원연금으로 생계를 유지할 수 있는지에 대한 평가에서 일본, 한국, 대만, 싱가포르, 홍콩은 모두 6점을 얻어 생계유지의 연금이 보장되어 있음을 보여준다. 말레이시아와 중국도 중간점수보다 높은 5점을 얻어 유의미한 연금제도가 구축되어 있는 것으로 보인다. 반면 인도네시아는 3점, 필리핀과 베트남은 2점을 얻어 공무원연금이 있어도 유명무실한 것으로 보인다. 한편 태국과 몽골은 중간점수인 4점을 얻어 엇갈린 평가를 받았다.

보수와 연금수준 평가를 함께 고려하면 일본, 한국, 대만, 싱가포르, 홍콩에서만 생계를 유지할 수 있는 보수와 연금이 보장되어 있어 직업 관료제의 토대가 가장 공고하게 구축되어 있는 것으로 보인다. 반면 베트남, 필리핀, 인도네시아는 그런 보수와 연금이 보장되어 있지 않아 직업 관료제의 토대가 가장 취약한 것으로 보인다.

셋째, 근무연수에 따른 보직과 승진 및 보수인상이 베버 관료제의 또 다른 특징이다. 반면 보직과 승진 및 보수인상을 근무연수보다 성과평가와 연동시키는 것은 관리주의 개혁 패러다임의 핵심 요소라고 할 수 있다. 보수가 성과평가와 관련되어 있는지에 대한 평가에서 싱가포르는 6점으로 가장 높은 점수를 얻었고 말레이시아는 중간점수보다 높은 5점을 얻었다. 이들 영미행정모형이 이식된 국가에서 관리주의 개혁 패러다임의 영향이 가장 두드러지는 것으로 보인다. 한편 한국, 일본, 대만, 홍콩, 필리핀, 태국, 중국 등 대다수 국가들은 모두 중간점수인 4점으로 관리주의 개혁 패러다임의 영향이 약하지도 강하지도 않은 것으로 보인다.[22] 반면 인도네시아는 3점, 몽골은 2점 그리고 베트남은 1점으로 보수가 성과평가와 거의 연계되어 있지 않은데 외부로부터의 관리주의 개혁의 압력에도 불구하고 그 영향이 제한적인 것으로 보인다.

넷째, 공사부문 간의 인적교류 역시 관리주의 개혁의 또 다른 특징으로 볼 수 있다. 특히 고위직의 경우 민간부문으로부터 외부충원이 보다 효과적으로 이루어지려면 공사부문 간 보수 차이가 작아야 한다. 뿐만 아니라 공사부문 간의 보수 차이가 적을수록 우수한 인재를 공직에 유인하고 유지할 수 있다. 고위공무원의 보수가 유사한 학력과 책임을 가진 민간부문의 관리자와 비슷한지에 대한 평가에서 싱가포르는 최고점수인 7점을 얻어 가장 경쟁적인 공무원 보수의 수준을 유지하고 있는 것으로 나타났다. 일본과 홍콩은 모두 중간점수보다 높은 5점을 받아 비교적 경쟁적이라고 할 수 있다. 반면 한국, 말레이시아, 필리핀, 인도네시아, 몽골, 중국은 3점, 베트남은 2점을 받아 공사 간 보수격차가 존재하고 있음을 보여준다. 한국은 싱가포르, 일본, 대만, 홍콩과 비교해 고위공무원의 보수 수준이 덜 경쟁적인 것으로 평가되었다. 한편 대만과 태국은 중간점수인 4점으로 보수가 경쟁적이지도 비경쟁적이지도 않다는 평가를 받았다.

끝으로 유럽대륙의 행정모형은 공무원 임용을 사법상의 근로계약관계가 아닌 공법상의 특별권력관계로 본다. 따라서 공무원 임용을 규정하는 특별법

---

22) 보수의 성과평가와의 연계성이 낮다고 관리주의 개혁 패러다임의 영향이 제한적이라고 단정할 수는 없다. 성과평가가 때로는 금전적 보상보다 보직이나 승진과 연계될 수 있기 때문이다.

의 존재는 유럽대륙의 행정모형의 영향을 시사한다. 공무원의 임용조건이 민간부문에 적용되지 않는 특별법을 따르는지에 대한 평가에서 사례국가들 모두 중간점수인 4점보다 높았다. 즉, 싱가포르를 제외한 모든 국가가 6점을 얻어 공공부문의 임용이 민간고용과 다른 특별법의 적용을 받고 있음을 보여준다. 여기에는 미국이나 영국의 식민지배를 경험한 국가도 포함되어 있다. 한편 싱가포르도 5점을 얻어 다른 국가들보다는 낮지만 여전히 중간점수보다 높다. 민간부문의 고용관계를 규정하는 사법의 적용을 받는 것은 공법상의 특별권력관계에서 오는 공무원의 지위를 약화시킨다. 법에 의한 전통적인 임명이 고용계약으로 대체되는 것이다. 이러한 점에서 동아시아 사례국가들에서는 근로계약을 통한 고용보다 특별법에 의한 임명관행이 여전히 지배적이라고 할 수 있다. 전반적으로 법치국가모형이 강하다는 것을 보여준다.

표 9-6 관료제의 질: 보수, 임용조건 및 서비스 전달방식

아래 일들이 얼마나 자주 일어납니까?	한국	일본	대만	홍콩	싱가포르	말레이시아	필리핀	태국	인도네시아	몽골	베트남	중국
고위공무원의 보수는 비슷한 교육훈련과 책임을 가진 민간부문 관리자의 보수와 비슷한 수준이다.	3	5	4	5	7	3	3	4	3	3	2	3
공무원의 보수는 생계를 유지할 수 있는 수준이다.	5	6	5	6	7	4	3	4	3	3	2	4
공무원의 보수는 성과평가와 관련되어 있다.	4	4	4	4	6	5	4	4	3	2	1	4
정년퇴임한 공무원은 연금으로 생계를 유지할 수 있다.	6	6	6	6	6	5	2	4	3	4	2	5
공무원의 임용조건은 민간부문에 적용되지 않는 특별법에 따른다.	6	6	6	6	5	6	6	6	6	6	6	6
공공서비스를 제공할 때 민간기업, 비정부기구 및 다른 공공기관과 경쟁한다.	4	5	4	4	6	6	4	4	4	5	2	2
공공서비스는 준자율적인 기관에 의해 제공된다.	4	3	5	5	5	5	4	3	3	5	3	2

* 점수는 1=거의 그렇지 않다; 7=거의 항상 그렇다. 기재된 수치는 각 문항에 답한 응답자들의 점수를 합하여 평균한 것이다.
출처: QoG Expert Survey II.

3) 서비스 전달방식

〈표 9-6〉은 또한 서비스 전달방식에 대한 전문가 평가를 보여준다. 관리주의 개혁 패러다임이 인사와 재정개혁만이 아니라 서비스 전달체계와 관련한 조직개혁도 포함하는 것을 고려하면(Pollitt & Bouckaert, 2011) 서비스 전달방식에 대한 평가는 관리주의 개혁의 정도를 파악하는데 도움을 줄 수 있다. 공공서비스를 제공할 때 민간기업, 비정부기구 및 다른 공공기관과 경쟁하는지에 대한 평가에서 싱가포르와 말레이시아는 모두 6점으로 경쟁적인 서비스 전달체계를 구축한 것으로 보인다. 일본과 몽골은 모두 5점으로 서비스 전달체계의 경쟁성이 높은 것으로 보인다. 반면 한국, 대만, 홍콩, 필리핀, 태국, 인도네시아는 중간점수인 4점으로 서비스 전달체계의 경쟁성이 높지도 낮지도 않았다. 반면 베트남과 중국은 모두 2점으로 서비스전달을 위한 기관 간 경쟁만이 아니라 공사 간 경쟁도 거의 없는 것으로 보인다.

둘째, 공공서비스가 준자율적 기관에 의해 제공되는지에 대한 평가에서 싱가포르, 홍콩, 대만, 말레이시아, 몽골은 모두 중간점수보다 높은 5점을 얻어 공공서비스 전달이 전통적인 행정기관이 아닌 집행기관에 의해 더 이루어지는 것으로 나타났다. 한국은 중간점수인 4점으로 유보적 평가를 받았다. 반면 일본, 태국, 인도네시아, 베트남은 중간점수보다 낮은 3점, 중국은 2점을 얻어 이들 국가에서는 공공서비스 전달이 주로 전통적인 행정기관에 의해 이루어지는 것으로 보인다.

전술한 평가를 종합적으로 고려하면 공공서비스 전달체계와 관련해 관리주의 개혁 패러다임에 (적어도 외견상) 가장 적극적인 국가는 싱가포르와 말레이시아이며 그 다음으로 몽골인 것으로 나타났다. 반면 관리주의 개혁 패러다임에 가장 소극적인 국가는 중국이며 그 뒤로 베트남, 태국, 인도네시아가 따르고 있었다. 영미 행정전통을 가진 싱가포르와 말레이시아가 관리주의 개혁 패러다임에 가장 적극적이고 관료제가 정치화된 중국과 베트남이 관리적 자율성을 제고하는 관리주의 개혁 패러다임에 가장 소극적인 것으로 나타난 것은 굿 거버넌스를 위한 제도개혁이 행정전통과 정치체제에 의해 영향을 받을 수 있음을 시사한다.

3. 관료적 거버넌스와 통제기제

거버넌스를 '공적 권한이 행사되는 전통과 제도'로 정의한 세계은행 연구팀의 거버넌스 지표(WGI)는 모두 6개이다(Kaufman et al., 2009). 이 가운데서 관료적 거버넌스를 반영하는 정부의 효과성, 민주적 거버넌스를 반영하는 참여와 문책성 및 법 기반 거버넌스를 반영하는 법치를 중심으로 동아시아 국가들의 거버넌스의 질을 살펴본다. 〈표 9-7〉은 최초 보고된 1996년과 가장 최근 보고된 2015년의 결과를 보여준다.

첫째, 정부의 효과성(government effectiveness) 지표는 공공서비스의 질, 공무원제의 질, 정치적 압력으로부터의 공무원제의 독립성, 정책형성과 집행의 질, 정책약속에 대한 정부의 신뢰성을 평가한다. 2015년 조사결과 점수를 보면 싱가포르가 가장 높았고 그 다음은 일본, 대만, 한국, 말레이시아, 중국, 태국, 필리핀, 베트남, 인도네시아, 몽골의 순이었다. 정부효과성 순위가 하위 50퍼센트에 속한 국가는 인도네시아와 몽골뿐이다. 상위 5개국을 보면 한국과 대만은 유럽대륙의 행정모형을 이식받았고 싱가포르와 말레이시아는 영미 행정모형을 이식받았다. 근대화과정에서 이식된 행정모형의 근원이 유럽대륙인지 혹은 영미인지에 관계없이 이들 나라가 공유하는 주요한 역사적 유산은 유교적 전통이라고 할 수 있다.

둘째, 참여와 문책성(voice and accountability) 지표는 정부선택에서의 시민참여, 표현과 결사의 자유 및 자유언론의 수준을 평가한다. 이는 국가 관료제에 대한 민주적 통제, 즉 수직적 문책제도의 수준을 반영한다. 2015년 조사결과 점수를 보면 일본이 가장 높았고 그 다음은 대만, 한국, 홍콩, 몽골의 순이었다. 선거민주주의로 분류되는 인도네시아와 필리핀의 경우 순위가 50퍼센트를 겨우 넘고 있다. 흥미로운 것은 홍콩이 선거민주주의인 몽골, 인도네시아, 필리핀보다 높은 점수를 받은 것이다. 반면 점수가 가장 낮은 국가는 일당독재인 중국이었고 그 다음은 같은 일당독재인 베트남, 군부독재로 전락

한 태국의 순이었다. 비경쟁적인 복수정당체제인 말레이시아와 싱가포르도
순위가 50퍼센트에 미치지 못하였다. 참여와 문책성의 수준이 높다는 것은
국가기구, 특히 집행기구에 대한 민주적 통제가 강하다는 것을 의미한다. 민
주적 통제가 강하다고 관료제가 더 정치화되었다거나 혹은 반대로 약하다고
관료제가 덜 정치화되었다고 할 수는 없다. 이는 정치체제의 유형에 따라 다
를 수 있는데 민주적 통제가 약하면 복수정당 경쟁체제의 경우 관료제의 독
주를, 복수정당 비경쟁체제나 일당독재체제의 경우 관료제의 정치적 예속을
나타낼 수 있다.

표 9-7 거버넌스의 질: 효과성, 문책성 및 준법성

국가	정부의 효과성		참여와 문책성		법의 지배	
	1996	2015	1996	2015	1996	2015
중국	-0.25(46.83)	0.42(68.27)	-1.29(12.02)	-1.58(4.93)	-0.43(36.36)	-0.34(43.75)
홍콩	1.22(86.83)	1.93(99.04)	0.31(60.10)	0.48(63.55)	0.75(68.42)	1.83(94.71)
인도네시아	-0.42(37.07)	-0.22(46.15)	-0.81(23.56)	0.14(52.22)	-0.37(39.71)	-0.41(39.90)
일본	0.96(81.46)	1.79(95.67)	1.05(80.77)	1.02(79.31)	1.32(90.43)	1.51(89.42)
한국	0.63(73.17)	1.03(80.29)	0.62(65.87)	0.67(69.46)	0.75(68.90)	0.95(80.77)
몽골	-0.39(40.98)	-0.40(40.38)	0.35(60.58)	0.24(56.65)	-0.04(49.28)	-0.39(40.87)
말레이시아	0.75(76.10)	0.96(76.92)	-0.06(50.00)	-0.35(36.45)	0.61(65.07)	0.57(71.63)
필리핀	-0.47(34.63)	0.08(55.29)	0.20(55.77)	0.14(51.72)	-0.01(50.72)	-0.35(42.31)
싱가포르	2.10(100.0)	2.25(100.0)	0.20(55.29)	-0.14(42.86)	1.28(89.47)	1.88(96.63)
대만	0.80(77.07)	1.41(87.98)	0.68(69.23)	0.89(73.40)	0.75(67.94)	1.17(85.10)
태국	0.27(62.93)	0.36(65.87)	0.35(61.06)	-0.90(23.65)	-0.26(43.54)	-0.43(39.42)
베트남	0.47(34.63)	0.08(55.29)	-1.08(16.83)	-1.33(10.84)	-0.40(37.32)	-0.27(46.15)

* 수치는 추정치, 괄호 내 수치는 퍼센트 순위
출처: Kaufmann & Kraay's Worldwide Governance Indicators

셋째, 법치(rule of law) 지표는 행위자들이 사회규칙을 신뢰하고 이를 준수하는 수준을 평가한다. 여기에는 계약집행, 재산권, 경찰과 법원의 질과 범죄폭력의 가능성이 포함된다. 2015년 조사결과 점수를 보면 싱가포르가 가장 높았고 그 다음은 홍콩, 일본, 대만, 한국, 말레이시아의 순이었다. 반면 점수가 가장 낮은 국가는 태국으로 순위가 40퍼센트를 넘지 못했다. 그 다음은 인도네시아, 몽골, 필리핀, 중국, 베트남의 순이었다. 흥미로운 것은 민주화된 인도네시아, 몽골, 필리핀의 경우 법치의 수준이 민주화되지 않은 국가들보다 낮다는 것이다. 이는 이들 국가에서 관료제에 대한 법적 통제가 약함을 시사한다.

Fukuyama(2014)에 따르면 굿거버넌스는 효과성(국가 관료제), 문책성(민주주의), 준법성(법치) 간의 균형을 요구한다.23) 정부가 효과적이지만 문책될 수 있고 준법적일 때 굿거버넌스가 담보된다는 것이다. 이와 유사하게 Norris(2012)도 민주적 문책성과 관료적 역량에 바탕을 둔 민주적 거버넌스 이론을 발전시키고 있다. 시민들이 자신들의 요구를 표출하고 선출직 공직자들을 문책할 수 있는 능력을 갖는 정도를 가리키는 문책성 차원과 국가기관들이 법을 강제하고 정책을 집행하는 능력을 갖는 정도를 가리키는 관료적 역량 차원을 결합하여 네 가지 체제유형을 구분한다. 관료적 권위주의는 법·정책 집행역량이 확대되어 있지만 참여와 문책성은 제한적이다. 관료적 민주주의는 법·정책 집행역량이 확대되어 있고 참여와 문책성도 광범하다. 정실 권위주의는 법·정책 집행역량이 제한되어 있고 참여와 문책성도 제한적이다. 끝으로 정실 민주주의는 법·정책 집행역량이 제한되어 있지만 참여와 문책성은 광범하다. 이들 가운데서 가장 효과성이 높은 체제유형은 관료적 민주주의이며 가장 효과성이 낮은 체제유형은 정실 권위주의이고 관료적 권위주의 및 정실 민주주의는 그 중간에 있다고 하였다. 즉, 실적기반 근대관료제의 요소들과 참여 및 문책성이 보장된 민주주의의 요소들이 결합된 체제가 가장 효과적인 성과를 나타낼 수

---

23) 민주주의와 관련된 문책성과 법치와 관련된 준법성 모두 국가권력에 대한 통제를 추구하나 전자는 민의에 의한 통제를, 후자는 법에 의한 통제를 강조한다.

있다는 것이다. 국가의 효과성을 담보할 수 있는 관료적 역량과 그런 국가를 민의로 문책할 수 있는 정치제도가 결합될 때 발전에 도움이 된다는 것이다.

이러한 논의를 고려해 〈표 9-8〉은 2015년 자료를 사용해 정부의 효과성 순위와 문책성 순위를 교차한 결과를 보여준다.[24] 중국, 싱가포르, 말레이시아의 경우 효과성이 상위 그룹에 있지만 문책성은 하위 그룹에 있다. 홍콩도 효과성이 상위 그룹에 있지만 문책성은 중상위 그룹에 있다. 반면 일본, 한국, 대만의 경우 효과성과 문책성 모두 상위 그룹에 있다. 인도네시아와 몽골의 경우 효과성이 하위 그룹에 있지만 문책성은 중상위 그룹에 있다. 이는 싱가포르와 말레이시아는 물론 중국과 홍콩의 경우 정부가 효과적이지만 민의에 반응하도록 문책되기는 어려운 반면 일본, 한국, 대만의 경우 정부가 효과적이며 민의에 반응하도록 문책될 수 있음을 보여준다. 주목할 만한 것은 인도네시아와 몽골의 경우 민주화로 문책성이 높아졌지만 정부의 효과성은 여전히 낮다는 것이다. 한편 태국, 베트남 및 필리핀의 경우 정부의 효과성은 중상위 그룹에 있지만 문책성은 하위 혹은 중상위 그룹에 있다.

표 9-8 정부의 효과성과 문책성

		정부의 효과성		
		하 (50% 미만)	중상 (66% 미만)	상 (66% 이상)
문책성	하 (50% 미만)		태국, 베트남	말레이시아, 싱가포르, 중국
	중상 (66% 미만)	인도네시아, 몽골	필리핀	홍콩
	상 (66% 이상)			일본, 한국, 대만

민주적 문책성과 성격은 다르지만 법치도 정부권력을 제한시키는 또 다른 문책성의 기제라고 할 수 있다. 〈표 9-9〉는 2015년 자료를 사용해 정부의 효

---

24) 퍼센트 순위가 50퍼센트 미만이면 하위 그룹에, 50퍼센트 이상 66퍼센트 미만이면 중상위 그룹에, 66퍼센트 이상이면 상위 그룹에 각각 속하는 것으로 분류하였다.

과성 순위와 준법성 순위를 교차한 결과이다. 중국의 경우 정부의 효과성이 상위 그룹에 있지만 준법성은 하위 그룹에 있다. 정부가 효과적이지만 정부에 대한 법적 통제가 약하다. 반면 홍콩, 일본, 한국, 말레이시아, 싱가포르, 대만의 경우 정부의 효과성과 준법성 모두 상위 그룹에 있다. 정부가 효과적이고 정부에 대한 법적 통제가 강하다. 몽골과 인도네시아의 경우 정부의 효과성과 준법성 모두 하위 그룹에 있다. 정부가 효과적이지도 못하고 이에 대한 법적 통제도 약해 부패에 취약하다고 할 수 있다. 필리핀, 태국, 베트남의 경우 정부의 효과성이 중상위 그룹에 있지만 준법성은 하위 그룹에 있어 권한의 자의적 행사가능성이 높다고 할 수 있다.

표 9-9　정부의 효과성과 준법성

		정부의 효과성		
		하 (50% 미만)	중상 (66% 미만)	상 (66% 이상)
준법성	하 (50% 미만)	몽골, 인도네시아	필리핀, 태국, 베트남	중국
	중상 (66% 미만)			
	상 (66% 이상)			홍콩, 일본, 한국, 대만 말레이시아, 싱가포르,

　전체적으로 보면 일본, 한국, 대만은 효과성, 법치 및 문책성이 모두 상위 그룹에 있어 굿거버넌스의 제도적 토대가 강하고 선순환의 균형을 이루고 있다고 할 수 있다. 싱가포르, 말레이시아, 홍콩은 효과성과 준법성이 상위 그룹에 있지만 문책성이 하위 혹은 중상위 그룹에 있어 굿거버넌의 제도적 토대가 강하지만 덜 안정적이라고 할 수 있다. 중국은 효과성이 상위 그룹에 있지만 문책성과 준법성이 하위 그룹에 있어 굿거버넌스의 제도적 토대가 비교적 강하지만 불안정하다고 할 수 있다. 필리핀, 태국, 베트남은 효과성이 중상위 그룹에 있지만 준법성과 문책성이 모두 혹은 어느 하나가 하위 그룹에 있어 굿거버넌스의 제도적 토대가 비교적 약하고 불안정하다고 할 수 있다. 몽골과 인도네시아는 효과성, 준법성 및 문책성이 모두 하위 그룹 혹은 중상위 그룹에

있어 굿거버넌스의 제도적 토대가 약하고 악순환의 트랩에 빠져 있다고 할 수 있다.

Ⅳ. 맺음말: 도전과 과제

　　지난 반세기 동안 동아시아 국가들의 거버넌스 환경은 급격하게 변해왔다. 이들 국가들은 제2차 세계대전의 종전과 더불어 식민지배로부터 독립한 후 미소 냉전구조 속에서 산업화를 위해 국가행정의 합리화와 근대화를 추구하였다. 이들은 행정근대화의 모형으로 미국 혹은 소련의 모형을 따랐다. 독립 후 20세기 후반까지 국가를 형성하고 경제를 발전시키는 것이 주요한 과제였고 이를 위해 효과적인 행정체제를 구축하는 것이 화두였다. 행정근대화를 위한 개혁 패러다임이 강조한 것은 실적기반의 직업 관료제의 구축이라고 할 수 있다. 이는 가산주의와 정실주의에서 벗어난 국가와 공익에 봉사하는 국가의 합리화, 보다 구체적으로 근대관료제의 구축이라고 할 수 있다. 그러나 20세기 종반부터 동아시아 국가들은 새로운 국가 환경의 변화에 직면해 왔다. 하나는 민주화에서 온 것이고 다른 하나는 글로벌화(시장화)에서 온 것이다.

　　본 연구는 근대화, 민주화 및 글로벌화라는 국가 환경의 변화와 관련된 개혁 패러다임이 국가 관료제에 미친 영향을 고려하면서 각국의 역사적 전통과 유산에 주목하였다. 이를 위해 고유의 행정전통, 식민지 시기 혹은 초기 근대화 과정에서 이식된 근대행정모형, 탈식민지 이후 후기 근대화 과정에서 이식된 선진행정모형을 구분하였다. 동아시아 국가들의 행정기구는 고유의 행정전통 위에 근대화, 민주화 및 글로벌화 과정에서 이식되고 모방된 근대 혹은 선진행정모형이 추가되고 누적되어 형성된 역사적 산물이라고 할 수 있다. 동아시아에서 민주화와 글로벌화가 확산되기 전 싱가포르, 한국, 홍콩, 대만은 필리핀, 인도네시아, 태국보다 관료제화된 국가행정기구를 발전시켰다(Evans & Rauch, 1999). 식민지 시기 영미모형을 이식했든 유럽대륙모형을 이식했든 유교적 전통이 있는 곳에서 실적임용과 경력단계를 강조한 베버 관료제가 더 발전한 것이다. 20세기 종반부터 불어 닥친 민주화와 글로벌화가 국가마다 유사한 제도개혁을 추구하도록 하였지만 국가 관료제의 구조와 행태는 수렴하기보다 역사적으로 형성된 행정전통 및 현 정치체제와 사회구조의 영향으로 그 차이를 지속하고 있는 것으로 보인다.

지난 한 세기 동안 동아시아 국가들은 근대화, 민주화 및 글로벌화와 관련된 개혁 패러다임 속에서 굿거버넌스를 구축하기 위한 제도개혁을 추구해 왔다(Wong & Chan, 1999). 근대화와 관련된 개혁 패러다임의 영향으로 정실주의와 엽관주의를 약화시키고 행정의 법적 합리성을 강화시켜 근대관료제를 구축하려고 하였다. 민주화와 관련된 개혁 패러다임의 영향으로 국가기구, 특히 집행기구에 대한 정치적 통제와 대의제도 및 문책제도의 역할을 강화하려고 하였다. 글로벌화와 관련된 개혁 패러다임의 영향으로 국가역할을 축소하고 시장역할을 확대하며 공공부문에 기업의 관리방식과 시장원리를 적용하여 거버넌스의 효율성과 경쟁력을 강화하려고 하였다. 각 개혁 패러다임은 역사적으로 형성된 행정전통과 정치적 및 사회적 맥락 속에서 정당성을 위해 경쟁하고 있다. 이들 개혁 패러다임이 서로 그리고 행정전통과 어떻게 조화와 균형을 이룰 것인지는 제도개혁에서 고려해야 할 중요한 화두라고 할 수 있다.

동아시아 국가들은 굿거버넌스를 위해 효과성, 문책성, 준법성의 제도를 개선하고 이들 간의 선순환 균형을 이루어야 하는 공통의 도전에 직면해 있다. 이러한 도전에 대한 각국의 전략과 대응은 정치적 및 사회적 환경만이 아니라 역사적 맥락에 의해 영향을 받는다. 굿거버넌스의 토대를 구축하려는 제도개혁은 제도 도입의 순서 및 결합 유형에 따라 결과가 다르게 나타날 수 있다. 몽골, 필리핀, 인도네시아처럼 정치의 민주화를 통해 정부가 선거로 문책될 수 있으나 행정의 합리화가 지연되어 정부가 여전히 비효과적이고 의법주의조차 발전되지 않아 정부행동이 자의적일 수 있다. 싱가포르나 말레이시아처럼 행정의 합리화가 높아 정부가 효과적이고 의법주의가 강하여 정부행동이 법규에 따르나 정치의 민주화가 이루어지지 않아 정부가 선거로 문책되기 어렵다. 중국처럼 행정의 합리화가 이루어져 정부가 효과적이지만 정부행동이 자의적이고 문책되기 어렵다. 굿거버넌스를 위한 제도적 토대를 구축하기 위해 어떤 나라들은 행정의 합리화를 통해 관료적 효과성을 개선해야 하는 과제를 안고 있고 또 어떤 나라들은 정치의 민주화와 법치를 통해 관료제에 대한 통제를 강화해야 하는 과제를 안고 있다. 행정의 합리화가 이루어지기 전 민주화가 이루어진 나라들에서는 후견주의 전통 속에 新가산제화되는 것을 막고 국가기구를 합리화시켜야 하는 과제를 안고 있다. 베트남, 중국은 물론 필리핀, 몽골, 인도네시아의 경우 정치로부터 중립적이고 자율적인 관료제의 구축이 중요하다. 분명한 것은 동아시아 국가들의 굿거버넌스를 위한 제도개혁은 각국의 역사적, 정치적 및 사회적 맥락 속에서 제도도입의 순서와 결합이 고려되어야 한다는 것이다.

참고문헌

Alesina, A., Devleeschauwer, A., Easterly, W., Kurlat, S. & Wacziarg, R. (2003). Fractionalization. Journal of Economic Growth, 8: 155-194.

Berman, E. (2011). Public administration in Southeast Asia: An overview. In E. Berman (ed.), Public administration in Southeast Asia. CRC Press: Boca Raton.

Burns, J. P. & Bowornwathana, B. (eds.) (2001). Civil service systems in Asia. Cheltenham: Edward Elgar.

Cheung, A. B. L. & Scott, I. (eds.) (2003). Governance and public sector reform in Asia: Paradigm shifts or business as usual? London: Routledge Curzon.

Dahlström, C., Lapuente, V., & Teorell, J. (2012). The merit of meritocratization: Politics, bureaucracy, and the institutional deterrents of corruption. Political Research Quarterly, 65(3): 656-668.

Dahlström, C., Teorell, J., Dahlberg, S., Hartmann, F., Lindberg, A., & Nistotskaya, M. (2015). The QoG expert survey II report. Working paper series 2015:9.

Endriga, J. N. (2001). The national civil service system of the Philippines. In J. P. Burns & B. Bowornwathana (eds.), Civil service systems in Asia. Cheltenham, UK: Edward Elgar.

Evans, P. B. & Rauch, J. E. (1999). Bureaucracy and growth: A cross−national analysis of the effects of "Weberian" state structures on economic growth. American Sociological Review, 64(5): 748-65.

Fukuyama, F. (2014). Political order and political decay. New York: Farrar, Straus and Giroux.

Kaufman, D., Kraay, A. & Mastruzzi, M. (2009). Governance matters VIII: Aggregate and individual governance indicators 1996~2006. World Bank Policy Research Working Paper No. 4978, Washington, DC.

La Porta, R., Lopez−de−Silanes, F., Shleifer, A., & Vishny, R. (1999). The quality of government. Journal of Law, Economics and Organization, 15(1): 222-279.

Norris, P. (2012). Making democratic governance work: How regimes shape prosperity, welfare and peace. New York: Oxford University Press.

Pollitt, C. & Geert Bouckaert, G. (2011). Public management reform: A comparative analysis. 3rd edition. Oxford: Oxford University Press.

Painter, M. & Peters, B. G. (2010). The analysis of administrative traditions. In M. Painter & B. G. Peters (eds.), Tradition and public administration. Basingstoke: Palgrave.

Pierre, J. (1995). Conclusion: A framework of comparative public administration. In J. Pierre (ed.), Bureaucracy in the modern state: An introduction to comparative public administration. Aldershot: Edward Elgar.

Raadschelders, J. C. N., Toonen, T. A. J. & Van der Meer, F. M. (eds.) (2007). The Civil service in the 21 century: Comparative perspectives. Basingstoke: Palgrave.

Rauch, J. E. & Evans, P. B. (2000). Bureaucratic structure and bureaucratic performance in less developed countries. Journal of Public Economics, 75(1): 49-71.

Reyes, D. R. (2011). History and context of the development of public administration in the Philippines. In E. Berman (ed.), Public administration in Southeast Asia. CRC Press: Boca Raton.

Schefter, M. (1994). Political parties and the state: The American historical experience. Princeton: Princeton University Press.

Wong, H. & Chan, H. S. (eds.) (1999). Handbook of comparative public administration in the Asia-pacific basin. New York: Marcel Dekker.

찾아보기

공저자 약력

박종민
University of California, Berkeley 정치학 박사
고려대학교 행정학과 교수

김두래
Michigan State University 정치학 박사
고려대학교 행정학과 교수

김지성
University at Albany, State University of New York 행정학 박사
고려대학교 정부학연구소 연구교수

윤견수
고려대학교 행정학 박사
고려대학교 행정학과 교수

임 현
Universität Regensburg 법학 박사
고려대학교 행정학과 부교수

장용진
American University 행정학 박사
International University of Japan 조교수

최용선
고려대학교 행정학 박사
(전) 고려대학교 정부학연구소 연구교수

동아시와 국가 관료제 - 전통과 변화 -

초판발행	2017년 8월 30일
편저자	박종민
펴낸이	안종만
편 집	김효선
기획/마케팅	이영조
표지디자인	권효진
제 작	우인도 · 고철민
펴낸곳	(주) **박영사**
	서울특별시 종로구 새문안로3길 36, 1601
	등록 1959. 3. 11. 제300-1959-1호(倫)
전 화	02)733-6771
f a x	02)736-4818
e-mail	pys@pybook.co.kr
homepage	www.pybook.co.kr
ISBN	979-11-303-0456-4 93350